合格トレーニング

よくわかる簿記シリーズ

TRAINING

日商簿記1級

商業簿記・会計学

Ⅲ

はしがき

本書は，日本商工会議所主催の簿記検定試験の出題区分に対応した受験対策用問題集です。「合格力をつけること」を本書の最大の目的として，ＴＡＣ簿記検定講座で培ってきた長年のノウハウをここに集約しました。

本書は，特に次のような特徴をもっています。

1．合格テキストに準拠

本書は，テキストで学習した論点のアウトプット用トレーニング教材として最適です。本書は『合格テキスト』の各テーマに準拠した問題集ですので，ぜひ『合格テキスト』と併せてご使用ください。

2．各問題に重要度を明示

各問題には，各論点の出題頻度などにもとづいて重要度を★マークで表示しましたので学習計画に応じて重要度の高い問題を選びながら学習を進めていくことができます。

★★★ … 必ず解いてほしい重要問題
★★☆ … 重要問題を解いた後に可能なかぎり解いてほしい問題
★☆☆ … 時間に余裕があれば解いてほしい問題

3．詳しい解説つき

単に解答だけでなく「解答への道」として詳しい解説を付し，解いた問題を確認するうえでネックとなる疑問点の確認ができるようにしてあります。また『合格テキスト』と併用することで，より理解が深まります。

4．解答用紙ダウンロードサービスつき

繰り返し演習し，知識の定着をはかるために，解答用紙のダウンロードサービスをご利用いただけます。ＴＡＣ出版書籍販売サイト・サイバーブックストア（URL　https://bookstore.tac-school.co.jp/）にアクセスしてください。なお，理論問題には解答用紙はありません。

本書はこうした特徴をもっていますので，読者の皆さんが検定試験に合格できる実力を必ず身につけられるものと確信しています。

なお，昨今の会計基準および関係法令の改訂・改正にともない，日商簿記検定の出題区分も随時変更されています。本書はＴＡＣ簿記検定講座と連動することで，それらにいちはやく対応し，つねに最新の情報を提供しています。

現在，日本の企業は国際競争の真っ只中にあり，いずれの企業も実力のある人材，とりわけ簿記会計の知識を身につけた有用な人材を求めています。読者の皆さんが本書を活用することで，簿記検定試験に合格し，将来の日本を担う人材として成長されることを心から願っています。

2023年12月

ＴＡＣ簿記検定講座

Ver. 18. 0 刊行について

本書は，『合格トレーニング日商簿記１級商会Ⅲ』Ver. 17. 0につき，最近の試験傾向に基づき，改訂を行ったものです。

問題編　CONTENTS

問題編

合格トレーニング

日商簿記1級 商業簿記 会計学 Ⅲ

Theme

01 本支店会計

理解度チェック

問題1-1 ★☆☆

次の設問について，本店側，支店側それぞれの仕訳を示しなさい。

〔設　問〕

1．支店は，本来本店を通じて仕入れている商品を直接本店の仕入先から20,000円で掛けにより仕入れた。なお，本店は支店へ商品を発送する際に，原価に20％の利益を加算している。

2．本店は，本来支店に発送している商品を直接支店の得意先に31,250円で掛販売した。なお，支店は本店から仕入れた商品を，利益率20％で外部に販売している。

理解度チェック

問題1-2 ★☆☆

次の設問に答えなさい。

〔設　問〕

A支店は，B支店に対して原価500,000千円の商品を20％の利益を付加して送付した。この取引は，ただちに本店に通知された。この場合における，⑴支店独立計算制度，⑵本店集中計算制度のそれぞれの本店，A支店，B支店の仕訳を示しなさい。なお，仕訳がない場合は「仕訳なし」と記入すること。

理解度チェック

問題1-3 ★★★

次の資料にもとづいて，⑴本店・支店それぞれの損益勘定および⑵総合損益勘定を完成しなさい。なお，決算日は×2年３月31日，会計期間は１年である。

（資料１）本支店決算整理前残高試算表

本支店残高試算表

×2年３月31日　　（単位：円）

借方科目	本店	支店	貸方科目	本店	支店
現金預金	312,900	239,150	支払手形	305,080	131,000
受取手形	196,500	180,000	買掛金	470,420	258,000
売掛金	520,000	303,500	貸倒引当金	7,600	5,400
繰越商品	96,000	73,000	繰延内部利益	3,000	——
建物	360,000	270,000	建物減価償却累計額	108,000	96,000
備品	144,000	90,000	備品減価償却累計額	72,000	67,500
支店	410,000	——	本店	——	410,000
仕入	1,060,000	226,000	資本金	450,000	——
本店より仕入	——	315,000	資本準備金	30,000	——
販売費及び一般管理費	255,200	25,000	利益準備金	49,000	——
支払利息	8,400	1,750	繰越利益剰余金	40,000	——
			売上	1,412,900	755,500
			支店へ売上	315,000	——
			受取家賃	100,000	——
	3,363,000	1,723,400		3,363,000	1,723,400

（資料２）決算整理事項

1．期末商品棚卸高は次のとおりである。

⑴　本　店

帳簿棚卸高　　220個　　単価460円（原価）

⑵　支　店

支店の期末棚卸高は，84,000円（原価），うち外部からの仕入分は帳簿数量90個，単価400円（原価）である。

⑶　本店から支店への商品の振替えは，原価に対し毎期20％の利益を付加した価格で行っている。

2．貸倒引当金は，売上債権の期末残高に対して２％を差額補充方式により設定する。

3．減価償却については本支店とも次の条件で行う。

建物：残存価額ゼロ，耐用年数30年，定額法

備品：残存価額ゼロ，耐用年数８年，定額法

4．課税所得642,000円に対して30％の法人税等を計上する。

理解度チェック

問題1-4　★★★

次の資料にもとづいて，本支店合併損益計算書（経常利益まで）を完成しなさい。なお，決算日は×2年３月31日，会計期間は１年である。

（資料１）本支店決算整理前残高試算表

本支店残高試算表

×2年３月31日　　　　（単位：千円）

借方科目	本店	支店	貸方科目	本店	支店
繰越商品	15,200	10,000	流動負債	11,200	7,560
その他の流動資産	29,150	10,830	繰延内部利益	950	——
固定資産	20,000	2,200	固定負債	15,000	——
支店	34,120	——	資本金	30,000	——
仕入	110,000	20,000	繰越利益剰余金	11,070	——
本店より仕入	——	54,000	本店	——	34,120
販売費及び一般管理費	14,500	4,500	売上	103,000	60,000
営業外費用	2,500	150	支店へ売上	54,000	——
			営業外収益	250	——
	225,470	101,680		225,470	101,680

（資料２）決算整理事項

1．本店の期末商品棚卸高

　帳簿棚卸高：100個　　原　　価：@150千円

　実地棚卸高：　95個　　正味売却価額：@145千円

2．支店の帳簿棚卸高は，原価9,600千円であり，うち外部仕入分は，帳簿数量15個，原価200千円，本店仕入分は帳簿数量50個，実地数量45個，原価？千円である。また，正味売却価額は，外部仕入分が180千円，本店仕入分が100千円である。

3．本店から支店への売上は，20％の内部利益が加算されている。

4．棚卸減耗損については，販売費及び一般管理費に計上し，商品評価損に関しては，売上原価の内訳科目とする。

理解度チェック

問題1-5 ★☆☆

次の資料にもとづいて，⑴本店の損益勘定および⑵本支店合併損益計算書を完成しなさい。なお，決算日は×3年３月31日，会計期間は１年である。

（資料１）本支店決算整理前残高試算表

本支店残高試算表

×3年３月31日　（単位：千円）

借方科目	本店	支店	貸方科目	本店	支店
現金預金	137,407	32,310	支払手形	143,740	32,100
受取手形	78,000	41,400	買掛金	194,245	32,010
売掛金	138,000	113,400	貸倒引当金	2,280	1,620
繰越商品	28,800	22,500	繰延内部利益	1,050	——
貸付金	17,220	——	建物減価償却累計額	32,400	28,800
建物	108,000	81,000	備品減価償却累計額	21,600	13,500
備品	60,000	37,500	本店	——	各自推定
支店	各自推定	——	資本金	250,000	——
仕入	313,500	67,800	資本準備金	4,000	——
本店より仕入	——	各自推定	利益準備金	2,500	——
販売費及び一般管理費	15,360	30,720	任意積立金	18,600	——
支払利息	723	——	繰越利益剰余金	12,000	——
			売上	各自推定	285,600
			支店へ売上	115,500	——
			受取利息	2,255	——
	各自推定	各自推定		各自推定	各自推定

（資料２）未達整理事項等

1．本店から支店に発送した商品5,280千円が支店に未着である。

2．支店は本店の売掛金200千円を回収したが，本店に未達である。

（資料３）決算整理事項

1．期末商品棚卸高は次のとおりである。

⑴ 本　店

帳簿棚卸高　330個　単価100千円（原価）

実地棚卸高　315個

⑵ 支　店

支店の期末棚卸高は，未着分を除いて13,770千円（原価），うち外部からの仕入分は帳簿数量270個（実地数量255個），単価40千円（原価）である。なお，本店からの仕入分（未着分を含む）は帳簿数量150個（実地数量150個）である。

2．棚卸減耗損は，損益計算書上，販売費及び一般管理費として表示する。

3．本店は支店に商品を発送するにあたり，当期は原価に10％の利益を加算した価格で行っている。

4．貸倒引当金は，売上債権の期末残高に対して２％を差額補充法により設定する。

5．減価償却は，建物については定額法（残存価額はゼロ，耐用年数は30年），備品については200％定率法（償却率は20％）による。

6．課税所得81,550千円に対して30％の法人税等を計上する。

理解度チェック □□□

問題1-6 ★★☆

次の資料にもとづいて，⑴本店の損益勘定および⑵本支店合併損益計算書を作成しなさい。なお，支店は，商品をすべて本店から仕入れており，本店の支店向け商品の売上利益率は，各期において，年間を通じて一定である。また，本店が外部顧客に対して販売する際の販売価格は，支店向け販売価格の10%増しである。

（資　料）

1．本支店別の期首試算表

期首試算表　（単位：千円）

借方科目	本店	支店	貸方科目	本店	支店
現金預金	25,000	3,600	買掛金	17,700	――
売掛金	20,000	12,500	貸倒引当金	800	500
支店	28,000	――	繰延内部利益	500	――
繰越商品	3,000	2,500	本店	――	28,000
前払営業費	500	300	資本金	65,000	――
備品	15,000	9,600	繰越利益剰余金	7,500	――
	91,500	28,500		91,500	28,500

2．当期中の取引および決算整理事項

⑴　売上取引(掛け)：本店102,000千円（支店向売上を含む），支店60,000千円

⑵　仕入取引(掛け)：本店75,000千円，支店36,000千円

⑶　期末商品棚卸高：本店6,000千円，支店4,800千円

⑷　売掛金の回収：本店30,000千円（うち支店売掛金の回収分3,000千円），支店55,000千円

⑸　買掛金の支払い：本店32,000千円

⑹　営業費の支払い：本店21,000千円（うち支店負担分2,300千円），支店14,400千円

⑺　売掛金の貸倒れ：本店の売掛金期首残高のうち500千円が貸し倒れた。なお，期末残高に対して，本支店ともに４%の貸倒引当金を差額補充法により設定する。

⑻　減価償却費：本店1,000千円，支店600千円

⑼　営業費の前払い：本店700千円，支店350千円

⑽　支店から本店へ22,000千円の送金があった。

理解度チェック □□□

問題1-7 ★★☆

内部利益に関する以下の規定の空欄を埋めるとともに，設問の文章について，正しいと思うものには○印を，正しくないと思うものには×印を付し，×印としたものについてはその理由を２行以内で記述しなさい。

「損益計算書原則 三Ｅ」

同一企業の各経営部門の間における商品等の移転によって発生した［　　　］は，売上高及び売上原価を算定するに当たって除去しなければならない。

「企業会計原則注解【注11】」

内部利益とは，原則として，本店，支店，事業部等の［　　　］における［　　　］相互間の［　　　］から生ずる［　　　］をいう。従って，会計単位内部における原材料，半製品等の振替から生ずる［　　　］は内部利益ではない。

内部利益の除去は，本支店等の合併損益計算書において売上高から［　　　］を控除し，仕入高（又は売上原価）から［　　　］（又は内部売上原価）を控除するとともに，期末たな卸高から［　　　］の額を控除する方法による。これらの控除に際しては，合理的な［　　　］によることも差支えない。

〔設　問〕

1．内部利益とは，会計単位内部における原材料等の振替えから生ずる利益をいう。

2．工場内部において原材料，部品などを振替価格で計上した場合に生じる振替損益は，内部利益とはいえない。

3．本店，支店，事業部等の企業内部における独立した会計単位相互間の内部取引から生じた内部利益は，本支店等の合併損益計算書において売上高から内部売上高を控除するとともに，仕入高（または売上原価）から内部仕入高（または内部売上原価）を控除することによって，除去できる。

Theme 02 企業結合，合併

理解度チェック

問題2-1 ★★☆

企業結合に関する以下の規定の空欄を埋めるとともに，設問の文章について，正しいと思うものには○印を，正しくないと思うものには×印を付し，×印としたものについてはその理由を２行以内で記述しなさい。なお，重要性の問題については考慮する必要はない。

「企業結合に関する会計基準」

17　共同支配企業の形成（第11項参照）及び共通支配下の取引（前項参照）以外の企業結合は［　　　］となる。また，この場合における会計処理は，次項から第36項による（以下，次項から第33項による会計処理を「［　　　］」という。）。

23　被取得企業又は取得した事業の取得原価は，原則として，取得の対価（支払対価）となる財の［　　　］における［　　　］で算定する。支払対価が現金以外の資産の引渡し，負債の引受け又は株式の交付の場合には，支払対価となる財の［　　　］と被取得企業又は取得した事業の［　　　］のうち，より高い信頼性をもって測定可能な［　　　］で算定する。

28　取得原価は，被取得企業から受け入れた資産及び引き受けた負債のうち企業結合日時点において識別可能なもの（識別可能資産及び負債）の企業結合日時点の時価を基礎として，当該資産及び負債に対して企業結合日以後［　　　］する。

32　のれんは，資産に計上し，［　　　］のその効果の及ぶ期間にわたって，［　　　］その他の合理的な方法により規則的に償却する。ただし，のれんの金額に重要性が乏しい場合には，当該のれんが生じた事業年度の費用として処理することができる。

33　［　　　］が生じると見込まれる場合には，次の処理を行う。ただし，［　　　］が生じると見込まれたときにおける取得原価が受け入れた資産及び引き受けた負債に配分された純額を下回る額に重要性が乏しい場合には，次の処理を行わずに，当該下回る額を当期の利益として処理することができる。

(1)　取得企業は，すべての識別可能資産及び負債（第30項の負債を含む。）が把握されているか，また，それらに対する取得原価の配分が適切に行われているかどうかを見直す。

(2)　(1)の見直しを行っても，なお取得原価が受け入れた資産及び引き受けた負債に配分された純額を下回り，［　　　］が生じる場合には，当該［　　　］が生じた事業年度の［　　　］として処理する。

〔設　問〕

1．企業結合のうち，共同支配企業の形成および共通支配下の取引を除いて，取得として会計処理を行う。

2．被取得企業もしくは取得した事業の取得原価の算定は，原則として，取得の対価となる財の企業結合日における時価で算定する。

3．のれんは，無形固定資産の区分に表示し，20年以内のその効果の及ぶ期間にわたって，定額法その他の合理的な方法により規則的に償却し，その償却額は販売費及び一般管理費の区分に表示する。

4．負ののれんが生じた場合は，20年以内のその効果の及ぶ期間にわたって，定額法その他の合理的な方法により規則的に償却しなければならない。

5．企業結合のうち，取得の場合に行う会計処理をパーチェス法という。
6．企業結合における取得の場合に，取得原価は，企業結合日時点において識別可能な資産および負債に対して企業結合日以後1年以内に配分する。

理解度チェック □□□

問題2-2 ★★★

A社（発行済株式総数3,000株）はB社（発行済株式総数3,000株）を×1年4月1日に吸収合併した。次の資料にもとづいてパーチェス法により処理した場合（A社を取得企業とする）の合併後のA社貸借対照表を作成しなさい。

（資料1）合併直前の両社の貸借対照表

貸　借　対　照　表

×1年3月31日現在　　　　（単位：円）

資　　産	A　社	B　社	負債・純資産	A　社	B　社
諸　資　産	2,500,000	1,900,000	諸　負　債	1,100,000	700,000
			資　本　金	800,000	700,000
			資本準備金	120,000	110,000
			その他資本剰余金	100,000	100,000
			利益準備金	100,000	80,000
			任意積立金	80,000	50,000
			繰越利益剰余金	200,000	160,000
	2,500,000	1,900,000		2,500,000	1,900,000

（資料2）合併に関する事項
1．A社はB社株主が所有するB社株式3,000株と引換えにA社株式3,000株を発行して交付する。A社株式の時価は1株あたり470円である。なお，A社の増加する払込資本のうち2分の1ずつを資本金と資本準備金とする。
2．B社の諸資産の時価（公正価値）は2,200,000円であり，諸負債の時価（公正価値）は800,000円である。

理解度チェック □□□

問題2-3 ★★☆

Ａ社（発行済株式総数3,000株）はＢ社（発行済株式総数3,000株）を×1年４月１日に吸収合併した。次の資料にもとづいてパーチェス法（Ａ社を取得企業とし，増加する払込資本の２分の１ずつを資本金と資本準備金とする）により処理した場合における合併後のＡ社貸借対照表を作成しなさい。

（資料１）合併直前の両社の貸借対照表

貸　借　対　照　表

×1年３月31日現在　　　　　　　　　　（単位：円）

資　　産	Ａ　社	Ｂ　社	負債・純資産	Ａ　社	Ｂ　社
諸　資　産	1,601,000	1,300,000	諸　負　債	700,000	400,000
Ｂ社株式	99,000	——	資　本　金	500,000	500,000
			資本準備金	100,000	80,000
			その他資本剰余金	100,000	100,000
			利益準備金	80,000	40,000
			任意積立金	50,000	30,000
			繰越利益剰余金	170,000	150,000
	1,700,000	1,300,000		1,700,000	1,300,000

（資料２）合併に関する事項

1．Ｂ社の発行済株式総数のうち300株（10％）をＡ社が所有している。なお，評価差額は計上されていない。

2．Ａ社はＢ社株主（Ａ社を除く）が所有するＢ社株式１株につき１株のＡ社株式を発行して交付する。Ａ社株式の時価は１株あたり350円である。

3．合併直前におけるＢ社の諸資産の時価（公正価値）は1,500,000円であり，諸負債の時価（公正価値）は500,000円である。

理解度チェック □□□

問題2-4 ★★☆

Ａ社（存続会社）はＢ社（消滅会社）を×1年４月１日に吸収合併した。次の資料にもとづいて，パーチェス法により処理した場合（Ａ社を取得企業とする）の合併後のＡ社貸借対照表を作成しなさい。

（資料１）合併直前の両社の貸借対照表

貸　借　対　照　表

×1年３月31日現在　　　　　　　　　　（単位：円）

資　　産	Ａ　社	Ｂ　社	負債・純資産	Ａ　社	Ｂ　社
諸　資　産	3,000,000	2,000,000	諸　負　債	1,200,000	800,000
			資　本　金	1,000,000	700,000
			資本準備金	200,000	100,000
			その他資本剰余金	400,000	100,000
			利益準備金	150,000	60,000
			任意積立金	180,000	80,000
			繰越利益剰余金	338,000	160,000
			自己株式	△468,000	——
	3,000,000	2,000,000		3,000,000	2,000,000

（資料２）合併に関する事項

1．Ｂ社の発行済株式総数は3,000株であり，Ｂ社株式１株と引換えにＡ社株式１株を交付する。交付するＡ社株式のうち1,200株はＡ社が所有する自己株式（帳簿価額は１株あたり390円）を移転して交付し，1,800株は新株を発行して交付する。交付したＡ社株式の時価は１株あたり470円である。なお，Ａ社の増加する払込資本のうち２分の１ずつを資本金と資本準備金とする。

2．合併直前におけるＢ社の諸資産の時価（公正価値）は2,300,000円であり，諸負債の時価（公正価値）は900,000円である。

理解度チェック □□□

問題2-5 ★★★

企業結合に関する次の資料にもとづき，下記の設問に答えなさい。

（資料）

1．Ａ社およびＢ社は×4年４月１日を合併期日として合併し，Ａ社が吸収合併存続会社となった。当該合併は「取得」と判定され，Ａ社が取得企業とされた。

2．合併の合意公表日直前のＡ社株式の時価は，１株あたり400円，Ａ社株式の交付数は1,000株。

3．株式の交付は，Ａ社保有の自己株式400株（帳簿価額１株340円）を交付し，残りは新株式600株を発行して行う。

4．合併期日において，Ｂ社の諸資産は，帳簿価額500,000円，時価615,000円。
　諸負債は，帳簿価額250,000円，時価275,000円。

5．Ａ社は合併契約に従い，増加する払込資本のうち，２分の１を資本金，残額を資本準備金とする。

6．税効果については考慮しないものとする。

〔設　問〕

⑴　増加する資本金の金額を求めなさい。

⑵　増加する資本剰余金の金額を求めなさい。

⑶「のれん」（負ののれんの場合は△印を付す）の金額を求めなさい。

⑷　企業結合に関する会計基準において「取得」の場合における合併に適用する会計処理の方法をなんと呼ぶか答えなさい。

⑸「のれん」をその効果の及ぶ期間にわたって規則的に償却する場合，損益計算書のどの区分に記載するか答えなさい。

理解度チェック

問題2-6 ★★★

A社（発行済株式総数5,000株）はB社（発行済株式総数3,000株）を×1年４月１日に吸収合併した。次の資料にもとづいて，A社を取得企業とするパーチェス法により処理した場合における合併後のA社貸借対照表を作成しなさい。

（資料１）合併直前の両社の貸借対照表

貸　借　対　照　表

×1年３月31日現在

（単位：円）

資　　産	A　社	B　社	負債・純資産	A　社	B　社
諸　資　産	2,600,000	1,400,000	諸　負　債	700,000	500,000
			資　本　金	1,300,000	700,000
			資本準備金	180,000	80,000
			利益準備金	150,000	40,000
			任意積立金	80,000	30,000
			繰越利益剰余金	190,000	50,000
	2,600,000	1,400,000		2,600,000	1,400,000

（資料２）合併に関する事項

1．A社の諸資産の時価（公正価値）は2,800,000円であり，諸負債の時価（公正価値）は800,000円である。B社の諸資産の時価（公正価値）は1,550,000円であり，諸負債の時価（公正価値）は612,500円である。

2．合併比率の算定は，時価による純資産額と収益還元価値の平均による。両社の平均株主資本利益率はA社が15%，B社が14%であり，同種企業の平均株主資本利益率（資本還元率）は10%である。

3．A社は，B社株主に交付するA社株式のすべてを新株を発行して交付し，B社の取得にともなう取得原価は，A社株式の１株あたりの時価@510円により算定し，A社の増加する払込資本のうち２分の１ずつを資本金と資本準備金とする。

理解度チェック □□□

問題2-7　★★★

A株式会社は×1年４月１日にB株式会社を吸収合併し，同社の株主にA株式会社の株式を交付した。次の資料にもとづいて，A株式会社を取得企業とするパーチェス法により処理した場合，合併時においてA株式会社に生じる資本金および「のれん」の金額を計算しなさい。

（資　料）

１．合併前の両社の財務状況

	A株式会社	B株式会社
資　　本　　金	320,000千円	200,000千円
時価による純資産額	512,000千円	320,000千円
平均株主資本利益率	15%	12.5%

２．両社の資本金組入額は，１株あたり50千円である。

３．合併比率の計算は，両社の時価による純資産額と収益還元価値の平均を企業評価額とみなす方法による。資本還元率は10%とする。

４．A社は，B社株主に交付するA社株式のすべてを新株を発行して交付し，B社の取得にともなう取得原価は，A社株式の１株あたりの企業評価額により算定し，A社の増加する払込資本のうち２分の１ずつを資本金と資本準備金とする。

理解度チェック □□□

問題2-8　★★★

A社（存続会社）はB社（消滅会社）を×1年４月１日に吸収合併した。次の資料にもとづいて，A社を取得企業とするパーチェス法により処理した場合における合併後のA社貸借対照表を作成しなさい。

（資料１）合併直前の両社の貸借対照表

貸　借　対　照　表

×1年３月31日現在　　（単位：円）

資　　　産	A　社	B　社	負債・純資産	A　社	B　社
諸　資　産	3,000,000	2,000,000	諸　負　債	1,200,000	800,000
			資　本　金	1,300,000	800,000
			資 本 準 備 金	100,000	100,000
			利 益 準 備 金	50,000	60,000
			任 意 積 立 金	80,000	80,000
			繰越利益剰余金	270,000	160,000
	3,000,000	2,000,000		3,000,000	2,000,000

（資料２）合併に関する事項

１．B社の発行済株式総数は3,000株であり，B社株式１株と引換えにA社株式１株と現金20円を交付する。交付したA社株式の時価は１株あたり470円である。なお，B社の取得にともなう取得原価は，A社株式の時価および交付した現金の合計とし，A社の増加する払込資本のうち２分の１ずつを資本金と資本準備金とする。

２．合併直前におけるB社の諸資産の時価（公正価値）は2,300,000円であり，諸負債の時価（公正価値）は900,000円である。

Theme 03 連結会計（Ⅰ）

理解度チェック □□□

問題3-1　★★☆

連結財務諸表に関する会計基準にもとづいて以下の規定の空欄を埋めるとともに，設問の文章について，正しいと思うものには○印を，正しくないと思うものには×印を付し，×印としたものについてはその理由を２行以内で記述しなさい。

「連結財務諸表に関する会計基準 9」
連結財務諸表は，[　　　]の[　　　]，[　　　]及び[　　　]の状況に関して[　　　]を提供するものでなければならない。

「連結財務諸表に関する会計基準 10」
連結財務諸表は，企業集団に属する親会社及び子会社が一般に公正妥当と認められる[　　　]に準拠して作成した[　　　]を基礎として作成しなければならない。

「連結財務諸表に関する会計基準 11」
連結財務諸表は，[　　　]に関する判断を誤らせないよう，[　　　]に対し必要な財務情報を[　　　]するものでなければならない。

「連結財務諸表に関する会計基準 12」
連結財務諸表作成のために採用した[　　　]は，毎期継続して適用し，[　　　]これを変更してはならない。

〔設　問〕

1．連結財務諸表の作成にあたっては，すべての子会社を連結の範囲に含めなければならない。
2．同一環境下で行われた同一の性質の取引等について，親会社および子会社が採用する会計方針は，親会社に合わせなければならない。
3．子会社の決算日が連結決算日と異なる場合には，子会社は，連結決算日に正規の決算に準ずる合理的な手続きにより決算を行わなければならないが，決算日の差異が３か月を超えない場合には，子会社の正規の決算を基礎として連結決算を行うことができる。
4．支配獲得日が子会社の決算日の前後３か月以内の場合には，決算日に支配獲得が行われたものとみなして処理することができる。
5．連結会計上，新たに発生するのれんは，無形固定資産の区分に表示する。
6．非支配株主持分は，純資産の部に記載しなければならない。

理解度チェック

問題3-2　★★★

P社は，×1年３月31日にＳ社の発行済議決権株式の70％を150,000円で取得し，支配を獲得した。×1年３月31日現在におけるＰ社およびＳ社の貸借対照表は以下に示すとおりであり，Ｓ社の諸資産の時価は400,000円，諸負債の時価は198,000円である。この場合における，×1年３月31日現在の連結貸借対照表を完成しなさい。なお，法人税等の実効税率は30％とし，税効果会計を適用する。

貸　借　対　照　表

×1年３月31日現在　　　　　　（単位：円）

資　　　産	Ｐ　社	Ｓ　社	負債・純資産	Ｐ　社	Ｓ　社
諸　資　産	550,000	370,000	諸　負　債	296,000	188,000
Ｓ社株式	150,000	――	繰延税金負債	3,000	1,500
			資　本　金	200,000	120,000
			資本剰余金	50,000	10,000
			利益剰余金	144,000	47,000
			その他有価証券評価差額金	7,000	3,500
	700,000	370,000		700,000	370,000

理解度チェック

問題3-3　★★☆

P社は，×1年３月31日にＳ社の発行済議決権株式の80％を92,000円（取得関連費用2,000円を含む）で取得し，支配を獲得した。×1年３月31日現在におけるＰ社およびＳ社の貸借対照表は以下に示すとおりであり，Ｓ社の諸資産の時価は183,000円，諸負債の時価は73,500円である。この場合における，×1年３月31日現在の連結貸借対照表を完成しなさい。なお，税効果会計は考慮しない。

貸　借　対　照　表

×1年３月31日現在　　　　　　（単位：円）

資　　　産	Ｐ　社	Ｓ　社	負債・純資産	Ｐ　社	Ｓ　社
諸　資　産	258,000	175,000	諸　負　債	150,000	70,500
Ｓ社株式	92,000	――	資　本　金	90,000	45,000
			資本剰余金	50,000	20,000
			利益剰余金	60,000	39,500
	350,000	175,000		350,000	175,000

Theme

04 連結会計（Ⅱ）

理解度チェック

問題4-1　★★★

Ｐ社は，×1年３月31日にＳ社の発行済議決権株式の80％を400,000円で取得し，支配を獲得した。×1年３月31日現在におけるＳ社の貸借対照表項目（帳簿価額）は，諸資産850,000円，諸負債440,500円，繰延税金負債1,500円，資本金300,000円，利益剰余金104,500円，その他有価証券評価差額金3,500円であり，諸資産の時価は950,000円，諸負債の時価は480,500円であった。当期（×1年４月１日から×2年３月31日まで）におけるＰ社およびＳ社の個別財務諸表は以下に示すとおりである。この場合における，当期の連結財務諸表を完成しなさい。なお，のれんは，計上年度の翌年から10年間で均等償却する。また，法人税等の実効税率は30％とし，税効果会計を適用する。

貸借対照表

×2年３月31日現在　　　　（単位：円）

資産	Ｐ社	Ｓ社	負債・純資産	Ｐ社	Ｓ社
諸資産	2,200,000	1,000,000	諸負債	1,131,000	533,500
Ｓ社株式	400,000	——	繰延税金負債	4,500	2,400
			資本金	900,000	300,000
			利益剰余金	554,000	158,500
			その他有価証券評価差額金	10,500	5,600
	2,600,000	1,000,000		2,600,000	1,000,000

損益計算書

自×1年４月１日　至×2年３月31日　　　　（単位：円）

借方科目	Ｐ社	Ｓ社	貸方科目	Ｐ社	Ｓ社
諸費用	826,000	334,000	諸収益	1,002,000	454,000
法人税等	60,000	36,000	受取配当金	24,000	——
当期純利益	140,000	84,000			
	1,026,000	454,000		1,026,000	454,000

株主資本等変動計算書

自×1年４月１日　至×2年３月31日　　　　（単位：円）

	株主資本				その他の包括利益累計額	
	資本金		利益剰余金		その他有価証券評価差額金	
	Ｐ社	Ｓ社	Ｐ社	Ｓ社	Ｐ社	Ｓ社
当期首残高	900,000	300,000	504,000	104,500	7,000	3,500
剰余金の配当	——	——	△ 90,000	△ 30,000	——	——
当期純利益	——	——	140,000	84,000	——	——
株主資本以外の項目の当期変動額（純額）	——	——	——	——	3,500	2,100
当期末残高	900,000	300,000	554,000	158,500	10,500	5,600

問題4-2 ★★★

P社は，×1年３月31日にS社の発行済議決権株式の80％を400,000円で取得し，支配を獲得した。×1年３月31日現在におけるS社の貸借対照表項目（帳簿価額）は，諸資産850,000円，諸負債440,500円，繰延税金負債1,500円，資本金300,000円，利益剰余金104,500円，その他有価証券評価差額金3,500円であり，諸資産の時価は950,000円，諸負債の時価は480,500円であった。当期（×2年４月１日から×3年３月31日まで）におけるP社およびS社の個別財務諸表は以下に示すとおりである。この場合における，当期の連結財務諸表を完成しなさい。なお，のれんは，計上年度の翌年から10年間で均等償却する。また，法人税等の実効税率は30％とし，税効果会計を適用する。

貸　借　対　照　表

×3年３月31日現在　　　　（単位：円）

資　　産	P　社	S　社	負債・純資産	P　社	S　社
諸　資　産	2,100,000	1,100,000	諸　負　債	957,000	563,500
S　社　株　式	400,000	——	繰延税金負債	7,500	3,000
			資　本　金	900,000	300,000
			利益剰余金	618,000	226,500
			その他有価証券評価差額金	17,500	7,000
	2,500,000	1,100,000		2,500,000	1,100,000

損　益　計　算　書

自×2年４月１日　至×3年３月31日　　　　（単位：円）

借方科目	P　社	S　社	貸方科目	P　社	S　社
諸　費　用	810,000	320,000	諸　収　益	1,006,000	460,000
法人税等	66,000	42,000	受取配当金	24,000	——
当期純利益	154,000	98,000			
	1,030,000	460,000		1,030,000	460,000

株主資本等変動計算書

自×2年４月１日　至×3年３月31日　　　　（単位：円）

	株主資本				その他の包括利益累計額	
	資本金		利益剰余金		その他有価証券評価差額金	
	P　社	S　社	P　社	S　社	P　社	S　社
当期首残高	900,000	300,000	554,000	158,500	10,500	5,600
剰余金の配当	——	——	△ 90,000	△ 30,000	——	——
当期純利益	——	——	154,000	98,000	——	——
株主資本以外の項目の当期変動額（純額）	——	——	——	——	7,000	1,400
当期末残高	900,000	300,000	618,000	226,500	17,500	7,000

Theme 05 連結会計（Ⅲ）

理解度チェック

問題5-1 ★★★

P社は，×1年３月31日にＳ社の発行済議決権株式の10％を11,000円で取得し，さらに×2年３月31日に60％を72,000円で追加取得したことにより，×2年３月31日にＳ社の支配を獲得した。×1年３月31日現在におけるＳ社の財政状態と，×2年３月31日現在におけるＰ社およびＳ社の貸借対照表は次のとおりである。なお，のれんは計上年度の翌年から10年間で均等償却を行う。この場合における，×2年３月31日現在の連結貸借対照表を完成しなさい。なお，会計期間は３月31日を決算日とする１年であり，法人税等の実効税率を30％として税効果会計を適用する。

×1年３月31日現在におけるＳ社の財政状態

諸資産	諸負債	資本金	資本剰余金	利益剰余金
190,000円	100,000円	50,000円	10,000円	30,000円

×1年３月31日現在におけるＳ社の諸資産の時価は210,000円，諸負債の時価は110,000円である。

貸借対照表

×2年３月31日現在　　（単位：円）

資産	Ｐ社	Ｓ社	負債・純資産	Ｐ社	Ｓ社
諸資産	297,000	210,000	諸負債	160,000	116,500
Ｓ社株式	83,000	――	資本金	100,000	50,000
			資本剰余金	30,000	10,000
			利益剰余金	90,000	33,500
	380,000	210,000		380,000	210,000

×2年３月31日現在におけるＰ社の保有するＳ社株式の時価は84,000円であり，Ｓ社の諸資産の時価は230,000円，諸負債の時価は121,500円である。

理解度チェック □□□

問題5-2 ★★★

P社は，×1年３月31日にＳ社の発行済議決権株式の10％を23,000円で取得し，さらに×2年３月31日に50％を125,000円で追加取得したことにより，×2年３月31日にＳ社の支配を獲得した。×1年３月31日現在および×2年３月31日現在のＳ社の財政状態と，×2年度（×2年４月１日から×3年３月31日まで）におけるＰ社およびＳ社の個別財務諸表は次のとおりである。なお，のれんは計上年度の翌年から10年間で均等償却を行い，法人税等の実効税率を30％として税効果会計を適用する。この場合における，×2年度の連結財務諸表を完成しなさい。

×1年３月31日および×2年３月31日現在におけるＳ社の財政状態

	諸資産	諸負債	資本金	利益剰余金
×1年３月31日	370,000円	190,000円	100,000円	80,000円
×2年３月31日	420,000円	233,000円	100,000円	87,000円

×1年３月31日現在におけるＳ社諸資産の時価は400,000円，諸負債の時価は200,000円である。

×2年３月31日現在におけるＰ社の保有するＳ社株式の時価は150,000円であり，Ｓ社諸資産の時価は470,000円，諸負債の時価は253,000円である。

貸借対照表
×3年３月31日現在　（単位：円）

資産	Ｐ社	Ｓ社	負債・純資産	Ｐ社	Ｓ社
諸資産	652,000	500,000	諸負債	320,000	277,000
Ｓ社株式	148,000	——	資本金	200,000	100,000
			利益剰余金	280,000	123,000
	800,000	500,000		800,000	500,000

損益計算書
自×2年４月１日　至×3年３月31日　（単位：円）

科目	Ｐ社	Ｓ社
諸収益	458,000	250,000
受取配当金	12,000	——
計	470,000	250,000
諸費用	320,000	170,000
法人税等	45,000	24,000
当期純利益	105,000	56,000

株主資本等変動計算書
自×2年４月１日　至×3年３月31日　（単位：円）

	株主資本			
	資本金		利益剰余金	
	Ｐ社	Ｓ社	Ｐ社	Ｓ社
当期首残高	200,000	100,000	215,000	87,000
剰余金の配当	——	——	△ 40,000	△ 20,000
当期純利益	——	——	105,000	56,000
当期末残高	200,000	100,000	280,000	123,000

理解度チェック □□□

問題5-3 ★★★

P社は，×1年３月31日にＳ社の発行済議決権株式の60％を132,000円で取得し，支配を獲得した。さらに×2年３月31日に20％を38,000円で追加取得した。×1年３月31日現在におけるＳ社の財政状態と，×1年度（×1年４月１日から×2年３月31日まで）におけるＰ社およびＳ社の個別財務諸表は次のとおりである。この場合における，×1年度の連結財務諸表を完成しなさい。なお，のれんは，計上年度の翌年から10年間で均等償却を行い，法人税等の実効税率を30％として税効果会計を適用する。

Ｓ社の財政状態

	諸資産	諸負債	資本金	利益剰余金
×1年３月31日	370,000円	192,000円	100,000円	78,000円

×1年３月31日現在におけるＳ社の諸資産の時価は400,000円，諸負債の時価は202,000円であった。

貸借対照表

×2年３月31日現在　（単位：円）

資産	Ｐ社	Ｓ社	負債・純資産	Ｐ社	Ｓ社
諸資産	580,000	420,000	諸負債	296,000	220,000
Ｓ社株式	170,000	——	資本金	200,000	100,000
			利益剰余金	254,000	100,000
	750,000	420,000		750,000	420,000

×2年３月31日現在のＳ社諸資産の時価は470,000円，諸負債の時価は244,000円であった。

損益計算書

自×1年４月１日　至×2年３月31日　（単位：円）

借方科目	Ｐ社	Ｓ社	貸方科目	Ｐ社	Ｓ社
諸費用	320,000	165,000	諸収益	408,000	225,000
法人税等	30,000	18,000	受取配当金	12,000	——
当期純利益	70,000	42,000			
	420,000	225,000		420,000	225,000

株主資本等変動計算書

自×1年４月１日　至×2年３月31日　（単位：円）

	株主資本			
	資本金		利益剰余金	
	Ｐ社	Ｓ社	Ｐ社	Ｓ社
当期首残高	200,000	100,000	224,000	78,000
剰余金の配当	——	——	△ 40,000	△ 20,000
当期純利益	——	——	70,000	42,000
当期末残高	200,000	100,000	254,000	100,000

理解度チェック

問題5-4 ★★☆

P社は，×1年３月31日にＳ社の発行済議決権株式の80％を80, 000円で取得し，支配を獲得した。×1年３月31日現在におけるＳ社の財政状態と，×2年３月31日現在におけるＰ社およびＳ社の貸借対照表は次のとおりである。なお，税効果会計は適用しない。また，のれんは計上年度の翌年から10年間で均等償却を行う。これらの事項にもとづいて，×2年３月31日現在における連結貸借対照表を作成しなさい。

×1年３月31日現在におけるＳ社の財政状態

諸資産	諸負債	資本金	利益剰余金
190, 000円	100, 000円	50, 000円	40, 000円

Ｓ社の諸資産の時価は210, 000円，諸負債の時価は114, 000円である。

貸借対照表

×2年３月31日現在　　（単位：円）

資産	P社	S社	負債・純資産	P社	S社
諸資産	320, 000	210, 000	諸負債	160, 000	115, 000
S社株式	60, 000	——	資本金	100, 000	50, 000
			利益剰余金	120, 000	45, 000
	380, 000	210, 000		380, 000	210, 000

Ｓ社の諸資産の時価は230, 000円，諸負債の時価は120, 000円である。

Ｐ社が×2年３月31日に，所有するＳ社株式の４分の１（20％）を25, 000円で売却し，個別財務諸表上5, 000円の子会社株式売却益を計上している。

理解度チェック

問題5-5 ★★★

P社は，×1年３月31日にＳ社の発行済議決権株式の70％を1, 190, 000円で取得し，Ｓ社の支配を獲得した。×1年３月31日現在におけるＳ社の財政状態と，×2年３月31日現在におけるＳ社の貸借対照表は次のとおりである。なお，のれんは計上年度の翌年から10年間で均等償却を行う。これらの事項にもとづいて，以下の問いに答えなさい。

×1年３月31日現在におけるＳ社の財政状態

諸資産	諸負債	資本金	利益剰余金
2, 000, 000円	500, 000円	1, 000, 000円	500, 000円

Ｓ社の諸資産，諸負債の時価は簿価と一致している。

貸借対照表

×2年３月31日現在　(単位：円)

資産	Ｓ社	負債・純資産	Ｓ社
諸資産	4, 500, 000	諸負債	900, 000
		資本金	3, 000, 000
		利益剰余金	600, 000
	4, 500, 000		4, 500, 000

Ｓ社の諸資産，諸負債の時価は簿価と一致している。

〔問１〕

当期末にＳ社が時価発行増資を行い，新株式2, 000株を１株あたり1, 000円で発行し，全額を資本金とした。P社はそのうち1, 400株を取得した場合の時価発行増資にともなう連結修正仕訳を示しなさい。なお，連結貸借対照表上の科目を連結株主資本等変動計算書の科目に置き換える必要はない。

〔問２〕

当期末にＳ社が時価発行増資を行い，新株式2, 000株を１株あたり1, 000円で発行し，全額を資本金とした。P社はそのうち1, 000株を取得することにより，増資後の持分比率は60％に減少した。なお，増資直後のＳ社の純資産額は3, 600, 000円であった。よって，時価発行増資にともなう連結修正仕訳を示しなさい。なお，連結貸借対照表上の科目を連結株主資本等変動計算書の科目に置き換える必要はない。

MEMO

Theme 06 連結会計(Ⅳ)

理解度チェック □□□

問題6-1 ★★★

次の資料により，当期（×1年４月１日から×2年３月31日まで）の連結財務諸表を作成しなさい。なお，法人税等の実効税率は30％として税効果会計を適用し，繰延税金資産・負債は相殺して表示する。ただし，異なる納税主体に係る繰延税金資産・負債は相殺しないこと。

（資料１）個別財務諸表

貸借対照表

×2年３月31日現在　　　　(単位：円)

資産	P社	S社	負債・純資産	P社	S社
現金預金	380,000	200,000	支払手形	160,000	60,000
受取手形	176,000	60,000	買掛金	240,000	40,000
売掛金	196,000	140,000	短期借入金	60,000	80,000
貸倒引当金	△ 7,440	△ 4,000	未払法人税等	196,000	100,000
商品	50,000	30,000	未払費用	450	600
短期貸付金	120,000	——	その他負債	15,550	2,400
未収収益	900	——	資本金	600,000	300,000
土地	400,000	200,000	利益剰余金	678,000	297,000
S社株式	390,000	——			
その他資産	244,540	254,000			
	1,950,000	880,000		1,950,000	880,000

損益計算書

自×1年４月１日　至×2年３月31日　　　　(単位：円)

借方科目	P社	S社	貸方科目	P社	S社
売上原価	480,000	276,000	売上高	993,000	550,000
販売費及び一般管理費	99,560	20,080	受取利息配当金	84,000	——
貸倒引当金繰入	3,440	1,920			
支払利息・手形売却損	4,000	2,000			
法人税等	147,000	75,000			
当期純利益	343,000	175,000			
	1,077,000	550,000		1,077,000	550,000

株主資本等変動計算書

自×1年４月１日　至×2年３月31日　（単位：円）

	株主資本			
	資本金		利益剰余金	
	P社	S社	P社	S社
当期首残高	600,000	300,000	535,000	222,000
剰余金の配当	――	――	△ 200,000	△ 100,000
当期純利益	――	――	343,000	175,000
当期末残高	600,000	300,000	678,000	297,000

（資料２）連結に関する事項

1．P社は，×1年３月31日にS社の発行済議決権株式の70％を390,000円で取得し，支配を獲得した。×1年３月31日のS社の純資産は，資本金300,000円，利益剰余金222,000円であった。また，土地の貸借対照表価額は200,000円であったが，時価は220,000円であった。のれんは計上年度の翌年から10年間で均等償却する。

2．P社は当期からS社より商品の一部を仕入れている。S社の売上高のうち90,000円（原価54,000円）はP社に対するものであった。なお，そのうち9,000円（代金は掛け）は，×2年４月５日にP社に到着したがP社では未処理である。

3．P社の商品のうち36,000円（未着分は含まない）は，S社から仕入れた商品である。

4．S社の売掛金のうち30,000円，受取手形のうち20,000円はP社に対するものである。なお，P社振出の約束手形のうち20,000円を割引に付している（手数料は無視する）が，まだ支払期日は到来していない。

5．P社の買掛金のうち21,000円（未着分は含まない），支払手形のうち40,000円はS社に対するものである。

6．P社・S社とも，売上債権の期末残高に対して２％の貸倒引当金を設定している。

7．P社の短期貸付金80,000円は，S社に対して×1年７月１日に期間１年，利率年３％（利払日は６月と12月の各末日）の条件で貸し付けたものであり，P社は当期中にS社から短期貸付金に対する利息1,200円を受け取っている。なお，両社とも経過期間の利息を見越計上している。

理解度チェック

問題6-2　★★★

次の資料により，当期（×2年４月１日から×3年３月31日まで）の連結財務諸表を作成しなさい。なお，法人税等の実効税率は30％として税効果会計を適用し，繰延税金資産・負債は相殺して表示する。ただし，異なる納税主体に係る繰延税金資産・負債は相殺しないこと。

（資料１）個別財務諸表

貸　借　対　照　表

×3年３月31日現在　　（単位：円）

資　産	P　社	S　社	負債・純資産	P　社	S　社
現金預金	400,000	250,000	支払手形	250,000	160,000
受取手形	200,000	160,000	買掛金	120,000	110,000
売掛金	150,000	100,000	短期借入金	100,000	40,000
貸倒引当金	△7,000	△5,200	未払法人税等	179,000	72,000
商品	80,000	50,000	未払費用	1,500	200
短期貸付金	200,000	――	その他負債	373,500	259,800
未収収益	2,600	――	資本金	900,000	300,000
土地	500,000	200,000	利益剰余金	576,000	158,000
S社株式	400,000	――			
その他資産	574,400	345,200			
	2,500,000	1,100,000		2,500,000	1,100,000

損　益　計　算　書

自×2年４月１日　至×3年３月31日　　（単位：円）

借方科目	P　社	S　社	貸方科目	P　社	S　社
売上原価	540,000	200,000	売上高	980,000	420,000
販売費及び一般管理費	249,000	95,000	受取利息配当金	40,000	――
貸倒引当金繰入	6,000	4,000			
支払利息・手形売却損	5,000	1,000			
法人税等	66,000	36,000			
当期純利益	154,000	84,000			
	1,020,000	420,000		1,020,000	420,000

株主資本等変動計算書

自×2年4月1日　至×3年3月31日　　　　　（単位：円）

	株主資本			
	資本金		利益剰余金	
	P社	S社	P社	S社
当期首残高	900,000	300,000	502,000	104,000
剰余金の配当	——	——	△ 80,000	△ 30,000
当期純利益	——	——	154,000	84,000
当期末残高	900,000	300,000	576,000	158,000

（資料２）連結に関する事項

1．P社は，×1年３月31日にＳ社の発行済議決権株式の80％を400,000円で取得し，支配を獲得した。×1年３月31日のＳ社の純資産は，資本金300,000円，利益剰余金79,000円であった。また，土地の貸借対照表価額は200,000円であったが，時価は300,000円であった。のれんは計上年度の翌年から10年間で均等償却する。

2．Ｓ社は前期よりＰ社から商品の一部を仕入れている。Ｐ社の売上高のうち80,000円はＳ社に対するものであった。なお，そのうち2,000円（すべて掛け）は決算日現在Ｓ社に未着となっていた。

3．Ｓ社の商品棚卸高に含まれているＰ社からの仕入分は，期首商品棚卸高が24,000円，期末商品棚卸高が34,000円（未着分は含まない）である。なお，Ｐ社のＳ社に対する売上利益率は毎期25％である。

4．Ｓ社の支払手形のうち40,000円，買掛金のうち28,000円（未着分は含まない）はＰ社に対するものである。

5．Ｐ社はＳ社振出の約束手形40,000円のうち20,000円を割引に付している（手数料は無視する）が，まだ支払期日は到来していない。

6．Ｐ社・Ｓ社とも，売上債権の期末残高に対して２％の貸倒引当金を設定している。また，Ｐ社はＳ社に対する売上債権に，前期は貸倒引当金を500円設定していた。

7．Ｐ社の短期貸付金のうち40,000円は，Ｓ社に対して×2年８月１日に期間１年，利率年３％（利払日は１月と７月の各末日）の条件で貸し付けたものであり，Ｐ社は当期中にＳ社から短期貸付金に対する利息600円を受け取っている。なお，両社とも経過期間の利息を見越計上している。

理解度チェック

問題6-3　★★☆

Ｐ社は，Ｓ社株式の80％を取得しており，連結子会社としている。次の各取引について，連結財務諸表を作成するための未実現利益の消去仕訳を示しなさい。なお，法人税等の実効税率は30％とし，税効果会計を適用する。

(1)　Ｐ社は，当期にＳ社に対して土地60,000千円（簿価50,000千円）を売却した。Ｓ社はこの土地を当期末現在保有している。

(2)　Ｓ社は，当期にＰ社に対して土地60,000千円（簿価50,000千円）を売却した。Ｐ社はこの土地を当期末現在保有している。

(3)　Ｐ社は，当期首にＳ社に対して備品60,000千円（簿価50,000千円）を売却した。Ｓ社はこの備品を当期末現在保有しており，定額法，残存価額ゼロ，耐用年数５年で減価償却（間接法）している。

(4)　Ｓ社は，当期首にＰ社に対して備品60,000千円（簿価50,000千円）を売却した。Ｐ社はこの備品を当期末現在保有しており，定額法，残存価額ゼロ，耐用年数５年で減価償却（間接法）している。

MEMO

理解度チェック

問題6-4 ★★★

P社はS社を子会社として連結財務諸表を作成している。下記の資料にもとづき，答案用紙の当期（×4年４月１日から×5年３月31日までの１年）における連結貸借対照表，連結損益計算書および連結株主資本等変動計算書を作成しなさい。なお，貸倒引当金および税効果については，無視することとする。

〔資料Ⅰ〕当期におけるP社とS社の貸借対照表および損益計算書

貸借対照表

×5年３月31日現在　（単位：千円）

資産	P社	S社	負債・純資産	P社	S社
現金預金	37,000	17,000	支払手形	10,000	5,000
受取手形	20,000	13,000	買掛金	20,000	5,200
売掛金	30,000	12,000	営業外支払手形	6,500	――
棚卸資産	14,000	8,000	短期借入金	15,000	8,000
前払費用	400	200	未払法人税等	1,400	600
営業外受取手形	――	3,500	資本金	150,000	60,000
有形固定資産	96,000	55,000	利益剰余金	84,700	36,000
S社株式	79,000	――	その他有価証券評価差額金	2,400	1,200
投資有価証券	13,600	7,300			
	290,000	116,000		290,000	116,000

損益計算書

自×4年４月１日　至×5年３月31日　（単位：千円）

費用	P社	S社	収益	P社	S社
売上原価	42,000	24,000	売上高	56,000	30,000
販売費	3,000	2,000	受取利息配当金	2,300	800
一般管理費	3,600	1,700	固定資産売却益	――	1,000
支払利息	480	500			
手形売却損	120	――			
法人税等	2,800	1,100			
当期純利益	6,300	2,500			
	58,300	31,800		58,300	31,800

〔資料Ⅱ〕連結財務諸表作成に関する事項

1．×1年３月31日にP社はS社の発行済株式数の80％を79,000千円で取得し，同社を子会社とした。

2．×1年３月31日におけるS社の純資産は，以下のとおりである。

資本金　60,000千円　　利益剰余金　28,900千円

その他有価証券評価差額金　1,100千円（貸方）

同日において，S社の簿価20,000千円の土地について時価が22,000千円であった。他の資産および負債は，簿価と時価が同じであった。のれんは発生年度の翌年度から20年間で定額法により償却する。

3．前期末におけるＰ社およびＳ社のその他有価証券評価差額金は，それぞれ2,200千円（貸方），900千円（貸方）であった。
4．当期におけるＰ社およびＳ社の支払配当金は，それぞれ2,000千円，1,200千円であった。
5．当期におけるＰ社のＳ社に対する売上高は11,200千円であり，Ｓ社のＰ社からの仕入高は10,000千円であった。なお，前期末においては，商品の未達はなかった。
6．前期末および当期末におけるＳ社の手許の棚卸資産（未達分を含まない）には，Ｐ社から仕入れたものがそれぞれ2,600千円および2,000千円あった。なお，Ｐ社のＳ社に対する売上総利益率は，前期および当期において一貫して25％である。
7．当期末におけるＳ社の支払手形のうち1,500千円はＰ社に対して振り出したものであり，うち600千円はＰ社が銀行で割引に付している。割引の際の手形売却損30千円のうち期末から満期日までの期間に対応する額は20千円であった。なお，Ｐ社の手形売却損120千円はすべてＳ社から受け取った手形の割引によるものである。保証債務は計上していない。
8．当期末におけるＳ社の買掛金のうち1,000千円（未達分を含まない）は，Ｐ社に対するものであった。
9．×4年10月１日にＳ社は備品（売却時点での帳簿価額5,000千円）をＰ社に6,000千円で売却した。Ｐ社はこの備品を同日より使用し，減価償却費（一般管理費に含める）は，定額法（耐用年数５年，残存価額ゼロ）で計上し，１年に満たない分は月割計算によっている。これに関連して，当期末におけるＰ社の営業外支払手形のうち3,500千円はＳ社に対して振り出したものである。

理解度チェック □□□

問題6-5 ★★☆

以下の問いに答えなさい。

〔問１〕

Ｐ社は前期末にＳ社の発行済議決権株式の80％を取得し支配を獲得した。Ｓ社が前期末に所有する商品の貸借対照表価額は8,000千円，時価は10,000千円であり，この商品は当期中に企業集団外部の会社へ販売されている。この場合における，連結会計上の①評価差額の計上および②この商品に対する当期の仕訳を示しなさい。なお，法人税等の実効税率は30％であり，評価差額には税効果会計を適用する。

〔問２〕

Ｐ社は前期末にＳ社の発行済議決権株式の80％を取得し支配を獲得した。Ｓ社が前期末に所有する土地の貸借対照表価額は8,000千円，時価は10,000千円であり，この商品は当期中に企業集団外部の会社へ13,000千円で売却している。この場合における，連結会計上の①評価差額の計上および②この土地に対する当期の仕訳を示しなさい。なお，法人税等の実効税率は30％であり，評価差額には税効果会計を適用する。

〔問３〕

Ｐ社は前期末にＳ社の発行済議決権株式の80％を取得し支配を獲得した。Ｓ社が前期末に所有する備品の貸借対照表価額は8,000千円，時価は10,000千円であり，Ｓ社は当期末にこの備品を定額法（残存耐用年数４年，残存価額ゼロ）で減価償却（間接法）している。この場合における，連結会計上の①評価差額の計上および②この備品に対する当期の仕訳を示しなさい。なお，法人税等の実効税率は30％であり，評価差額には税効果会計を適用する。

理解度チェック

問題6-6 ★★★

次の資料にもとづき，答案用紙にある×6年度（自×6年４月１日　至×7年３月31日）を当期とする連結損益計算書を完成しなさい。なお，連結上生じる修正については，実効税率を30％として税効果会計を適用する。また，のれんは，発生の翌年度から20年間にわたって毎期均等額を償却する。

（資料１）個別損益計算書

損益計算書

自×6年４月１日　至×7年３月31日　（単位：千円）

借方科目	P社	S社	貸方科目	P社	S社
売上原価	165, 600	67, 200	売上高	262, 800	114, 240
販売費	21, 360	13, 500	受取配当金	5, 160	——
一般管理費	25, 920	10, 080	受取利息	2, 580	——
支払利息	9, 240	6, 720	法人税等調整額	1, 440	180
法人税等	15, 120	5, 400			
当期純利益	34, 740	11, 520			
	271, 980	114, 420		271, 980	114, 420

（資料２）連結に関する事項

⑴　P社は×5年３月31日にS社の発行済株式総数の80％を取得し，支配を獲得した。なお，S社の土地および建物には，それぞれ3, 600千円および3, 000千円の評価益があり，建物は，残存耐用年数10年の定額法により減価償却を行う（減価償却費は，一般管理費に含める）。また，投資と資本の相殺消去の結果，のれんが7, 200千円計上された。

⑵　前期末において，P社の棚卸資産にはS社が計上した900千円の利益が含まれていた。

⑶　S社が当期中に利益剰余金から支払った配当金は3, 600千円である。

⑷　当期中のS社によるP社への売上高は24, 000千円であり，当期末において，P社の棚卸資産にはS社が計上した1, 200千円の利益が含まれていた。

⑸　当期末において，P社は，S社に対して48, 000千円を貸し付けており，当期において1, 440千円の受取利息を計上している。

理解度チェック □□□

問題6-7 ★☆☆

次の（資料）にもとづき，20×3年度の連結損益計算書を作成しなさい。なお，連結上生じる修正については，実効税率を30％として税効果会計を適用する。また，有形固定資産の残存価額はゼロとする。

（資　料）

1．P社は，20×1年度末にS社の発行済株式総数の60％を取得し，支配を獲得した。支配獲得時においてS社の土地に12,000千円，商標権（残存有効期間８年にわたり定額法によって減価償却する）に5,600千円，建物（残存耐用年数10年にわたり定額法によって減価償却する）に6,000千円の時価評価差額（すべて時価が帳簿価額を上回る。全面時価評価法）があった。また，支配獲得時にのれん（親会社株主に帰属する部分のみ。20年にわたり定額法によって償却する）が15,000千円計上された。

2．20×3年度においてP社およびS社が利益剰余金から支払った配当金は，それぞれ9,600千円および3,000千円であった。

3．P社は，20×3年度においてS社に対して50,000千円の商品を売り上げ，このうち2,400千円の商品はS社が広告宣伝用に消費した。なお，20×2年度末および20×3年度末において，S社の商品期末棚卸高のうちP社から仕入れた商品がそれぞれ3,000千円および4,000千円含まれていた。P社の売上高総利益率は，各年度を通じて25％であった。

4．S社が20×3年度において計上した支払手数料のうち900千円は，P社に対して支払ったものである。P社はこれを役務収益として計上している。当該役務収益に対応する役務原価640千円は，その他の営業費用に振り替える。

5．P社は，S社に対して60,000千円を貸し付けており，20×3年度において1,500千円の受取利息を計上している。

6．S社は，20×3度の期首に備品（帳簿価額8,000千円）をP社に10,000千円で売却した。当該備品は，残存耐用年数５年にわたり定額法によって減価償却する。

7．20×3年度におけるP社およびS社の個別損益計算書は，次のとおりであった。

個　別　損　益　計　算　書　　　　（単位：千円）

借方科目	P社	S社	貸方科目	P社	S社
売上原価	200,400	86,600	売上高	282,000	114,000
役務原価	24,000	7,000	役務収益	30,000	10,000
広告宣伝費	9,820	7,980	受取配当金	7,200	――
減価償却費	15,900	4,400	受取利息	2,300	700
支払手数料	4,000	2,000	固定資産売却益	6,700	4,700
その他の営業費用	23,580	9,670	法人税等調整額	1,800	600
支払利息	8,300	2,000			
法人税等	15,000	3,600			
当期純利益	29,000	6,750			
	330,000	130,000		330,000	130,000

理解度チェック

問題6-8　★★☆

次の資料にもとづき，答案用紙にある20×4年度の連結貸借対照表を完成しなさい。なお，税効果会計は適用しない。

（資料１）

1．20×2年度末において，Ｐ社はＳ社の発行済株式数の70％を490,000千円で取得し，同社を子会社とした。また，20×4年度末において，Ｐ社はＳ社の発行済株式数の10％を75,000千円で追加取得した。

2．20×2年度末におけるＳ社の純資産は，以下のとおりである。

資本金　300,000千円　　資本剰余金　100,000千円　　利益剰余金　200,000千円

20×2年度末において，簿価30,000千円の建物について時価が40,000千円であった。他の資産および負債は，簿価と時価が同じであった。建物の残存耐用年数は10年であり，残存価額をゼロとする定額法によって減価償却する。のれんは，発生年度の翌年度から10年間で定額法により償却する。

3．20×4年度末におけるＰ社およびＳ社の個別貸借対照表は，次のとおりであった。

貸借対照表

20×4年度末現在　　（単位：千円）

資産	Ｐ社	Ｓ社	負債・純資産	Ｐ社	Ｓ社
現金預金	505,000	300,000	買掛金	180,000	80,000
売掛金	320,000	230,000	長期借入金	300,000	130,000
棚卸資産	210,000	120,000	資本金	1,200,000	300,000
有形固定資産	700,000	250,000	資本剰余金	200,000	100,000
Ｓ社株式	565,000	——	利益剰余金	420,000	290,000
	2,300,000	900,000		2,300,000	900,000

4．20×4年度におけるＰ社およびＳ社の当期純利益と配当金は，次のとおりである。

	Ｐ社	Ｓ社
当期純利益	90,000千円	70,000千円
配当金	30,000千円	20,000千円

理解度チェック

問題6-9 ★☆☆

次の資料により，Ｐ社が作成する連結貸借対照表に記載される各金額を答えなさい。

（資　料）

1．Ｐ社は，かねてよりＳ社の発行済株式総数の80％を所有し，同社を子会社としている。

2．Ｐ社は，材料Ｘを外部から仕入れ，20％の利益を付加してＳ社に販売している。

3．Ｓ社は，Ｐ社から購入した材料Ｘを工程の始点で投入し，加工を施して製品Ｙを生産し，さらに完成した製品Ｙに対して25％の利益を付加してＰ社に販売している。

4．Ｓ社における完成した製品Ｙの加工費率は70％であった。

5．Ｐ社は，Ｓ社から受け取った製品Ｙを連結外部に販売している。

6．Ｐ社およびＳ社における棚卸資産の当期末残高は，次のとおりである。

Ｐ　社	Ｓ　社		
製　品	原材料	仕掛品 （加工進捗度50％）	製　品
36,000円	6,000円	30,160円	33,000円

Theme 07 連結会計(V)

理解度チェック

問題7-1 ★★★

P社は，×1年３月31日にＳ社の発行済議決権株式の80％を350,000円で取得し，支配を獲得した。×1年３月31日現在におけるＳ社の貸借対照表項目（帳簿価額）は，諸資産850,000円，諸負債451,050円，繰延税金負債4,950円，資本金300,000円，利益剰余金82,450円，その他有価証券評価差額金11,550円（支配獲得後にその他有価証券の売買は行われていない）であり，諸資産の時価は950,000円，諸負債の時価は491,050円であった。当期（×2年４月1日から×3年３月31日まで）における以下の資料により，当期の連結財務諸表を完成しなさい。なお，のれんは，計上年度の翌年から10年間で均等償却する。また，法人税等の実効税率は30％とし，税効果会計を適用する。

（資　料）

貸 借 対 照 表

×3年３月31日現在　（単位：円）

資　産	P　社	S　社	負債・純資産	P　社	S　社
諸資産	2,150,000	1,100,000	諸負債	1,008,000	603,650
S社株式	350,000	——	繰延税金負債	12,000	6,000
			資本金	900,000	300,000
			利益剰余金	552,000	176,350
			その他有価証券評価差額金	28,000	14,000
	2,500,000	1,100,000		2,500,000	1,100,000

損 益 計 算 書

自×2年４月１日　至×3年３月31日　（単位：円）

借方科目	P　社	S　社	貸方科目	P　社	S　社
諸費用	810,000	300,000	諸収益	1,006,000	460,000
法人税等	66,000	48,000	受取配当金	24,000	——
当期純利益	154,000	112,000			
	1,030,000	460,000		1,030,000	460,000

包括利益計算書

自×2年４月１日　至×3年３月31日　（単位：円）

科　目	P　社	S　社
当期純利益	154,000	112,000
その他の包括利益		
その他有価証券評価差額金	2,800	1,400
包括利益	156,800	113,400

株主資本等変動計算書

自×2年４月１日　至×3年３月31日　（単位：円）

	株主資本				その他の包括利益累計額	
	資本金		利益剰余金		その他有価証券評価差額金	
	P　社	S　社	P　社	S　社	P　社	S　社
当期首残高	900,000	300,000	478,000	94,350	25,200	12,600
剰余金の配当	——	——	△ 80,000	△ 30,000	——	——
当期純利益	——	——	154,000	112,000	——	——
株主資本以外の項目の当期変動額（純額）	——	——	——	——	2,800	1,400
当期末残高	900,000	300,000	552,000	176,350	28,000	14,000

理解度チェック

問題7-2　★★☆

次の資料にもとづき，答案用紙にある×5年度の連結貸借対照表を完成しなさい。なお，税効果会計は適用しない。また，のれんは，×3年度期首から20年間にわたって毎期均等額を償却する。

（資料１）×5年度期末における個別貸借対照表

貸　借　対　照　表　（単位：千円）

資　　　産	P　社	S　社	負債・純資産	P　社	S　社
当座資産	395,000	264,000	流動負債	294,000	96,000
棚卸資産	276,000	144,000	固定負債	429,600	318,000
減価償却資産	840,000	456,000	資本金	1,050,000	300,000
減価償却累計額	△ 270,000	△ 96,000	資本剰余金	210,000	120,000
土地	360,000	120,000	利益剰余金	350,400	144,000
投資有価証券	240,000	132,000	評価・換算差額等	72,000	42,000
S社株式	565,000	——			
	2,406,000	1,020,000		2,406,000	1,020,000

（資料２）S社に関する事項

(1)　P社は×3年度期首にS社の発行済株式総数の80％に相当する株式を504,000千円で取得し，支配を獲得した。なお，S社の純資産の推移は，次のとおりである。

	資本金	資本剰余金	利益剰余金	評価・換算差額等
×3年度期首	300,000千円	120,000千円	120,000千円	30,000千円
×3年度期末	300,000千円	120,000千円	129,000千円	33,000千円
×4年度期末	300,000千円	120,000千円	133,200千円	24,000千円

(2)　S社が保有する土地の売買はなかったが，×3年度期首における時価は150,000千円であった。

(3)　×3年度末にS社の発行済株式総数の10％に相当する株式を61,000千円で追加取得した。

(4)　P社の棚卸資産には，S社が計上した未実現利益が×4年度期末において7,200千円，×5年度期末において9,600千円含まれている。

(5)　S社の売掛金には，P社に対するものが×4年度期末において13,200千円，×5年度期末において16,800千円含まれていた。

(6)　S社の減価償却資産には，×4年度期首にP社から取得したものが60,000千円（P社の売却時点の帳簿価額は48,000千円）が含まれており，S社は定額法（耐用年数：５年，残存価額：ゼロ）で減価償却している。

理解度チェック

問題7-3　★☆☆

次の資料にもとづいて，20×4年度末現在における連結貸借対照表を作成しなさい。なお，税効果会計は適用しない。

（資料１）

1．20×2年度末において，Ｐ社はＳ社の発行済株式数の90％を630,000千円で取得し，同社を子会社とした。また，20×4年度末において，Ｐ社はＳ社の発行済株式数の10％を75,000千円で売却した。

2．20×2年度末におけるＳ社の純資産は，以下のとおりである。

資本金　300,000千円　　資本剰余金　100,000千円　　利益剰余金　200,000千円

その他有価証券評価差額金　20,000千円（貸方）

20×2年度末において，Ｓ社の簿価50,000千円の土地について時価が80,000千円であった。他の資産および負債は，簿価と時価が同じであった。のれんは，発生年度の翌年度から10年間で定額法により償却する。

3．20×4年度末におけるＰ社およびＳ社の個別貸借対照表は，次のとおりであった。

貸借対照表

20×4年度末現在　（単位：千円）

資産	Ｐ社	Ｓ社	負債・純資産	Ｐ社	Ｓ社
現金預金	310,000	225,000	買掛金	140,000	95,000
売掛金	320,000	180,000	長期借入金	300,000	130,000
棚卸資産	210,000	120,000	資本金	1,200,000	300,000
有形固定資産	700,000	250,000	資本剰余金	200,000	100,000
Ｓ社株式	560,000	——	利益剰余金	420,000	290,000
投資有価証券	200,000	175,000	その他有価証券評価差額金	40,000	35,000
	2,300,000	950,000		2,300,000	950,000

4．20×4年度におけるＰ社およびＳ社の当期純利益と配当金は，次のとおりである。

	Ｐ社	Ｓ社
当期純利益	90,000千円	60,000千円
配当金	30,000千円	20,000千円

5．20×3年度末におけるＰ社のその他有価証券評価差額金は33,000千円（貸方）であり，Ｓ社のその他有価証券評価差額金は25,000千円（貸方）あった。

理解度チェック

問題7-4　★★★

Ｐ社（連結親会社）の以下の資料にもとづいて，×1年度の⑴個別財務諸表および⑵連結財務諸表に記載される解答用紙に示した各項目の金額を求めなさい。なお，退職給付引当金（退職給付に係る負債）には，法人税等の実効税率は30％として税効果会計を適用する。また，次の資料から判明すること以外は考慮する必要はない。

（資　料）

1．×1年度期首の退職給付債務120,000円，年金資産30,000円
　　なお，数理計算上の差異等は発生していない。

2．勤務費用12,000円，利息費用6,000円，期待運用収益2,700円

3．年金掛金の拠出3,000円，退職一時金の支給5,400円，年金基金からの支給4,200円

4．×1年度期末の退職給付債務129,000円，年金資産30,600円

5．×1年度に発生した数理計算上の差異1,500円（引当不足）
　　なお，数理計算上の差異は，発生年度から10年で定額法により費用処理する。

理解度チェック

問題7-5　★★★

次の各文章における空欄に当てはまる数字を答案用紙に記入しなさい。

当期首における退職給付債務は80,000千円，年金資産は60,000千円，未認識過去勤務費用（引当超過額であり，前期から10年で償却している。）は5,400千円であった。当期の勤務費用は7,200千円，割引率は年４％，長期期待運用収益率は年３％，年金掛金の拠出額（期末）は6,700千円，年金支給額（期末）は5,000千円であった場合の当期の退職給付費用は（　1　）千円であり，個別貸借対照表の退職給付引当金は（　2　）千円である。また，連結貸借対照表の退職給付に係る負債は（　3　）千円であり，退職給付に係る調整累計額は（　4　）千円である。なお，実効税率を30％として税効果会計を適用する。

Theme

08 連結会計(Ⅵ)

理解度チェック

問題8-1 ★★★

P社（会計期間1年，決算日3月31日）は，×2年3月31日にA社（会計期間1年，決算日3月31日）の発行済議決権株式の40%にあたる株式を550,000円で取得し，連結決算上，持分法適用会社とした。よって，以下の問いに答えなさい。

〔資　料〕

1．×2年3月31日現在におけるA社の資本の額（帳簿価額）は1,200,000円であり，その内訳は次のとおりである。なお，のれん（投資差額）については，投資年度の翌年から10年間で均等償却する。また，資本の額の計算にあたっては，税効果会計（実効税率30%）を考慮する。

　　資本金　800,000円　　利益剰余金　400,000円

　（注）A社の諸資産は時価評価により100,000円の評価益が生じている。

2．A社の×2年6月25日に株主総会において，次の利益剰余金の処分と配当が決議された。

　　利益準備金　23,000円　　剰余金の配当　230,000円

3．A社の×2年度における当期純利益は280,000円であった。

〔問1〕

上記の資料により，(1)×2年度（×2年4月1日から×3年3月31日）における連結財務諸表作成のための修正消去仕訳を示すとともに，×2年度において作成される(2)連結貸借対照表に記載されるA社株式の金額と，連結損益計算書に記載される持分法による投資損益の金額をそれぞれ示しなさい。

〔問2〕

×3年4月1日に保有するA社株式のうち10%（保有するA社株式の4分の1）を150,000円で売却した場合の×3年度の連結損益計算書に記載されるA社株式売却損益の金額を示しなさい。

理解度チェック

問題8-2 ★★★

P社（会計期間1年，決算日3月31日）は，×1年3月31日にA社（会計期間1年，決算日3月31日）の発行済議決権株式の40%を180,000円で取得し，連結決算上，持分法適用会社とした。以下の資料により，(1)×2年度（×2年4月1日から×3年3月31日）における連結財務諸表作成のための連結修正仕訳を示すとともに，×2年度において作成される(2)連結貸借対照表に記載されるA社株式の金額と，連結損益計算書に記載される持分法による投資損益の金額をそれぞれ示しなさい。なお，資本の額の計算にあたっては，税効果会計（実効税率30%）を考慮する。

〔資　料〕

1．A社純資産の内訳は以下のとおりである。なお，のれんについては，投資年度の翌年から10年間で均等償却する。

	資　本　金	利益剰余金
×1年3月31日	200,000円	160,000円
×2年3月31日	200,000円	180,000円
×3年3月31日	200,000円	220,000円

（注）×1年３月31日の諸資産は時価評価により40,000円の評価益が生じている。
×2年３月31日の諸資産は時価評価により60,000円の評価益が生じている。

2．A社の×2年６月25日に株主総会において，次の利益剰余金の処分と配当が決議された。
利益準備金　3,000円　　剰余金の配当　30,000円

3．A社の×2年度における当期純利益は70,000円であった。

理解度チェック

問題8-3 ★★☆

P社は，第１年度末にS社の発行済株式の60％およびA社の発行済株式の30％を取得し，さらに第２年度末にS社の発行済株式の20％を追加取得した。なお，A社は持分法適用会社とする。これらの事項および以下の資料により，解答用紙に示した連結財務諸表に記載される各項目の金額を求めなさい。

（資　料）

1．取得価額：S社株式　　第１年度末取得分　8,000万円
　　　　　　　　　　　　第２年度末取得分　2,400万円
　　　　　　A社株式　　第１年度末取得分　4,000万円

2．S社の貸借対照表

貸　借　対　照　表　（単位：万円）

資産	第１年度末	第２年度末	負債・純資産	第１年度末	第２年度末
諸資産	15,000	18,000	諸負債	5,200	7,200
			資本金	6,000	6,000
			利益剰余金	3,800	4,800
	15,000	18,000		15,000	18,000

諸資産の時価は，第１年度末では17,000万円，第２年度末では21,000万円であった。なお，諸負債の時価は第１年度末・第２年度末とも帳簿価額と同じであった。
第２年度中に利益剰余金の配当が行われ，1,100万円の現金配当をしていた。

3．A社の貸借対照表

貸　借　対　照　表　（単位：万円）

資産	第１年度末	第２年度末	負債・純資産	第１年度末	第２年度末
諸資産	20,000	22,000	諸負債	10,000	11,000
			資本金	5,000	5,000
			利益剰余金	5,000	6,000
	20,000	22,000		20,000	22,000

第１年度末の諸資産の時価は22,000万円，諸負債の時価は帳簿価額と同じであった。
第２年度中に利益剰余金の配当が行われ，400万円の現金配当をしていた。

4．法人税等の実効税率を30％として税効果会計を適用する。

5．のれんは，すべて計上年度の翌年から10年間にわたって毎期均等額を償却する。

6．P社・S社・A社との間には上記以外の取引関係はない。

理解度チェック

問題8-4 ★★★

下記の資料にもとづいて，下記の各問に答えなさい。なお，のれんは発生年度の翌年度から10年間で定額法により償却する。計算の過程で生じた千円未満の端数は四捨五入する。税効果会計は考慮外とする。

（資料１）

1．20×2年度末に，Ｐ社は，Ａ社の発行済株式の40％を54,000千円で取得し，同社を関連会社とした。同年度末におけるＡ社の資本金は80,000千円，利益剰余金は47,000千円であった。また，同日におけるＡ社の土地（帳簿価額22,000千円）の時価は，25,000千円であった。

2．20×3年度末におけるＡ社の資本金は80,000千円，利益剰余金は50,000千円であった。なお，同年度中に400千円の配当を行っている。

3．20×4年度末に，Ｐ社は，Ａ社の発行済株式の30％を42,000千円で取得し，同社を子会社とした。同年度末におけるＡ社の資本金は80,000千円，利益剰余金は52,000千円であった。また，同日におけるＡ社の土地（帳簿価額22,000千円）の時価は，26,000千円であった。

（資料２）20×5年度末における個別貸借対照表

貸　借　対　照　表　　　（単位：千円）

資　　産	Ｐ　社	Ａ　社	負債・純資産	Ｐ　社	Ａ　社
流動資産	194,000	75,000	流動負債	50,000	20,000
有形固定資産	210,000	120,000	固定負債	80,000	39,000
Ａ社株式	96,000	——	資本金	250,000	80,000
			利益剰余金	120,000	56,000
	500,000	195,000		500,000	195,000

〔問１〕20×3年度末における連結財務諸表に計上されるＡ社株式と持分法による投資損益の金額を求めなさい。

〔問２〕20×5年度末における連結貸借対照表を作成しなさい。

理解度チェック

問題8-5 ★★★

次の各取引について，連結財務諸表作成上，持分法を適用する場合の連結修正仕訳をしなさい。なお，法人税等の実効税率を30％として税効果会計を適用する。

1．Ａ社（関連会社）はＰ社（Ａ社株式の40％を所有）に対して，商品5,000円（原価4,000円）を販売した。Ｐ社は当期末現在，この商品を保有している。

2．Ｐ社（Ｂ社株式の40％を所有）はＢ社（関連会社）に対して，商品5,000円（原価4,000円）を販売した。Ｂ社は当期末現在，この商品を保有している。

3．Ｐ社（Ｃ社株式の60％を所有）はＣ社（非連結子会社）に対して，商品5,000円（原価4,000円）を販売した。Ｃ社は当期末現在，この商品を保有している。

理解度チェック

問題8-6 ★★★

Ｐ社は×1年４月１日にＡ社の発行済株式（議決権あり）の40％にあたる株式を186,000千円で取得し，持分法適用会社とした。Ｐ社およびＡ社の会計期間はいずれも１年で，決算日は３月末日である。Ｐ社には他に子会社があるが，持分法適用会社はＡ社のみである。次の〔資料Ⅰ〕と〔資料Ⅱ〕にもとづいて，答案用紙の問に答えなさい。なお，法定実効税率を30％として税効果会計を適用する。また，計算の過程で端数が出る場合は，その都度千円未満を四捨五入すること。

（資料１）×1年３月31日におけるＡ社の貸借対照表

貸　借　対　照　表

Ａ社　　　　　　×1年３月31日　　　　（単位：千円）

諸　資　産	600,000	諸　負　債	156,000
		資　本　金	420,000
		資本剰余金	6,000
		利益剰余金	18,000
	600,000		600,000

×1年３月31日におけるＡ社の資産・負債の貸借対照表価額は，土地を除いて時価と同額であった。Ａ社の土地は取得時より12,000千円値上がりしており，その後×3年３月31日に至るまで土地の時価に変化はない。なお，のれんが生じる場合には発生年度から10年間にわたって毎期均等償却し，負ののれんが発生する場合には発生年度の利益として処理する。

（資料２）×1年度（×1年４月１日～×2年３月31日）および×2年度（×2年４月１日～×3年３月31日）に関する事項

1．×1年度と×2年度のＡ社の当期純利益はそれぞれ1,440千円と2,160千円である。

2．Ａ社が株主に支払った配当金の金額は，×1年度中に1,080千円，×2年度中に1,200千円である。なお，配当に関する税効果は考慮外とする。

3．×1年度からＰ社はＡ社に対して商品を販売している（利益率は30％)。Ａ社の期末商品棚卸高のうち，Ｐ社からの仕入分は，×1年度は800千円，×2年度は750千円である。なお，未実現利益の消去については投資会社持分相当額を消去することとし，原則法にもとづいて行う。

Theme
09 株式交換・会社の分割など

理解度チェック

問題9-1 ★★★

P社（発行済株式総数2,000株）はS社（発行済株式総数1,250株）と×1年４月１日に株式交換を行い完全子会社とし，S社株主が所有するS社株式1,250株と交換にP社株式1,000株を発行して交付した。P社株式の時価は１株あたり200円であった。この場合における，パーチェス法（P社を取得企業とする）による(1)P社の仕訳を示しなさい。なお，P社の増加する払込資本のうち２分の１ずつを資本金と資本準備金とする。また，この株式交換により連結財務諸表に計上される(2)のれんの金額を求めなさい。なお，S社の適正な帳簿価額による株主資本は170,000円であった。S社の諸資産に5,000円の評価益が生じており，諸負債の帳簿価額と時価は一致していた。税効果会計は考慮しない。

理解度チェック

問題9-2 ★★★

P社（発行済株式総数2,000株）はS社（発行済株式総数1,250株）と×1年４月１日に株式交換を行い完全子会社とした。P社は株式交換以前にS社株式125株（10％）を19,000円で取得（その他有価証券で処理）しており，S社株主（P社を除く）が所有するS社株式1,125株と交換にP社株式900株を発行して交付した。P社株式の時価は１株あたり200円である。この場合における，パーチェス法（P社を取得企業とする）によるP社の仕訳を示しなさい。なお，P社の増加する払込資本のうち２分の１ずつを資本金と資本準備金とする。

理解度チェック

問題9-3 ★★★

P社（発行済株式総数2,000株）はS社（発行済株式総数1,250株）と×1年４月１日に株式交換を行い完全子会社とした。P社は，S社株式1,250株と交換に交付するP社株式1,000株のうち，200株はP社の所有する自己株式（１株あたりの帳簿価額180円）を移転して交付し，800株は新株を発行して交付した。P社株式の時価は１株あたり200円である。この場合における，パーチェス法（P社を取得企業とする）によるP社の仕訳を示しなさい。なお，P社の増加する払込資本のうち２分の１ずつを資本金と資本準備金とする。

問題9-4 ★★★

理解度チェック □□□

A社（発行済株式総数10,000株）は，株式交換によりB社（発行済株式総数2,000株）を100％子会社とすることに決定した。この株式交換では，A社を取得企業とするパーチェス法が適用される。以下の資料にもとづき，解答用紙の設問１～５に答えなさい。

（資料１）株式交換直前の両社の貸借対照表

A社　貸借対照表　（単位：千円）

諸資産	300,000	諸負債	130,000
		資本金	100,000
		資本剰余金	10,000
		利益剰余金	60,000
	300,000		300,000

B社　貸借対照表　（単位：千円）

諸資産	55,000	諸負債	33,000
		資本金	12,000
		資本剰余金	2,000
		利益剰余金	8,000
	55,000		55,000

（資料２）株式交換に関する事項

1．B社の諸資産のうち，次の資産に関する資料

　棚卸資産　帳簿価額3,000千円，時価3,480千円

　土　　地　帳簿価額2,500千円，時価4,500千円

　B社のその他の資産および負債の帳簿価額と時価は同額である。なお，税効果会計は考慮しない。A社の諸資産および諸負債の帳簿価額と時価は同額である。

2．A社とB社の株式交換比率は，⑴純資産（時価）と⑵収益還元価値の平均額により算出する。

3．A社の自己資本利益率は４％，B社の自己資本利益率は６％，資本還元率は５％である。なお，自己資本利益率は時価に対する自己資本利益率を用いる。

4．A社の株価は１株あたり16,000円である。

5．株式交換に伴うA社の払込資本は，全額資本金とする。

問題9-5 ★★★

理解度チェック □□□

次の文章における空欄に当てはまる適当な語句または金額を答えなさい。

A社（発行済株式総数100株）は，B社を株式交換により完全子会社とした。株式交換直前の両社の貸借対照表は次のとおりである（単位：千円）。

貸　借　対　照　表

資産	A社	B社	負債・純資産	A社	B社
諸資産	20,000	60,000	諸負債	10,000	20,000
			資本金	5,000	15,000
			利益剰余金	5,000	25,000
合計	20,000	60,000	合計	20,000	60,000

同日におけるA社およびB社の諸資産の時価は，それぞれ21,000千円および62,500千円である。株式交換により，A社は，B社株主に対してA社株式400株（時価48,000千円）を交付した。

この株式交換により，A社の個別貸借対照表において，子会社株式が（　①　）千円計上される。連結貸借対照表上は，取得企業がB社であると判断されたことから，この株式交換は（　②　）と判定される。その結果，連結貸借対照表上，諸資産は（　③　）千円，のれんは（　④　）千円計上される。

理解度チェック

問題9-6 ★★★

S１社とS２社は，P社を新設し完全親会社とする株式移転を行い，両社ともにP社の完全子会社となった。この場合における，パーチェス法（S１社を取得企業とする）による(1)P社の仕訳を示しなさい。なお，株式移転の各条件は，次のとおりであり，P社の増加する株主資本のうち２分の１ずつを資本金と資本準備金とする。また，この株式移転により連結財務諸表に計上される(2)のれんの金額を求めなさい。なお，両社ともに資産・負債の帳簿価額と時価は一致していた。

	S１社	S２社
発行済株式総数	2,700株	3,000株
両社の株式の時価	@200円	@155円
適正な帳簿価額による株主資本の額	520,000円	460,000円
１株につき交付するP社株式	１株につき１株	１株につき0.8株

理解度チェック

問題9-7 ★★★

A社（発行済株式総数20,000株）とB社（発行済株式総数15,000株）は，P社を新設し完全親会社となる株式移転を行った。この株式移転に関し，次の資料にもとづいて，各問に答えなさい。なお，A社とB社の間に資本関係はない。また，税効果会計は考慮しないものとする。

（資料１）株式移転直前のA社およびB社の貸借対照表

A社　貸借対照表　（単位：千円）

諸資産	30,000	諸負債	18,000
土地	5,000	資本金	12,000
		資本剰余金	3,000
		利益剰余金	2,000
	35,000		35,000

B社　貸借対照表　（単位：千円）

諸資産	22,000	諸負債	13,500
土地	4,000	資本金	9,000
		資本剰余金	2,100
		利益剰余金	1,400
	26,000		26,000

（資料２）株式移転に関する事項

1．A社株主には，A社株式１株に対してP社株式１株が交付された。
2．B社株主には，B社株式１株に対してP社株式0.8株が交付された。
3．企業結合日におけるA社株式の時価は１株当たり1,500円であり，B社株式の時価は１株当たり1,100円であった。
4．A社の土地の時価は8,000千円であった。
5．B社の土地の時価は7,500千円であった。
6．P社の増加する純資産のうち２分の１を資本金に計上する。

問１　P社に対するA社株主とB社株主の議決権比率をそれぞれ求めなさい。
問２　この株式移転における取得企業名を記しなさい。
問３　P社個別財務諸表におけるA社株式とB社株式の金額を求めなさい。
問４　P社連結財務諸表における資本金，資本剰余金およびのれんの金額を求めなさい。ただし，連結財務諸表上，取得企業の利益剰余金については，そのまま引き継ぐこと。

問題9-8 ★★★

理解度チェック □□□

甲事業と乙事業を営むA社は，分社型の会社分割により，B社に対して甲事業を移転し，B社株式1,500株を取得した。以下の条件にもとづいて，下記の問いに答えなさい。

	適正な帳簿価額	時　価
移転した甲事業用資産	300,000円	350,000円
移転した甲事業用負債	80,000円	100,000円
B　社　株　式	——	@170円

〔問1〕

⑴B社がA社の子会社になる場合と，⑵B社がA社の子会社または関連会社にならない場合（その他有価証券で処理）のA社の仕訳を示しなさい。

〔問2〕

⑴B社が取得企業となる場合と，⑵A社が取得企業となる場合（逆取得の場合）におけるB社の仕訳を示しなさい。なお，増加する株主資本のうち2分の1ずつを資本金と資本準備金とする。

問題9-9 ★★☆

理解度チェック □□□

P社は，×1年3月31日にA事業を分社型の会社分割によりS社に譲渡した。S社はA事業の取得の対価としてS社株式1,200株を新株を発行して交付した。なお，S社は増加する払込資本をすべて資本金とする。会社分割前のS社の発行済株式総数は800株，株価は1株につき50円であり，P社は会社分割後のS社の発行済株式総数2,000株のうち1,200株（60%）を取得することにより，S社の支配を獲得し，連結会計上，連結子会社とした。よって，以下の資料にもとづいて，×1年3月31日の連結貸借対照表を作成しなさい。

（資料1）会社分割前の個別貸借対照表

貸　借　対　照　表

×1年3月31日現在　（単位：円）

資　　産	P　社	S　社	負債・純資産	P　社	S　社
諸　資　産	130,000	100,000	諸　負　債	70,000	68,000
A事業用資産	70,000	——	A事業用負債	20,000	——
			資　本　金	50,000	20,000
			資本剰余金	20,000	——
			利益剰余金	40,000	12,000
	200,000	100,000		200,000	100,000

（資料2）その他の事項

1．A事業の価値は60,000円と評価された。

2．S社の諸資産の時価は106,000円，諸負債の時価は72,000円であり，評価差額に対する税効果会計は考慮しなくてよい。また，S社の企業の価値は40,000円と評価された。

理解度チェック

問題9-10 ★★☆

A社とB社は，×2年4月1日において，それぞれａ事業とｂ事業を事業分離し，新設分割設立会社であるC社を設立した。C社が発行した株式のうち，5,500株はA社に，4,500株はB社にそれぞれ配分された。設立時におけるC社株式の時価は，1株当たり200千円であった。

ａ事業については，会社分割直前における諸資産の簿価は1,650,000千円であり，諸負債の簿価は700,000千円であった。会社分割直前における諸資産の時価は1,700,000千円であり，諸負債の時価は簿価と同額であった。ａ事業の価値は1,100,000千円であった。

ｂ事業については，会社分割直前における諸資産の簿価は1,500,000千円であり，諸負債の簿価は800,000千円であった。会社分割直前における諸資産の時価は1,600,000千円であり，諸負債の時価は簿価と同額であった。ｂ事業の価値は900,000千円であった。

以上の資料から，C社の設立に関してA社が取得企業と判定される場合，A社およびB社の事業分離直後の個別財務諸表において計上されるC社株式の金額を求めるとともに，C社の開始貸借対照表を作成しなさい。

理解度チェック

問題9-11 ★☆☆

A社とB社は，A社が営むａ事業とB社が営むｂ事業をそれぞれ事業分離し，共同新設分割により新設分割設立会社であるC社（A社とB社の共同支配企業）を設立した。C社が発行した株式のうち6,000株（60%）はA社が取得し，4,000株（40%）はB社が取得した。

ａ事業用資産（負債はなかった）のA社における簿価は240,000円，時価は265,000円，ａ事業の価値は300,000円であり，ｂ事業用資産（負債はなかった）のB社における簿価は150,000円，時価は185,000円，ｂ事業の価値は200,000円であった。

以上の資料から，分割時の⑴個別財務諸表における①A社の所有するC社株式の金額，②B社の所有するC社株式の金額および⑵連結財務諸表における①A社の所有するC社株式の金額，②B社の所有するC社株式の金額をそれぞれ求めなさい。

Theme 10 外貨建財務諸表項目

理解度チェック □□□

問題10-1 ★★★

次の資料により，在外支店の円貨額による貸借対照表および損益計算書を作成しなさい。

（資料１）在外支店の貸借対照表および損益計算書

貸　借　対　照　表

×1年12月31日現在　　（単位：ドル）

資　　　産	金　額	負債・純資産	金　額
現　　　金	1, 310	買　掛　金	300
売　掛　金	500	長 期 借 入 金	600
商　　　品	690	本　　　店	5, 000
短 期 貸 付 金	600	当 期 純 利 益	100
建　　　物	3, 000		
減価償却累計額	△100		
	6, 000		6, 000

損　益　計　算　書

自×1年1月1日　至×1年12月31日　　（単位：ドル）

借 方 科 目	金　額	貸 方 科 目	金　額
売 上 原 価	1, 300	売　上　高	1, 850
商 品 評 価 損	10	その他の収益	150
減 価 償 却 費	100		
その他の費用	490		
当 期 純 利 益	100		
	2, 000		2, 000

（資料２）

1．期首商品はなかった。

2．本店における支店勘定の金額は，465, 000円である。

3．換算に必要な１ドルあたりの為替相場は次のとおりである。

建物購入時	95円	売上計上時	94円
仕入計上時	92円	決　算　時	90円
期中平均相場	88円		

4．計上時の為替相場が不明な項目については期中平均相場によること。

理解度チェック

問題10-2 ★★☆

次の資料により，外国にある支店が保有している商品Aについて，決算時の貸借対照表価額（円換算額）を計算しなさい。なお，商品Aの期末棚卸高は1,000個で，この支店では先入先出法を適用して原価を計算している。決算時の商品Aの時価は1個85ドル，為替相場は1ドル＝100円であった。

（資　料）

	数　量	取得原価	取得時の為替相場
期首棚卸高	600個	48,000ドル	1ドル＝106円
第1回仕入	1,400個	114,800ドル	105円
第2回仕入	1,200個	102,000ドル	104円
第3回仕入	800個	67,200ドル	102円
		332,000ドル	

理解度チェック

問題10-3　★★☆

東京商事株式会社の当期（×2年３月31日を決算日とする１年）に係る次の資料にもとづいて，答案用紙の本支店合併損益計算書および貸借対照表を作成しなさい。なお，当期の１ドルあたりの直物為替相場は，期首120円，期末116円，期中平均110円とする。また，税金は考慮しないものとする。

（資料１）本店の決算整理前残高試算表（単位：千円）

決算整理前残高試算表

×2年３月31日

借方科目	金額	貸方科目	金額
現金預金	124,489	買掛金	57,050
受取手形	60,000	社債	60,000
売掛金	72,000	退職給付引当金	各自推定
有価証券	114,200	貸倒引当金	800
繰越商品	16,000	建物減価償却累計額	36,750
短期貸付金	26,250	備品減価償却累計額	14,400
建物	70,000	繰延内部利益	1,840
備品	40,000	資本金	500,000
機械	10,000	資本準備金	30,000
土地	各自推定	利益準備金	51,000
支店	95,000	繰越利益剰余金	48,000
仕入	181,200	売上	405,000
支店仕入	84,000	受取利息配当金	2,000
販売費・管理費	73,661	有価証券利息	460
退職給付	29,000	有価証券運用損益	700
社債利息	1,200		
為替差損益	3,000		
	各自推定		各自推定

（資料２）本店の決算整理事項等

1．期末商品棚卸高は，24,200千円（ハワイ支店からの仕入分10,800千円を含む）であり，正味売却価額は下落していない。

2．売上債権（すべて一般債権）の期末残高に対して２％の貸倒引当金を差額補充法により設定する。

3．有価証券114,200千円は，すべて当期首に取得したものであり，その内訳は次のとおりである。

銘柄	分類	取得原価	時価	備考
A社株式	売買目的有価証券	430千ドル	440千ドル	—
B社株式	売買目的有価証券	180千ドル	280千ドル	—
C社株式	子会社株式	20,000千円	—	（注１）
D社社債	満期保有目的債券	175千ドル	186千ドル	（注２）

（注１）C社の発行済株式総数の60％を保有しているが，C社の財政状態は著しく悪化し，その純資産額は16,000千円となっている。

（注２）D社社債（クーポン利子率：年２％，利払日：３月と９月の各末日，満期日：×6年３月31日）の額面総額200千ドルと取得原価との差額は，すべて金利調整差額と認められるため，定額法により償却する。なお，クーポン利息の処理は適正に行われている。

4．買掛金57,050千円の中には，300千ドルの外貨建買掛金32,700千円が含まれている。

5．固定資産に関する事項

(1) 建物については定額法（耐用年数：20年，残存価額：ゼロ），備品については200％定率法（償却率：20％）により減価償却を行う。

(2) 機械10,000千円は，すべて当期首に取得したものであり，耐用年数経過後に除去費用1,000千円を支出する法的義務があるが，資産除去債務が未計上となっている。資産除去債務の計算にあたっては，現価係数0.905（割引率：年２％，期間：５年）を使用すること。なお，機械および資産計上された資産除去債務に対応する除去費用については，定額法（耐用年数：５年，残存価額：ゼロ）により減価償却を行い，時の経過による資産除去債務の調整額（利息費用）については，減価償却費に含めて処理すること。また，計算上端数が生じた場合には千円未満を切り捨てる。

6．社債60,000千円は，額面金額60,000千円の転換社債型新株予約権付社債を額面発行し，一括法により処理したものである。当期末にそのすべてについて転換請求があったため，新株式を発行して交付したが未処理である。なお，増加する資本のうち２分の１ずつを資本金と資本準備金とする。また，クーポン利息の処理は適正に行われている。

7．前期末現在，退職給付引当金勘定には，退職給付債務295,000千円，年金資産167,000千円，未認識数理計算上の差異36,000千円（前々期末における割引率の引下げによって生じたものであり，前期から10年間にわたり定額法によって費用処理を行っている）が含まれていた。なお，当期末に支払われた年金拠出額と退職一時金は，退職給付勘定で暫定的に処理している。また，当期の勤務費用は19,000千円，割引率は年２％，長期期待運用収益率は年３％である。

8．その他の決算整理事項

販売費の繰延高600千円，管理費の見越高300千円，受取利息の経過高1,600千円を経過勘定として計上する。

（資料３）ハワイ支店の外貨による損益計算書および貸借対照表（単位：千ドル）

損　益　計　算　書

自×1年４月１日　至×2年３月31日

売上原価	1,520	売上	2,200
販売費・管理費	500	本店売上	750
減価償却費	60		
当期純利益	870		
	2,950		2,950

貸　借　対　照　表

×2年３月31日現在

現金預金	1,400	買掛金	240
商品	230	本店	1,000
備品	600	当期純利益	870
減価償却累計額	△ 120		
	2,110		2,110

（資料４）ハワイ支店のその他の資料

1．商品の評価は先入先出法による。なお，正味売却価額は下落していない。

2．期首商品は150千ドル（換算相場は１ドルあたり122円）であり，当期仕入は1,600千ドルであった。

3．ハワイ支店は商品の一部を原価の20％増しの価額で本店に売り上げている。

4．備品の取得時の直物為替相場は１ドルあたり105円である。

5．換算に際し期中平均相場の使用が認められているものは，商品を含めできるだけ期中平均相場を用いること。

理解度チェック

問題10-4　★★★

次の資料によって，下記のドル表示の子会社（Ｓ社）の財務諸表から，当期（×4年４月１日から×5年３月31日まで）の円貨表示の財務諸表を作成しなさい。

（資　料）

1．Ｐ社は×4年３月31日にＳ社の発行済議決権株式の100％を140,000ドルで取得し，支配を獲得した。×4年３月31日のＳ社の純資産は資本金130,000ドル，利益剰余金10,000ドルであった。

2．当期中にＳ社はＰ社から商品40,000ドルを仕入れているが，この商品はすべて当期中に企業集団外部に販売されている。

3．１ドルの為替レートは次のとおりである。

前期末レート	110円	期中平均レート	109円
親会社からの仕入時レート	106円	当期末レート	107円
配当金支払時レート	108円		

4．Ｓ社財務諸表の換算にあたり，当期純利益は期中平均レートで換算する。

貸借対照表

×5年３月31日現在　　(単位：ドル)

資産	金額	負債・純資産	金額
現金預金	22,000	買掛金	29,000
売掛金	47,000	長期借入金	40,000
商品	60,000	資本金	130,000
建物	100,000	利益剰余金	24,000
減価償却累計額	△ 6,000		
	223,000		223,000

損益計算書　(単位：ドル)

自×4年４月１日　至×5年３月31日

科目	金額
売上高	120,000
売上原価	76,000
売上総利益	44,000
減価償却費	6,000
その他の費用	18,000
当期純利益	20,000

株主資本等変動計算書（利益剰余金のみ）

自×4年４月１日　至×5年３月31日　　(単位：ドル)

借方科目	金額	貸方科目	金額
剰余金の配当	6,000	利益剰余金当期首残高	10,000
利益剰余金当期末残高	24,000	当期純利益	20,000
合計	30,000	合計	30,000

理解度チェック

問題10-5　★★★

次の資料によって，下記の問いに答えなさい。

（資　料）

1．P社は×2年３月31日にS社の発行済議決権株式の100％を900ドルで取得し，支配を獲得した。

2．×1年度（×1年４月１日～×2年３月31日）および×2年度（×2年４月１日～×3年３月31日）における１ドルの為替レートは以下のとおりであった。

	期中平均レート	期末レート
×1年度における為替レート	101円	100円
×2年度における為替レート	98円	95円

3．×1年度期末におけるS社の貸借対照表は以下のとおりである。なお，諸資産および諸負債の帳簿価額と時価に差は生じていない。

貸　借　対　照　表

×2年３月31日現在　　（単位：ドル）

資　　産	金　額	負債・純資産	金　額
諸　資　産	1,000	諸　負　債	300
		資　本　金	600
		利益剰余金	100
	1,000		1,000

〔問１〕

×1年度期末における円貨表示のS社貸借対照表を作成しなさい。

〔問２〕

解答用紙に示した，×2年度期末における円貨表示の(1)のれんの額および(2)のれんの換算に伴って生じる為替換算調整勘定の額を求めなさい。なお，のれんは計上年度の翌年から10年間で均等償却する。

理解度チェック

問題10-6 ★★☆

Ｐ社は×4年度期末に米国にあるＳ社の発行済株式総数の60％を2,112千ドルで取得し，支配を獲得した。支配獲得時のＳ社の諸資産は8,000千ドル，諸負債5,000千ドル，資本金2,000千ドル，利益剰余金1,000千ドルである。なお，諸資産の時価は8,600千ドルであった（時価と帳簿価額との差額は土地に起因するもので，×5年度末時点でも変化はない）。また，新たに生ずる一時差異については，法定実効税率30％として税効果会計を適用する。よって，下記の資料にもとづいて各問いに答えなさい。

（資料１）Ｓ社の×5年度における貸借対照表および損益計算書（単位：千ドル）

貸　借　対　照　表

諸　資　産	9,500	諸　負　債	6,100
		資　本　金	2,000
		利益剰余金	1,400
	9,500		9,500

損　益　計　算　書

売 上 原 価	8,600	売　上　高	12,400
その他費用	3,800	その他収益	600
当期純利益	600		
	13,000		13,000

（資料２）その他の事項

1．Ｓ社はＰ社から商品2,200千ドルを仕入れているが，この商品はすべて×5年度期末までに連結外部に販売している。なお，Ｐ社では237,600千円で記帳している。
2．×5年度期末においてＰ社に対する債権・債務の残高はない。
3．Ｓ社は×5年度に利益剰余金の配当200千ドルを実施した。
4．収益および費用は期中平均相場により換算する。
5．１ドルあたりの為替相場は次のとおりである。

	期中平均	配 当 時	決 算 時
×4年度	106円	104円	107円
×5年度	110円	109円	112円

〔問１〕

×5年度における連結財務諸表作成のための円換算後のＳ社の財務諸表（時価評価前）に記載される(1)当期純利益，(2)為替差損益および(3)為替換算調整勘定を求めなさい。なお，のれんは連結修正仕訳として計上する方法による。

〔問２〕

×5年度におけるＰ社の連結損益計算書に記載される(1)のれん償却額，連結貸借対照表に記載される(2)のれんおよび(3)為替換算調整勘定を求めなさい。なお，のれんは計上の翌年度から20年間で均等償却する。

理解度チェック

問題10-7 ★★★

以下の設問の文章について，正しいと思うものには○印を，正しくないと思うものには×印を付し，×印としたものについてはその理由を２行以内で記述しなさい。

〔設　問〕

1．在外支店の外貨建取引については，原則として，本店と同様に処理するが，収益・費用の換算については，期中平均相場によることができる。

2．在外子会社における収益・費用の換算については，原則として発生時の為替相場によるが，期中平均相場によることも認められる。

3．在外子会社における資産・負債の換算については，決算時の為替相場による。

4．在外子会社の換算によって生じた換算差額については，為替換算調整勘定として，連結貸借対照表の資産の部または負債の部に記載するものとする。

MEMO

Theme

11 キャッシュ・フロー計算書

理解度チェック

問題11-1 ★★★

次の資料にもとづいて，直接法および間接法（営業活動によるキャッシュ・フローの「小計」欄まで）によるキャッシュ・フロー計算書を作成しなさい。なお，金額がマイナスになる場合には金額の前に△を記入すること。

（資料１）財務諸表

貸　借　対　照　表　　　　（単位：円）

資　　　　産	前期末	当期末	負債・純資産	前期末	当期末
現金預金	54,000	68,500	支払手形	20,000	12,000
受取手形	20,000	24,000	買掛金	12,000	16,000
売掛金	28,000	31,900	借入金	28,000	20,000
貸倒引当金	△　800	△　900	未払法人税等	8,000	10,000
有価証券	16,000	7,200	未払利息	1,200	800
商品	24,000	15,000	未払給料	400	600
貸付金	4,000	2,000	退職給付引当金	35,600	36,400
前払営業費	400	800	資本金	80,000	84,000
未収利息	800	400	利益準備金	8,000	9,200
有形固定資産	120,000	132,000	別途積立金	12,000	16,000
減価償却累計額	△ 40,000	△ 48,000	繰越利益剰余金	21,200	27,900
	226,400	232,900		226,400	232,900

損　益　計　算　書（単位：円）

売　上　高	272,000
売　上　原　価	△ 176,000
給料・賞与手当	△ 24,000
貸　倒　損　失	△ 100
貸倒引当金繰入	△ 400
退職給付費用	△ 3,200
減価償却費	△ 16,400
棚卸減耗損	△ 1,000
その他の営業費	△ 4,800
営　業　利　益	46,100
受取利息・配当金	1,600
有価証券売却益	2,000
償却債権取立益	200
支　払　利　息	△ 2,400
有価証券評価損	△ 800
為　替　差　損	△ 1,200
経　常　利　益	45,500
固定資産売却損	△ 3,600
税引前当期純利益	41,900
法　人　税　等	△ 18,000
当　期　純　利　益	23,900

株主資本等変動計算書（単位：円）

資　本　金	
当期首残高	80,000
新株の発行	4,000
当期末残高	84,000
利益準備金	
当期首残高	8,000
当期積立額	1,200
当期末残高	9,200
別途積立金	
当期首残高	12,000
当期積立額	4,000
当期末残高	16,000
繰越利益剰余金	
当期首残高	21,200
剰余金の配当	△ 12,000
利益準備金の積立	△ 1,200
別途積立金の積立	△ 4,000
当期純利益	23,900
当期末残高	27,900

（資料２）その他のデータ

1．貸倒引当金は売上債権期末残高に対して設定している。なお，前期に取得した売掛金300円および当期に取得した売掛金100円が期中に貸し倒れた。また，償却債権取立益は，すべて前期に貸倒れとして処理した売上債権を当期に回収したさいに計上したものである。

2．帳簿価額12,000円の有価証券を14,000円で売却した。

3．貸付金の当期回収額は3,200円である。

4．有形固定資産（取得原価48,000円，期首減価償却累計額8,000円）を36,000円で売却した。

5．借入金の当期返済額は16,000円である。

6．当期に退職給付2,400円（企業からの直接支給）を支払った。

7．当期に増資を行った。

8．為替差損は外貨預金の期末換算替えによる換算差額である。

9．現金預金はすべて現金及び現金同等物に該当する。

理解度チェック □□□

問題11-2　★★★

下記の貸借対照表，損益計算書およびその他の資料にもとづいて，解答用紙に示した各項目の金額を答えなさい。

（資　料）

貸借対照表

×2年3月31日　（単位：円）

資産	前期末	当期末	負債・純資産	前期末	当期末
現金預金	120,000	131,000	支払手形	42,300	48,500
受取手形	61,550	72,500	買掛金	55,500	62,000
売掛金	124,400	140,500	短期借入金	4,000	4,200
貸倒引当金	△ 9,300	△ 10,650	未払費用	450	300
有価証券	3,500	3,100	未払法人税等	8,000	10,000
商品	18,000	21,000	長期借入金	23,000	30,000
未収収益	50	60	資本金	250,000	250,000
有形固定資産	204,000	229,000	利益準備金	26,650	27,750
減価償却累計額	△ 23,700	△ 26,700	任意積立金	20,000	35,000
			繰越利益剰余金	68,600	92,060
	498,500	559,810		498,500	559,810

損益計算書

自×1年4月1日　至×2年3月31日　（単位：円）

費用		収益	
売上原価	440,000	売上高	630,000
給料	36,000	受取利息	90
広告宣伝費	1,825	有価証券売却益	100
減価償却費	5,000		
貸倒引当金繰入	1,350		
その他営業費	76,305		
支払利息	1,000		
有価証券評価損	150		
固定資産売却損	3,000		
法人税等	20,000		
当期純利益	45,560		
	630,190		630,190

1．受取利息および支払利息は「営業活動によるキャッシュ・フロー」に記載する。
2．未収収益および未払費用はすべて利息に係るものである。
3．商品の仕入・売上はすべて掛取引で行われている。
4．貸倒引当金は売上債権期末残高に対して設定されている。なお，当期中に貸倒れは発生していない。
5．当期首に有形固定資産（取得原価25,000円，期首減価償却累計額2,000円）を売却した。
6．帳簿価額1,250円の有価証券を1,350円で売却した。
7．長期借入金の当期返済額は500円である。
8．当期中に株主配当金6,000円を支払った。
9．現金預金はすべて現金及び現金同等物に該当する。
10．キャッシュ・フローの減少となる場合は，数字の前に△印を付けること。

理解度チェック

問題11-3　★★☆

　P社は前期末にS社株式の80%を取得し支配を獲得した。次の資料にもとづいて，当期の連結キャッシュ・フロー計算書（直接法）を作成しなさい。

（資料1）当期の個別キャッシュ・フロー計算書

キャッシュ・フロー計算書　（単位：円）

摘要	P社	S社
Ⅰ　営業活動によるキャッシュ・フロー		
営業収入	130,000	80,000
商品の仕入支出	△　87,000	△　50,000
人件費の支出	△　15,000	△　10,000
その他の営業支出	△　5,000	△　3,000
小計	23,000	17,000
利息及び配当金の受取額	3,000	500
利息の支払額	△　2,000	△　1,000
法人税等の支払額	△　7,000	△　4,000
営業活動によるキャッシュ・フロー	17,000	12,500
Ⅱ　投資活動によるキャッシュ・フロー		
有価証券の取得による支出	△　2,000	△　1,000
有価証券の売却による収入	7,000	4,000
有形固定資産の取得による支出	△　30,000	△　12,000
有形固定資産の売却による収入	20,000	10,000
貸付けによる支出	△　1,000	△　500
貸付金の回収による収入	2,000	1,000
投資活動によるキャッシュ・フロー	△　4,000	1,500
Ⅲ　財務活動によるキャッシュ・フロー		
短期借入れによる収入	4,000	5,000
短期借入金の返済による支出	△　8,000	△　3,500
株式の発行による収入	2,000	——
配当金の支払額	△　6,000	△　3,000
財務活動によるキャッシュ・フロー	△　8,000	△　1,500
Ⅳ　現金及び現金同等物に係る換算差額	1,000	△　500
Ⅴ　現金及び現金同等物の増加額	6,000	12,000
Ⅵ　現金及び現金同等物の期首残高	34,000	13,000
Ⅶ　現金及び現金同等物の期末残高	40,000	25,000

（資料2）その他の事項

1．S社は当期中にP社より30,000円の商品を掛けで仕入れ，買掛金のうち20,000円を支払っている。

2．S社は当期中にP社より1,000円を短期で借り入れ，500円を返済するとともに50円の利息を支払っている。

3．S社は当期中にP社より6,000円で土地を購入し，代金を支払った。

理解度チェック

問題11-4　★★★

以下の資料にもとづいて，解答用紙に示した各項目の金額を計算しなさい。

（資料１）貸借対照表（一部）

貸　借　対　照　表

×2年３月31日　（単位：円）

借方科目	前期末		当期末		貸方科目	前期末		当期末	
	P社	S社	P社	S社		P社	S社	P社	S社
売掛金	110,500	32,500	130,000	39,000	買掛金	60,840	16,250	64,090	15,080
商品	18,200	11,050	20,540	12,610	未払法人税等	12,220	3,120	16,250	3,640
					貸倒引当金	2,210	650	2,600	780

（資料２）損益計算書

損　益　計　算　書

自×1年４月１日　至×2年３月31日　（単位：円）

費用	P社	S社	収益	P社	S社
売上原価	359,320	126,750	売上高	604,500	200,200
給料	107,380	36,660	受取配当金	3,250	1,300
その他の営業費	57,590	16,380			
貸倒引当金繰入	390	130			
減価償却費	12,870	3,380			
法人税等	28,080	7,280			
当期純利益	42,120	10,920			
	607,750	201,500		607,750	201,500

（資料３）参考事項

1．P社はS社を100％支配し，商品の一部をS社へ販売している。その際，仕入原価に20％の利益を加算している。なお，S社の期首商品棚卸高のうち3,120円，期末商品棚卸高のうち4,680円はP社からの仕入分である。

2．P社のS社に対する売掛金は，期首残高および期末残高ともに6,500円である。また，P社の売上高のうち31,200円はS社に対するものである。

3．P社およびS社とも商品の仕入および売上はすべて掛けで行っている。なお，手形取引はない。

4．P社の受取配当金のうち1,950円はS社からのものである。なお，受取配当金は「営業活動によるキャッシュ・フロー」の区分に記載する。

理解度チェック

問題11-5 ★★★

下記の資料にもとづいて，直接法による連結キャッシュ・フロー計算書を作成しなさい。なお，連結貸借対照表における現金預金を現金及び現金同等物とし，利息及び配当金の受取額と利息の支払額は営業活動によるキャッシュ・フローの区分に記載する。また，商品の仕入・売上はすべて掛取引で行われており，貸倒引当金はすべて売上債権に対するものである。解答上，キャッシュ・フローの減少となる場合には，金額の前に△印を付すこと。

（資料１）連結貸借対照表

連結貸借対照表　（単位：千円）

資産	前期末	当期末	負債・純資産	前期末	当期末
現金預金	31,210	39,830	仕入債務	32,700	53,820
売上債権	56,000	74,000	短期借入金	12,000	13,200
貸倒引当金	△　1,120	△　1,480	未払費用	1,600	1,980
商品	18,000	12,600	未払法人税等	8,000	12,600
未収収益	1,590	1,230	資本金	85,000	85,000
有形固定資産	76,800	86,000	資本剰余金	17,000	17,000
減価償却累計額	△　36,480	△　43,680	利益剰余金	10,760	12,260
投資有価証券	20,000	27,000	非支配株主持分	3,940	4,140
のれん	5,000	4,500			
	171,000	200,000		171,000	200,000

（資料２）連結損益計算書

連結損益計算書　（単位：千円）

費用	金額	収益	金額
売上原価	305,600	売上高	435,000
給料	63,000	受取手数料	15,000
貸倒引当金繰入	720	受取利息配当金	1,300
その他の営業費	50,780		
のれん償却	500		
支払利息	1,100		
法人税等	13,500		
当期純利益(注)	16,100		
	451,300		451,300

（注）連結損益計算書における当期純利益の内訳は，非支配株主に帰属する当期純利益が600千円で，親会社株主に帰属する当期純利益が15,500千円である。

（資料３）その他の事項

1．連結損益計算書のその他の営業費には，減価償却費が含まれている。

2．当期中に前期末の売上債権360千円が貸し倒れた。

3．Ｐ社はＳ社の発行済株式数の80％を所有している。当期のＰ社の配当金は14,000千円であり，Ｓ社の配当金は2,000千円であった。

4．連結貸借対照表の未収収益には，未収手数料（当期末残高1,050千円，前期末残高1,350千円）と未収利息（当期末残高180千円，前期末残高240千円）が含まれている。

5．連結貸借対照表の未払費用には，未払給料（当期末残高1,200千円，前期末残高960千円）と未払利息（当期末残高780千円，前期末残高640千円）。

理解度チェック

問題11-6 ★☆☆

P社は，S社株式の60％およびA社株式の20％を保有し，連結会計上，S社を連結子会社，A社を持分法適用関連会社としている。次の資料にもとづいて，当期の連結キャッシュ・フロー計算書（間接法，営業活動によるキャッシュ・フローまで）を作成しなさい。

（資料１）前期末および当期末の連結貸借対照表

連結貸借対照表　（単位：円）

資産	前期末	当期末	負債・純資産	前期末	当期末
現金預金	6,530	15,810	支払手形	4,200	2,900
受取手形	2,400	3,200	買掛金	4,400	4,500
売掛金	6,600	6,300	未払利息	100	50
貸倒引当金	△ 180	△ 190	未払法人税等	1,800	2,000
商品	6,500	7,900	長期借入金	5,000	10,000
前払営業費	50	80	資本金	32,000	32,000
土地	10,000	6,000	利益剰余金	11,300	16,050
建物	26,000	29,000	非支配株主持分	1,200	1,600
減価償却累計額	△ 4,700	△ 5,200			
のれん	800	700			
A社株式	2,000	2,500			
長期貸付金	4,000	3,000			
	60,000	69,100		60,000	69,100

（資料２）当期の連結損益計算書および連結株主資本等変動計算書（利益剰余金のみ）

連結損益計算書　（単位：円）

売上高	70,000
売上原価	△ 47,000
減価償却費	△ 500
貸倒引当金繰入	△ 30
のれん償却額	△ 100
その他営業費	△ 13,000
営業利益	9,370
受取利息配当金	300
持分法による投資利益	600
支払利息	△ 500
経常利益	9,770
有形固定資産売却益	1,530
損害賠償損失	△ 300
税金等調整前当期純利益	11,000
法人税等	△ 3,950
当期純利益	7,050
非支配株主に帰属する当期純利益	△ 800
親会社株主に帰属する当期純利益	6,250

連結株主資本等変動計算書（利益剰余金のみ）（単位：円）

利益剰余金当期首残高	11,300
剰余金の配当	△ 1,500
親会社株主に帰属する当期純利益	6,250
利益剰余金当期末残高	16,050

（資料3）その他の事項

1．当期中の配当金の支払高は次のとおりであった。

（単位：円）

	P　社	S　社	A　社
剰余金の配当	1,500	1,000	500

2．配当金の支払いおよび受取り以外の内部取引は当期中に行われていない。

3．損害賠償損失は，損害賠償金300円を当期に支払った際に計上されたものである。

4．現金預金はすべて現金及び現金同等物に該当する。

理解度チェック

問題11-7 ★★★

以下の設問の文章について，正しいと思うものには○印を，正しくないと思うものには×印を付し，×印としたものについてはその理由を2行以内で記述しなさい。

〔設　問〕

1．キャッシュ・フロー計算書が対象とする資金の範囲は，現金のみである。

2．キャッシュ・フロー計算書には，営業活動によるキャッシュ・フロー，投資活動によるキャッシュ・フロー，財務活動によるキャッシュ・フローの区分を設けなければならない。

3．営業活動によるキャッシュ・フローは，主要な取引ごとにキャッシュ・フローを総額表示する方法により表示しなければならない。

4．「営業活動によるキャッシュ・フロー」の表示方法は，原則として直接法により表示し，一定の要件を満たせば間接法による表示も認められる。

5．受取利息，受取配当金および支払利息は「営業活動によるキャッシュ・フロー」の区分に記載し，支払配当金は「財務活動によるキャッシュ・フロー」の区分に記載しなければならない。

総合問題

理解度チェック

総合問題1 ★★☆

次の（Ⅰ）本支店残高試算表，（Ⅱ）決算整理事項等にもとづいて，本支店合併損益計算書を完成しなさい。当期は×7年３月31日を決算日とする１年である。なお，税効果会計については考慮する必要はない。

（Ⅰ）本支店残高試算表

本支店残高試算表

×7年３月31日　　（単位：千円）

借方科目	本店	支店	貸方科目	本店	支店
現金預金	148,000	79,300	支払手形	12,000	13,420
受取手形	20,000	14,000	買掛金	6,300	9,600
売掛金	36,000	16,000	繰延内部利益	980	—
繰越商品	8,000	17,200	仮受金	9,000	—
有価証券	12,000	—	借入金	50,300	—
仮払法人税等	16,000	—	退職給付引当金	20,000	—
建物	50,000	—	社債	47,000	—
備品	40,000	24,000	貸倒引当金	620	180
土地	61,790	—	建物減価償却累計額	7,500	—
ソフトウェア	400	—	備品減価償却累計額	5,000	3,000
投資有価証券	2,513	—	本店	—	79,900
支店	79,900	—	資本金	180,000	—
仕入	132,000	102,000	利益準備金	10,000	—
本店より仕入	—	19,800	任意積立金	10,000	—
販売費及び一般管理費	37,797	28,800	繰越利益剰余金	60,000	—
支払利息	3,300	—	売上	210,000	195,000
社債利息	800	—	支店へ売上	19,800	—
	648,500	301,100		648,500	301,100

（Ⅱ）決算整理事項等

1．本店において現金の実際有高が帳簿残高よりも200千円過剰であることが判明し，そのうち108千円は有価証券利息（Ｂ社社債のクーポン利息。資料（Ⅱ）４を参照のこと。）の計上もれが原因であったが，残額は原因不明である。

2．期末商品棚卸高は次のとおりである。なお，商品評価損および棚卸減耗損は売上原価の内訳科目として表示する。また，本店から支店への商品発送は，原価に対して毎期10％の利益を付加した価格で行っている。

⑴　本　店

①　帳簿棚卸高		90個	単価	100千円	（原　　価）
②　実地棚卸高	良　　品	85個	単価	96千円	（正味売却価額）
	品質低下品	3個	単価	50千円	（正味売却価額）

⑵　支　店

支店の期末棚卸高は，20,600千円（内部利益を含む），うち外部からの仕入分は帳簿数量80個（実地数量70個），単価（原価）120千円（正味売却価額115千円）である。また，本店からの仕入分は，帳簿数量100個（実地数量98個），単価（正味売却価額）96千円である。

3．本店の有価証券12,000千円は，売買目的でA社株式10,000株を1株あたり1,200円で当期首に取得したものである。期中にこのうち6,000株を1株あたり1,500円で売却したが，売却代金9,000千円を仮受金で処理したのみである。なお，A社株式の当期末における時価は1株あたり1,400円である。また，評価損益と売却損益は区別して処理する。

4．本店の投資有価証券2,513千円は，満期保有目的でB社社債（額面2,700千円）を×5年4月1日に取得したものである。当該社債のクーポン利子率は年4％，利払日は3月末日の年1回である。取得差額については金利の調整と認められ，償却原価法（利息法，実効利子率は年6％）を適用する。なお，過年度の処理はすべて適正であるが，当期分の償却原価法の適用および当期末のクーポン利息の期限到来の処理が未処理である。計算上，千円未満の端数が生じた場合は千円未満を四捨五入する。

5．建物については，定額法（残存価額0，耐用年数20年）により減価償却を行っている。

6．備品については，本店・支店ともに定率法（残存価額0，耐用年数16年とする200％償却法）により減価償却を行っている。

7．×7年1月1日にリース会社と備品のリース契約を締結した。このリース取引は，オペレーティング・リース取引と判定され，リース料は×7年6月30日を初回として毎年6月末と12月末に2,400千円ずつを後払いする契約である。

8．ソフトウェア400千円は自社利用目的で×5年4月1日に購入したものであり，耐用年数5年の定額法により前期末より償却を行っている。

9．本店・支店ともに売上債権期末残高の2％の貸倒引当金を設定する。

10．当期首に見積もられた退職給付費用の内訳は次のとおりであるが，未処理であった。なお，数理計算上の差異，その他の差異等は生じていない。なお，退職給付費用については支店への費用の割当ては行わないものとする。

勤務費用1,600千円，利息費用130千円，期待運用収益140千円

11．本店の社債47,000千円は×5年4月1日に額面総額50,000千円の社債を払込総額46,000千円で発行したものである。なお，償還期限は×9年3月31日であり，金利調整差額は償却原価法（定額法）により過年度まで適正に処理している。また，当該社債のクーポン利息800千円についてはすべて適正に処理している。×6年9月30日にこの社債のうち5分の2を18,000千円で当座預金により買入償還しているが未処理である。

12．本店の支払利息の前払い400千円を繰り延べ，本店の販売費の未払い1,184千円および支店の販売費の未払い800千円を見越計上する。

13．当期分の法人税等として36,000千円を計上する。

理解度チェック

総合問題2 ★★★

次の（Ⅰ）本支店残高試算表，（Ⅱ）決算整理事項等にもとづいて，本支店合併損益計算書を完成しなさい。当期は×7年３月31日を決算日とする１年である。なお，税効果会計については考慮する必要はない。

（Ⅰ）本支店残高試算表

本支店残高試算表

×7年３月31日　（単位：千円）

借方科目	本店	支店	貸方科目	本店	支店
現金預金	53,340	66,900	支払手形	24,000	20,976
受取手形	27,000	19,000	買掛金	22,500	19,000
売掛金	21,000	18,000	繰延内部利益	250	—
繰越商品	13,200	11,000	借入金	90,000	—
有価証券	35,820	—	退職給付引当金	12,000	—
仮払法人税等	13,000	—	社債	28,200	—
建物	100,000	—	貸倒引当金	360	160
備品	40,000	14,000	建物減価償却累計額	10,000	—
土地	43,580	—	備品減価償却累計額	17,500	3,500
ソフトウェア	800	—	本店	—	59,700
支店	59,700	—	資本金	100,000	—
仕入	161,000	86,000	利益準備金	15,000	—
本店より仕入	—	19,030	任意積立金	15,000	—
販売費及び一般管理費	26,720	27,500	繰越利益剰余金	14,537	—
支払リース料	1,200	—	売上	231,000	158,094
支払利息	3,100	—	支店へ売上	19,030	—
社債利息	540	—	有価証券利息	623	—
	600,000	261,430		600,000	261,430

（Ⅱ）決算整理事項等

1．本店において現金の実際有高が帳簿残高よりも300千円過少であることが判明したが，その原因は不明である。

2．期末商品棚卸高は次のとおりである。なお，商品評価損および棚卸減耗損は売上原価の内訳科目として表示する。また，本店から支店への商品発送は，原価に対して毎期10%の利益を付加した価格で行っている。

(1) 本　店

① 帳簿棚卸高　100個　単価　100千円（原　価）

② 実地棚卸高　良　品　93個　単価　88千円（正味売却価額）

　品質低下品　２個　単価　40千円（正味売却価額）

(2) 支　店

支店の期末棚卸高は，9,300千円（内部利益を含む），うち外部からの仕入分は帳簿数量40個（実地数量35個），単価（原価）150千円（正味売却価額140千円）である。また，本店からの仕入分は，帳簿数量30個（実地数量28個），単価（正味売却価額）88千円である。

3．有価証券35,820千円は，すべて当期首に取得したものであり，その内訳は次のとおりである。なお，１ドルあたりの為替相場は期首110円，期末125円，期中平均120円である。

銘　柄	分　類	原　価	市場価格	備　考
A社株式	売買目的有価証券	3,100千円	2,800千円	―
B社株式	売買目的有価証券	12千ドル	11千ドル	―
C社株式	子会社株式	5,000千円	―	(注１)
D社社債	満期保有目的債券	240千ドル	248千ドル	(注２)

(注１) 当社はC社の発行済株式総数の70％を保有しているが，同社の財政状態は著しく悪化し，その純資産額は3,000千円となっている。

(注２) D社社債（クーポン利子率は年２％，利払日は９月と３月の各末日，満期日は×11年３月31日）は，額面総額250千ドルにつき240千ドルで購入したものであり，取得原価と額面総額との差額はすべて金利調整差額と認められるため，償却原価法（定額法）を適用する。なお，クーポン利息の処理は適正に行われている。

4．建物については，定額法（残存価額０，耐用年数40年）により減価償却を行っている。

5．備品については，本店・支店ともに定率法（残存価額０，耐用年数８年とする200％償却法）により減価償却を行っている。

6．×6年７月１日にリース会社と備品のリース契約を締結した。このリース取引は，オペレーティング・リース取引と判定され，リース料は×6年12月31日を初回として毎年６月末と12月末に1,200千円ずつを後払いする契約である。

7．ソフトウェア800千円は自社利用目的で当期首に購入したものであり，耐用年数５年の定額法により償却を行う。

8．本店・支店ともに売上債権期末残高の２％の貸倒引当金を設定する。

9．当期に見積もるべき退職給付費用の計算のための資料は次のとおりである。また，数理計算上の差異，その他の差異等は生じていない。なお，退職給付費用については支店への費用の割当ては行わないものとする。

期首退職給付債務15,000千円，期首年金資産3,000千円，勤務費用1,300千円，割引率２％，
長期期待運用収益率３％

10. 本店の社債28,200千円は×4年４月１日に額面総額30,000千円の社債を払込総額27,000千円で発行したものである。なお，償還期限は×9年３月31日であり，金利調整差額は償却原価法（定額法）により過年度まで適正に処理している。また，当該社債のクーポン利息540千円についてはすべて適正に処理している。×6年９月30日にこの社債のうち５分の１を5,800千円で当座預金により買入償還しているが未処理である。

11. 本店の支払利息200千円の前払いを繰り延べ，本店の販売費の未払い600千円および支店の販売費の未払い500千円を見越計上する。

12. 当期分の法人税等として24,000千円を計上する。

理解度チェック

総合問題3 ★★★

Ｐ社およびＳ社の当期（×2年４月１日から×3年３月31日まで）の個別財務諸表は〔資料Ⅰ〕のとおりである。よって，〔資料Ⅱ〕連結に関する諸事項にもとづいて，解答用紙の連結貸借対照表および連結損益計算書を完成しなさい。なお，のれんは計上年度の翌年度より20年にわたり定額法で償却する。また，連結会計上，新たに生ずる一時差異については，法人税等の実効税率30％として税効果会計を適用し，繰延税金資産と繰延税金負債は相殺表示する。ただし，納税主体の異なるものは相殺表示しないこと。

〔資料Ⅰ〕個別財務諸表

貸借対照表

×3年３月31日現在　（単位：千円）

資産	Ｐ社	Ｓ社	負債・純資産	Ｐ社	Ｓ社
現金預金	2,000,000	895,000	支払手形	70,000	25,000
受取手形	200,000	150,000	買掛金	140,000	75,000
売掛金	400,000	300,000	未払法人税等	60,000	20,000
貸倒引当金	△ 12,000	△ 9,000	その他の流動負債	100,000	30,000
商品	100,000	75,000	固定負債	30,000	40,000
その他の流動資産	89,500	48,000	資本金	5,000,000	2,000,000
建物	1,500,000	1,000,000	資本剰余金	200,000	100,000
減価償却累計額	△ 495,000	△ 540,000	利益剰余金	400,000	210,000
土地	650,000	505,000			
Ｓ社株式	1,450,000	—			
繰延税金資産	7,500	6,000			
その他の固定資産	110,000	70,000			
	6,000,000	2,500,000		6,000,000	2,500,000

損益計算書

自×2年４月１日　至×3年３月31日　（単位：千円）

借方科目	Ｐ社	Ｓ社	貸方科目	Ｐ社	Ｓ社
売上原価	3,200,000	2,400,000	売上高	4,000,000	2,820,000
販売費及び一般管理費	466,000	324,000	営業外収益	120,000	60,000
貸倒引当金繰入額	4,000	2,000	特別利益	47,000	19,500
営業外費用	60,000	25,000	法人税等調整額	3,000	1,500
特別損失	20,000	10,000			
法人税等	132,000	45,000			
当期純利益	288,000	95,000			
	4,170,000	2,901,000		4,170,000	2,901,000

〔資料Ⅱ〕連結に関する諸事項

1．株式の取得状況と資本勘定の推移等に関する事項

		×1年3月末日	×2年3月末日	×3年3月末日
P社によるS社株式の取得状況	取得率	60%（支配獲得日）	——	——
	取得原価	1,450,000千円	——	——
S社の資本勘定の推移	資本金	2,000,000千円	2,000,000千円	2,000,000千円
	資本剰余金	100,000千円	100,000千円	100,000千円
	利益剰余金	95,000千円	145,000千円	210,000千円

2．×1年3月末日におけるS社の所有する土地の簿価は400,000千円，時価は450,000千円であった。

3．S社は前期からP社へ商品の一部を掛けで売り上げている。なお，S社はP社に対して毎期原価の10%増しの価額で販売している。

4．S社のP社への当期売上高は1,320,000千円であった。

5．S社のP社への売上高のうち売価で5,500千円が決算日現在P社へ未達であった。

6．P社の期首商品棚卸高のうち33,000千円，期末商品棚卸高のうち82,500千円（未達商品を除く）はS社から仕入れたものであった。

7．S社の受取手形前期末残高のうち30,000千円，当期末残高のうち50,000千円および売掛金前期末残高のうち70,000千円，当期末残高のうち100,000千円はP社に対するものであった。なお，S社は受取手形および売掛金期末残高に対して毎期2%の貸倒引当金を設定している。

8．P社は当期首にS社に対して簿価100,000千円の土地を105,000千円で売却している。

9．S社は当期中に30,000千円の配当を行っている。

理解度チェック

総合問題4 ★★☆

P社およびS社の当期（×3年４月１日から×4年３月31日まで）の個別財務諸表は〔資料Ⅰ〕のとおりである。よって，〔資料Ⅱ〕連結に関する諸事項にもとづいて，解答用紙の連結貸借対照表および連結損益計算書を完成しなさい。なお，のれんは計上年度の翌年度より10年にわたり定額法で償却する。また，連結会計上，新たに生ずる一時差異については，法人税等の実効税率30％として税効果会計を適用し，繰延税金資産と繰延税金負債は相殺表示する。ただし，納税主体の異なるものは相殺表示しないこと。

〔資料Ⅰ〕個別財務諸表

貸借対照表

×4年３月31日現在　（単位：千円）

資産	P社	S社	負債・純資産	P社	S社
現金預金	2,400,000	1,200,000	支払手形	80,000	30,000
受取手形	240,000	180,000	買掛金	170,000	90,000
売掛金	480,000	360,000	未払法人税等	84,000	28,000
貸倒引当金	△ 14,400	△ 10,800	その他の流動負債	40,000	20,000
商品	120,000	90,000	固定負債	106,000	60,000
その他の流動資産	104,400	55,200	資本金	6,000,000	2,400,000
建物	1,800,000	1,200,000	資本剰余金	240,000	60,000
減価償却累計額	△ 594,000	△ 648,000	利益剰余金	480,000	312,000
土地	780,000	480,000			
S社株式	1,740,000	—			
繰延税金資産	9,000	7,200			
その他の固定資産	135,000	86,400			
	7,200,000	3,000,000		7,200,000	3,000,000

損益計算書

自×3年４月１日　至×4年３月31日　（単位：千円）

借方科目	P社	S社	貸方科目	P社	S社
売上原価	3,840,000	2,916,000	売上高	4,800,000	3,420,000
販売費及び一般管理費	505,200	313,000	営業外収益	144,000	36,000
貸倒引当金繰入額	4,800	6,200	特別利益	57,600	24,000
減価償却費	54,000	36,000	法人税等調整額	2,400	1,200
営業外費用	72,000	30,000			
特別損失	24,000	12,000			
法人税等	159,000	54,000			
当期純利益	345,000	114,000			
	5,004,000	3,481,200		5,004,000	3,481,200

〔資料Ⅱ〕連結に関する諸事項

1．株式の取得状況と資本勘定の推移等に関する事項

		×1年３月末日	×2年３月末日	×3年３月末日	×4年３月末日
P社によるS社株式の取得状況	取得率	60%（支配獲得日）	——	——	——
	取得原価	1,740,000千円	——	——	——
S社の資本勘定の推移	資本金	2,400,000千円	2,400,000千円	2,400,000千円	2,400,000千円
	資本剰余金	60,000千円	60,000千円	60,000千円	60,000千円
	利益剰余金	114,000千円	180,000千円	234,000千円	312,000千円

2．×1年３月末日におけるS社の所有する土地の簿価は480,000千円，時価は540,000千円であった。

3．S社は前期からP社へ商品の一部を掛けで売り上げている。なお，S社はP社に対して利益率10%で販売している。

4．S社のP社への売上高のうち売価で4,000千円が決算日現在P社へ未達であった。

5．P社のS社からの当期仕入高は1,616,000千円（未達分を除く）であった。

6．P社の期首商品棚卸高のうち40,000千円，期末商品棚卸高のうち56,000千円（未達分を除く）はS社から仕入れたものであった。

7．P社の支払手形前期末残高のうち36,000千円，当期末残高のうち60,000千円および買掛金前期末残高のうち84,000千円，当期末残高のうち116,000千円（未達分を除く）はS社に対するものであった。

8．S社は受取手形および売掛金期末残高に対して毎期２%の貸倒引当金を設定している。

9．P社は当期首にS社に対して簿価120,000千円の建物を126,000千円で売却している。なお，S社はこの建物に対して残存価額をゼロ，耐用年数を10年とする定額法により減価償却している。

10．S社は当期中に36,000千円の配当を行っている。

MEMO

よくわかる簿記シリーズ

合格《ごうかく》トレーニング　日商簿記《にっしょうぼき》1級商業簿記《きゅうしょうぎょうぼき》・会計学《かいけいがく》Ⅲ Ver. 18.0

2002年3月20日　初　版　第1刷発行
2024年1月30日　第20版　第1刷発行

編著者　ＴＡＣ株式会社
（簿記検定講座）
発行者　多田敏男
発行所　ＴＡＣ株式会社　出版事業部
（ＴＡＣ出版）

〒101－8383
東京都千代田区神田三崎町3－2－18
電話 03（5276）9492（営業）
FAX 03（5276）9674
https://shuppan. tac-school. co. jp

組　版　朝日メディアインターナショナル株式会社
印　刷　株式会社　ワコー
製　本　株式会社　常川製本

ISBN 978－4－300－10669－3
N.D.C. 336

乱丁・落丁による交換，および正誤のお問合せ対応は，該当書籍の改訂版刊行月末日までといたします。なお，交換につきましては，書籍の在庫状況等により，お受けできない場合もございます。
また，各種本試験の実施の延期，中止を理由とした本書の返品はお受けいたしません。返金もいたしかねますので，あらかじめご了承くださいますようお願い申し上げます。

簿記検定講座のご案内

選べる学習メディアでご自身に合うスタイルでご受講ください！

通学講座

3級コース　3・2級コース　2級コース　1級コース　1級上級・アドバンスコース

教室講座　通って学ぶ

定期的な日程で通学する学習スタイル。常に講師と接することができるという教室講座の最大のメリットがありますので、疑問点はその日のうちに解決できます。また、勉強仲間との情報交換も積極的に行えるのが特徴です。

ビデオブース講座　通って学ぶ　予約制

ご自身のスケジュールに合わせて、TACのビデオブースで学習するスタイル。日程を自由に設定できるため、忙しい社会人に人気の講座です。

直前期教室出席制度
直前期以降、教室受講に振り替えることができます。

無料体験入学
ご自身の目で、耳で体験し納得してご入学いただくために、無料体験入学をご用意しました。

無料講座説明会
もっとTACのことを知りたいという方は、無料講座説明会にご参加ください。

無　料
予約不要※

※ビデオブース講座の無料体験入学は要予約。
無料講座説明会は一部校舎では要予約。

通信講座

3級コース　3・2級コース　2級コース　1級コース　1級上級・アドバンスコース

Web通信講座　スマホやタブレットにも対応　見て学ぶ

教室講座の生講義をブロードバンドを利用し動画で配信します。ご自身のペースに合わせて、24時間いつでも何度でも繰り返し受講することができます。また、講義動画はダウンロードして2週間視聴可能です。有効期間内は何度でもダウンロード可能です。
※Web通信講座の配信期間は、お申込コースの目標月の翌月末までです。

TAC WEB SCHOOL ホームページ
URL https://portal.tac-school.co.jp/

※お申込み前に、左記のサイトにて必ず動作環境をご確認ください。

DVD通信講座　見て学ぶ

講義を収録したデジタル映像をご自宅にお届けします。講義の臨場感をクリアな画像でご自宅にて再現することができます。

※DVD-Rメディア対応のDVDプレーヤーでのみ受講が可能です。
パソコンやゲーム機での動作保証はいたしておりません。

資料通信講座（1級のみ）

テキスト・添削問題を中心として学習します。

Webでも無料配信中！　スマホ タブレット　パソコン

「TAC動画チャンネル」

- 講座説明会 ※収録内容の変更のため、配信されない期間が生じる場合がございます。
- 1回目の講義（前半分）が視聴できます

詳しくは、TACホームページ
「TAC動画チャンネル」をクリック！

TAC動画チャンネル　簿記　［検索］

日商簿記検定試験対策書籍のご案内

TAC出版の日商簿記検定試験対策書籍は、学習の各段階に対応していますので、あなたのステップに応じて、合格に向けてご活用ください!

3タイプのインプット教材

1

簿記を専門的な知識にしていきたい方向け

満点合格を目指し 次の級への土台を築く

「合格テキスト」

「合格トレーニング」

● 大判のB5判、3級~1級累計300万部超の、信頼の定番テキスト&トレーニング! TACの教室でも使用している公式テキストです。3級のみオールカラー。

● 出題論点はすべて網羅しているので、簿記をきちんと学んでいきたい方にぴったりです!

◆3級 □2級 商簿、2級 工簿 ■1級 商・会 各3点、1級 工・原 各3点

2

スタンダードにメリハリつけて学びたい方向け

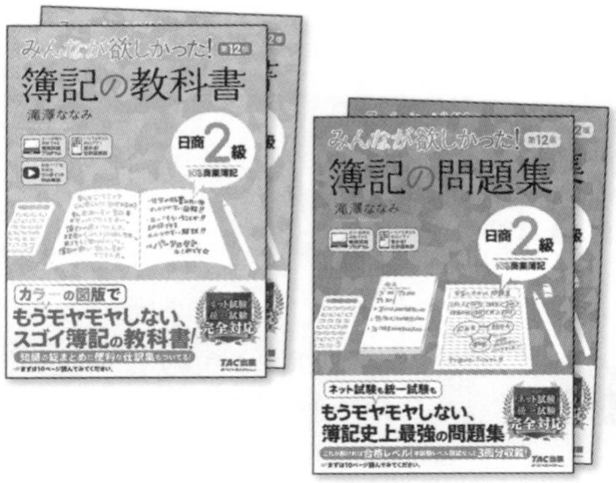

教室講義のようなわかりやすさでしっかり学べる

「簿記の教科書」

「簿記の問題集」

滝澤 ななみ 著

● A5判、4色オールカラーのテキスト(2級・3級のみ)&模擬試験つき問題集!

● 豊富な図解と実例つきのわかりやすい説明で、もうモヤモヤしない!!

◆3級 □2級 商簿、2級 工簿 ■1級 商・会 各3点、1級 工・原 各3点

DVDの併用で、さらに理解が深まります!

『簿記の教科書DVD』

●「簿記の教科書」3、2級の準拠DVD。わかりやすい解説で、合格力が短時間で身につきます!

◆3級 □2級 商簿、2級 工簿

3

気軽に始めて、早く全体像をつかみたい方向け

初学者でも楽しく続けられる!

「スッキリわかる」

テキスト/問題集一体型

滝澤 ななみ 著(1級は商・会のみ)

● 小型のA5判によるテキスト/問題集一体型。これ一冊でOKの、圧倒的に人気の教材です。

● 豊富なイラストとわかりやすいレイアウト! かわいいキャラの「ゴエモン」と一緒に楽しく学べます。

◆3級 □2級 商簿、2級 工簿 ■1級 商・会 4点、1級 工・原 4点

シリーズ待望の問題集が誕生!

「スッキリとける本試験予想問題集」

滝澤 ななみ 監修 TAC出版開発グループ 編著

● 本試験タイプの予想問題9回分を掲載

◆3級 □2級

DVDの併用で、さらに理解が深まります!

『スッキリわかる 講義DVD』

●「スッキリわかる」3、2級の準拠DVD。超短時間でも要点はのがさず解説。3級10時間、2級14時間+10時間で合格へひとっとび。

◆3級 □2級 商簿、2級 工簿

TAC出版

コンセプト問題集

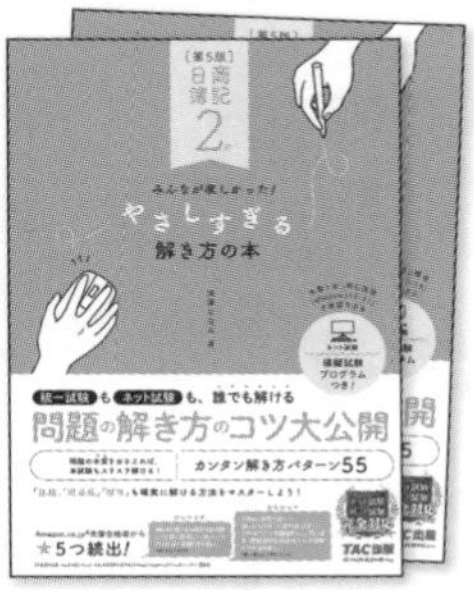

●得点力をつける!

『みんなが欲しかった! やさしすぎる解き方の本』

B5判 滝澤 ななみ 著

● 授業で解き方を教わっているような新感覚問題集。再受験にも有効。

◆3級 □2級

本試験対策問題集

●本試験タイプの問題集

『合格するための本試験問題集』

(1級は過去問題集)

B5判

● 12回分(1級は14回分)の問題を収載。ていねいな「解答への道」、各問対策が充実。

◆3級 □2級 ■1級

●知識のヌケをなくす!

『まるっと完全予想問題集』

(1級は網羅型完全予想問題集)

A4判

● オリジナル予想問題(3級10回分、2級12回分、1級8回分)で本試験の重要出題パターンを網羅。

● 実力養成にも直前の本試験対策にも有効。

◆3級 □2級 ■1級

直前予想

『○年度試験をあてるTAC予想模試＋解き方テキスト』

(1級は第○回をあてるTAC直前予想模試)

A4判

● TAC講師陣による4回分の予想問題で最終仕上げ。

● 2級・3級は、第1部解き方テキスト編、第2部予想模試編の2部構成。

● 年3回(1級は年2回)、各試験に向けて発行します。

◆3級 □2級 ■1級

あなたに合った合格メソッドをもう一冊!

仕訳『究極の仕訳集』

B6変型判

● 悩む仕訳をスッキリ整理。ハンディサイズ、一問一答式で基本の仕訳を一気に覚える。

◆3級 □2級

仕訳『究極の計算と仕訳集』

B6変型判 境 浩一朗 著

● 1級商会で覚えるべき計算と仕訳がすべてつまった1冊!

■1級 商・会

理論『究極の会計学理論集』

B6変型判

● 会計学の理論問題を論点別に整理、手軽なサイズが便利です。

■1級 商・会、全経上級

電卓『カンタン電卓操作術』

A5変型判 TAC電卓研究会 編

● 実践的な電卓の操作方法について、丁寧に説明します!

(パソコンのマーク):ネット試験の演習ができる模擬試験プログラムつき(2級・3級)

(スマホのマーク):スマホで使える仕訳Webアプリつき(2級・3級)

・2023年8月現在 ・刊行内容、表紙等は変更することがあります ・とくに記述がある商品以外は、TAC簿記検定講座編です

書籍の正誤に関するご確認とお問合せについて

書籍の記載内容に誤りではないかと思われる箇所がございましたら、以下の手順にてご確認とお問合せをしてくださいますよう、お願い申し上げます。

なお、正誤のお問合せ以外の**書籍内容に関する解説および受験指導などは、一切行っておりません。**

そのようなお問合せにつきましては、お答えいたしかねますので、あらかじめご了承ください。

1 「Cyber Book Store」にて正誤表を確認する

CYBER BOOK STORE TAC出版書籍販売サイト

TAC出版書籍販売サイト「Cyber Book Store」のトップページ内「正誤表」コーナーにて、正誤表をご確認ください。

URL:https://bookstore.tac-school.co.jp/

2 1の正誤表がない、あるいは正誤表に該当箇所の記載がない ⇒ 下記①、②のどちらかの方法で文書にて問合せをする

★ご注意ください★

お電話でのお問合せは、お受けいたしません。

①、②のどちらの方法でも、お問合せの際には、「お名前」とともに、

「対象の書籍名(○級・第○回対策も含む)およびその版数(第○版・○○年度版など)」

「お問合せ該当箇所の頁数と行数」

「誤りと思われる記載」

「正しいとお考えになる記載とその根拠」

を明記してください。

なお、回答までに1週間前後を要する場合もございます。あらかじめご了承ください。

① ウェブページ「Cyber Book Store」内の「お問合せフォーム」より問合せをする

【お問合せフォームアドレス】

https://bookstore.tac-school.co.jp/inquiry/

② メールにより問合せをする

【メール宛先 TAC出版】

syuppan-h@tac-school.co.jp

※土日祝日はお問合せ対応をおこなっておりません。

※正誤のお問合せ対応は、該当書籍の改訂版刊行月末日までといたします。

乱丁・落丁による交換は、該当書籍の改訂版刊行月末日までといたします。なお、書籍の在庫状況等により、お受けできない場合もございます。

また、各種本試験の実施の延期、中止を理由とした本書の返品はお受けいたしません。返金もいたしかねますので、あらかじめご了承くださいますようお願い申し上げます。

(2022年7月現在)

別冊①

解答編

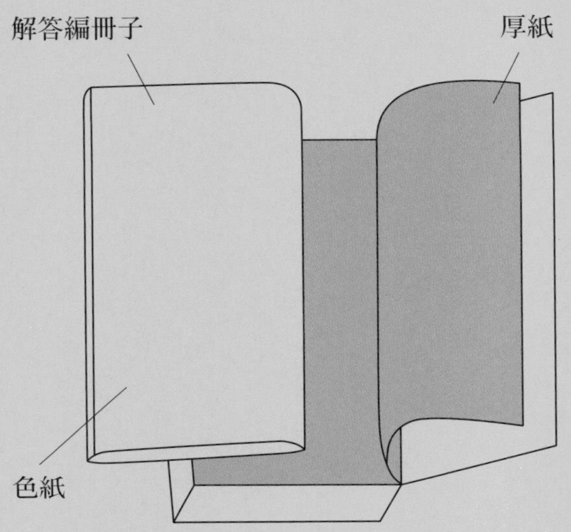

〈解答編ご利用時の注意〉

厚紙から，冊子を取り外します。

※　冊子と厚紙が，のりで接着されています。乱暴に扱いますと，破損する危険性がありますので，丁寧に抜き取るようにしてください。

※　抜き取る際の損傷についてのお取替えはご遠慮願います。

解答編

合格トレーニング

日商簿記 1 級 商業簿記 会計学 Ⅲ

解答編　CONTENTS

Theme

01 本支店会計

問題1-1

（単位：円）

1	本店	（仕　　　入）	20,000	（買　掛　金）	20,000
		（支　　　店）	24,000	（支 店 へ 売 上）	（＊1）　24,000
	支店	（本 店 よ り 仕 入）	24,000	（本　　　店）	24,000
2	本店	（支　　　店）	25,000	（支 店 へ 売 上）	25,000
	支店	（本 店 よ り 仕 入）	（＊2）　25,000	（本　　　店）	25,000
		（売　掛　金）	31,250	（売　　　上）	31,250

解答への道

1．商品は本店の仕入先から支店へ直接販売されているが，仕訳上は本店で仕入れてから支店へ販売していると仮定して処理を行う。

（＊1）20,000円×120％＝24,000円〈振替価格〉

2．商品は本店から支店の得意先へ直接販売されているが，仕訳上は本店が支店へ商品を販売してから支店が得意先へ販売していると仮定して処理を行う。

（＊2）31,250円×（100％－20％）＝25,000円〈振替価格〉
80％〈原価率〉

問題1-2

(1)　支店独立計算制度

（単位：千円）

本　店		仕　訳	な　し	
A支店	（B　　支　　店）	600,000	（B 支 店 へ 売 上）	600,000
B支店	（A 支 店 よ り 仕 入）	600,000	（A　　支　　店）	600,000

(2)　本店集中計算制度

（単位：千円）

本　店	（B　　支　　店）	600,000	（A　　支　　店）	600,000
A支店	（本　　　　店）	600,000	（本 店 へ 売 上）	600,000
B支店	（本 店 よ り 仕 入）	600,000	（本　　　　店）	600,000

解答への道

(1)　支店独立計算制度（以下，単位：千円）

仕　訳　な　し

（B　支　店）600,000（B支店へ売上）600,000

（A支店より仕入）600,000（A　支　店）600,000

(2)　本店集中計算制度（以下，単位：千円）

（仕　　　入）600,000　（A　支　店）600,000

＋

（B　支　店）600,000　（仕　　　入）600,000

⇩

（B　支　店）600,000　（A　支　店）600,000

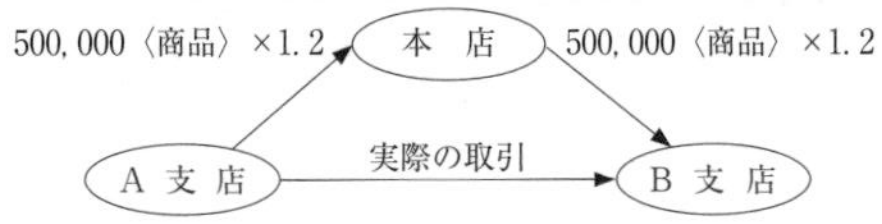

（本　　店）600,000（本店へ売上）600,000

（本店より仕入）600,000（本　　店）600,000

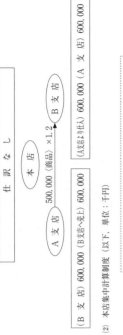

問題1-3

(1) 損益勘定

① 本店側

損　益　(単位：円)

損		益	
繰越商品	(96,000)	売上	(1,412,900)
仕入	(1,060,000)	(支店へ売上)	(315,000)
販売費及び一般管理費	(255,200)	繰越商品	(101,200)
貸倒引当金繰入	(6,730)	受取家賃	(100,000)
減価償却費	(30,000)		
支払利息	8,400		
(総合損益)	(472,770)		
	(1,929,100)		(1,929,100)

② 支店側

損　益　(単位：円)

損		益	
繰越商品	(73,000)	売上	(755,500)
仕入	(226,000)	繰越商品	(84,000)
(本店より仕入)	(315,000)		
販売費及び一般管理費	(25,000)		
貸倒引当金繰入	(4,270)		
減価償却費	(20,250)		
支払利息	1,750		
(本店)	(174,230)		
	(839,500)		(839,500)

(2) 総合損益勘定

総合損益　(単位：円)

(繰延内部利益控除)	(8,000)	(損益)	(472,770)
(法人税等)	(192,600)	(支店)	(174,230)
(繰越利益剰余金)	(449,400)	(繰延内部利益戻入)	(3,000)
	(650,000)		(650,000)

解答への道

1．決算整理事項

(1) 本店側

① 売上原価の計算

損益勘定で行う。

② 貸倒引当金

(単位：円)

(貸倒引当金繰入)(＊)	6,730	(貸倒引当金)	6,730

(＊) (196,500円＋520,000円)×2％＝14,330円
14,330円－7,600円＝6,730円

③ 減価償却費

(単位：円)

(減価償却費)(＊)	30,000	(建物減価償却累計額)	12,000
		(備品減価償却累計額)	18,000

(＊) 建物：360,000千円÷30年＝12,000円
備品：144,000千円÷8年＝18,000円
30,000円

(2) 支店側

① 売上原価の計算

損益勘定で行う。

② 貸倒引当金

(単位：円)

(貸倒引当金繰入)(＊)	4,270	(貸倒引当金)	4,270

(＊) (180,000円＋303,500円)×2％＝9,670円
9,670円－5,400円＝4,270円

③ 減価償却費

(単位：円)

(減価償却費)(＊)	20,250	(建物減価償却累計額)	9,000
		(備品減価償却累計額)	11,250

(＊) 建物：270,000千円÷30年＝ 9,000円
備品： 90,000千円÷8年＝11,250円
20,250円

2．決算振替仕訳

(1) 本店側

① 損益勘定での売上原価の計算

(単位：円)

(損益)	1,156,000	(繰越商品)	96,000
		(仕入)	1,060,000
(繰越商品)(＊)	101,200	(損益)	101,200

(＊) 220個×@460円＝101,200円

② その他の損益振替

(単位：円)

(売上)	1,412,900	(損益)	1,827,900
(支店へ売上)	315,000		
(受取家賃)	100,000		
(損益)	300,330	(販売費及び一般管理費)	255,200
		(貸倒引当金繰入)	6,730
		(減価償却費)	30,000
		(支払利息)	8,400

③ 本店純損益の振替え

(単位：円)

(損益)(＊)	472,770	(総合損益)	472,770

(＊) 損益勘定の貸借差額

(2) 支店側

① 損益勘定での売上原価の計算

(単位：円)

(損益)	614,000	(繰越商品)	73,000
		(仕入)	226,000
		(本店より仕入)	315,000
(繰越商品)	84,000	(損益)	84,000

② その他の損益振替

(単位：円)

(売上)	755,500	(損益)	755,500
(損益)	51,270	(販売費及び一般管理費)	25,000
		(貸倒引当金繰入)	4,270
		(減価償却費)	20,250
		(支払利息)	1,750

③ 支店純損益の振替え

(a) 支店側

(単位：円)

(損益)(＊)	174,230	(本店)	174,230

(＊) 損益勘定の貸借差額

(b) 本店側

(単位：円)

(支店)	174,230	(総合損益)	174,230

3．内部利益の整理（本店の仕訳）

(1) 期首商品に含まれている内部利益

(単位：円)

(繰延内部利益)(＊)	3,000	(繰延内部利益戻入)	3,000

(＊) 前T/B 繰延内部利益＝期首内部利益

(2) 期末商品に含まれている内部利益

(単位：円)

(繰延内部利益控除)(＊)	8,000	(繰延内部利益)	8,000

(＊) 84,000円－(@400円×90個)＝48,000円〈支店の期末本店仕入分〉

48,000円〈支店の期末本店仕入分〉×$\frac{0.2}{1.2}$＝8,000円

(3) 総合損益への振替え

(単位：円)

(繰延内部利益戻入)	3,000	(総合損益)	3,000
(総合損益)	8,000	(繰延内部利益控除)	8,000

4．法人税等の計上（本店の仕訳）

(単位：円)

(法人税等)(＊)	192,600	(未払法人税等)	192,600
(総合損益)	192,600	(法人税等)	192,600

(＊) 642,000円×30%＝192,600円

5．会社全体の純損益の振替え（本店の仕訳）

(単位：円)

(総合損益)(＊)	449,400	(繰越利益剰余金)	449,400

(＊) 総合損益勘定の貸借差額

〈本　店〉

損　益

費　用　1,456,330	収　益　1,929,100
総合損益　472,770	

〈支　店〉

損　益

費　用　665,270	収　益　839,500
本　店　174,230	

総合損益

繰延内部利益控除　8,000	損　益　472,770
法人税等　192,600	支　店　174,230
繰越利益剰余金　449,400	繰延内部利益戻入　3,000

支　店

後 T/B　410,000	次期繰越　584,230
総合損益　174,230	

本　店

次期繰越　584,230	後 T/B　410,000
	損　益　174,230

本店勘定・支店勘定の次期繰越額は，支店純損益振替後の金額である。

［参考］本店の「損益」を「総合損益」の代用として用いた場合

・本店側

損　益　（単位：円）

費用総額	1,456,330	収益総額	1,929,100
本店純利益	472,770		
	1,929,100		1,929,100
繰延内部利益控除	8,000	本店純利益	472,770
法人税等	192,600	支　店	174,230
繰越利益剰余金	449,400	繰延内部利益戻入	3,000
	650,000		650,000

問題1-4

本支店合併損益計算書

×1年4月1日から×2年3月31日まで　（単位：千円）

Ⅰ　売上高		（163,000）
Ⅱ　売上原価		
1．期首商品棚卸高	（24,250）	
2．当期商品仕入高	（130,000）	
合　計	（154,250）	
3．期末商品棚卸高	（23,500）	
差　引	（130,750）	
4．商品評価損	（1,225）	（131,975）
売上総利益		（31,025）
Ⅲ　販売費及び一般管理費		（20,300）
営業利益		（10,725）
Ⅳ　営業外収益		（250）
Ⅴ　営業外費用		（2,650）
経常利益		（8,325）

解答への道

1．売上高と売上原価の計算

(1)　内部利益と商品評価損の計算

①　期首商品に含まれている内部利益の計算

本店T/Bの繰延内部利益950千円が，支店の期首商品棚卸高（支店T/Bの繰越商品10,000千円）に含まれている内部利益であり，本支店合併損益計算書上の期首商品棚卸高から控除する。

②　期末商品に含まれている内部利益と商品評価損等の計算

(a)　本　店

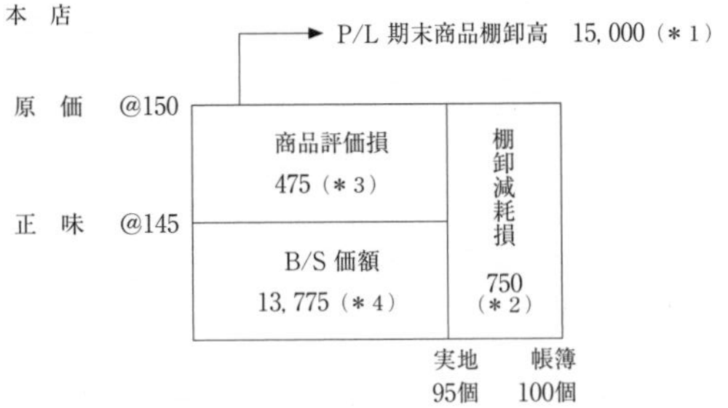

（＊1）@150千円×100個＝15,000千円

（＊2）(100個－95個)×@150千円＝750千円

（＊3）(@150千円－@145千円)×95個＝475千円

（＊4）@145千円×95個＝13,775千円

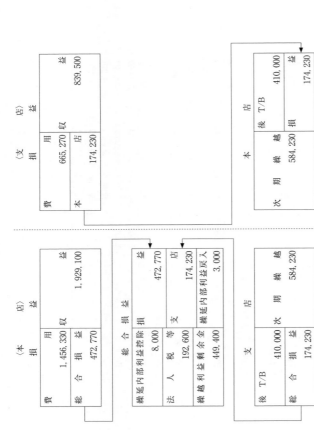

(b) 支　店

ⓐ 外部仕入分

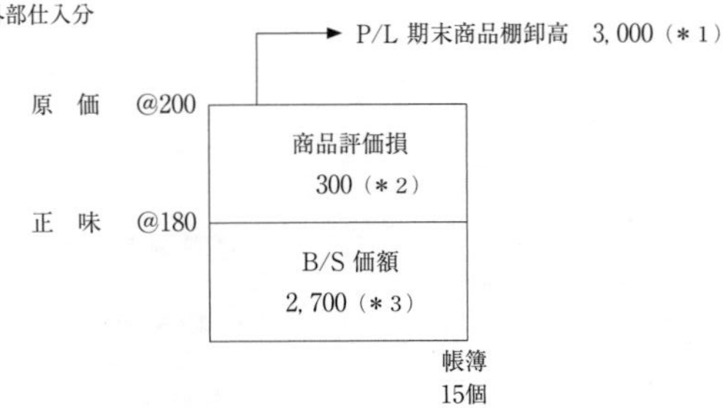

（＊1）@200千円×15個＝3,000千円
（＊2）(@200千円－@180千円)×15個＝300千円
（＊3）@180千円×15個＝2,700千円

ⓑ 本店仕入分

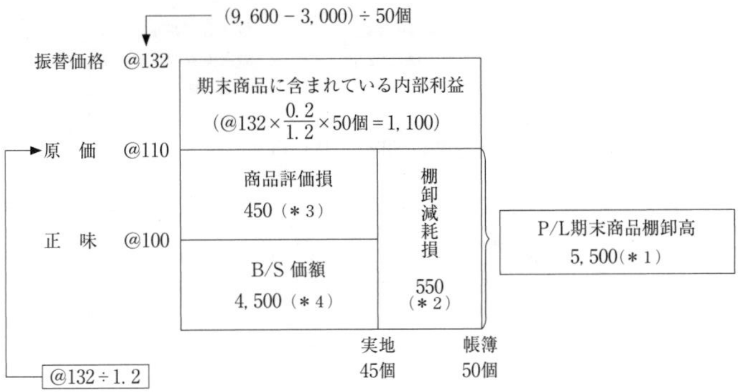

（＊1）@110千円×50個＝5,500千円
（＊2）(50個－45個)×@110千円＝550千円
（＊3）(@110千円－@100千円)×45個＝450千円
（＊4）@100千円×45個＝4,500千円

(2) 売上高と売上原価の計算

Ⅰ　売　　上　　高　163,000千円 ← 103,000千円〈本店〉＋60,000千円〈支店〉

Ⅱ　売　上　原　価

1．期首商品棚卸高　24,250千円 ← 15,200千円〈本店〉＋10,000千円〈支店〉－950千円〈T/B繰延内部利益〉

2．当期商品仕入高　130,000千円 ← 110,000千円〈本店〉＋20,000千円〈支店〉

3．期末商品棚卸高　23,500千円 ← 15,000千円〈本店〉＋3,000千円〈支店〉＋5,500千円〈支店〉

4．商 品 評 価 損　1,225千円 ← 475千円〈本店〉＋300千円〈外部仕入〉＋450千円〈本店より仕入〉

2．販売費及び一般管理費と営業外収益および営業外費用の計算

(1) 販売費及び一般管理費　14,500千円〈本店〉＋4,500千円〈支店〉＋750千円〈本店〉＋550千円〈支店〉（棚卸減耗損）

＝20,300千円

(2) 営　業　外　収　益　250千円〈本店〉

(3) 営　業　外　費　用　2,500千円〈本店〉＋150千円〈支店〉＝2,650千円

3．本支店合併貸借対照表

本支店合併貸借対照表

×2年3月31日　（単位：千円）

繰　越　商　品（＊1）	20,975	流　動　負　債（＊3）	18,760
その他の流動資産（＊2）	39,980	固　定　負　債	15,000
固　定　資　産	22,200	資　　本　　金	30,000
		繰越利益剰余金	19,395
	83,155		83,155

（＊1）13,775千円〈本店〉＋2,700千円〈支店外部仕入〉＋4,500千円〈支店本店仕入〉＝20,975千円
（＊2）29,150千円〈本店〉＋10,830千円〈支店〉＝39,980千円
（＊3）11,200千円〈本店〉＋7,560千円〈支店〉＝18,760千円

問題1-5

(1) 本店の損益勘定

(本店) 損　益 (単位：千円)

損		益	
繰越商品	(28,800)	売上	(245,140)
仕入	(313,500)	支店へ売上	(115,500)
販売費及び一般管理費	(15,360)	繰越商品	(33,000)
棚卸減耗損	(1,500)	受取利息	(2,255)
貸倒引当金繰入	(2,036)		
減価償却費	(11,280)		
支払利息	(723)		
本店利益	(22,696)		
	(395,895)		(395,895)
内部利益控除	(750)	本店利益	(22,696)
法人税等	(24,465)	支店	(58,554)
繰越利益剰余金	(57,085)	内部利益戻入	(1,050)
	(82,300)		(82,300)

(2) 本支店合併損益計算書

損益計算書

自×2年4月1日　至×3年3月31日 (単位：千円)

Ⅰ 売上高		(530,740)
Ⅱ 売上原価		
1．期首商品棚卸高	(50,250)	
2．当期商品仕入高	(381,300)	
合計	(431,550)	
3．期末商品棚卸高	(51,300)	(380,250)
売上総利益		(150,490)
Ⅲ 販売費及び一般管理費		(70,472)
営業利益		(80,018)
Ⅳ 営業外収益		(2,255)
Ⅴ 営業外費用		(723)
税引前当期純利益		(81,550)
法人税等		(24,465)
当期純利益		(57,085)

解答への道

1．未達整理事項等

(1) 本店より支店への商品発送（支店側）

(単位：千円)

(本店より仕入)	5,280	(本店)	5,280

(2) 支店が回収した本店の売掛金（本店側）

(単位：千円)

(支店)	200	(売掛金)	200

(3) 決算整理前残高試算表の照合勘定の推定

支店

T/B (148,300) 差額	残高 148,500
(2) 200	

本店

残高 148,500	T/B(*)143,220
	(1) 5,280

支店の残高148,500 ← 一致 → 本店の残高148,500

(*) 決算整理前残高試算表の本店勘定残高143,220千円は，本店より仕入勘定110,220千円の計算後，決算整理前残高試算表の貸借差額で求める。

支店へ売上

残高 115,500	T/B 115,500

本店より仕入

T/B (110,220) 差額	残高 115,500
(1) 5,280	

支店へ売上の残高115,500 ← 一致 → 本店より仕入の残高115,500

決算整理前残高試算表の売上勘定残高245,140千円は，支店勘定148,300千円を計算後，決算整理前残高試算表の貸借差額で求める。

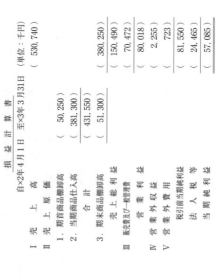

2．売上原価の計算

(1) 本　店

① 期末商品の評価

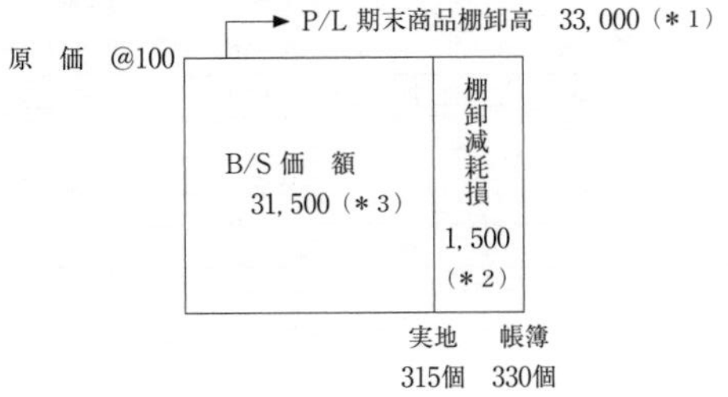

（＊1）@100千円×330個=33, 000千円
（＊2）@100千円×(330個－315個)＝1, 500千円
（＊3）@100千円×315個＝31, 500千円

② 仕訳（損益勘定で売上原価を計算）

（単位：千円）

(損　　益)	28, 800	(繰　越　商　品)	28, 800
(損　　益)	313, 500	(仕　　入)	313, 500
(繰　越　商　品)	33, 000	(損　　益)	33, 000
(棚　卸　減　耗　損) 販売費及び一般管理費	1, 500	(繰　越　商　品)	1, 500

(2) 支　店

① 期末商品の評価

(a) 外部仕入分

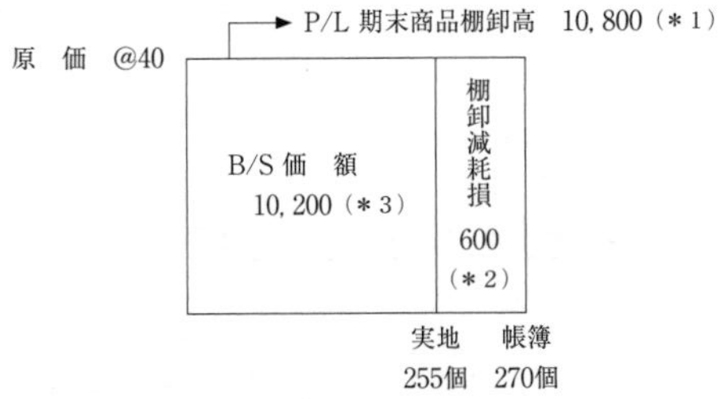

（＊1）@40千円×270個=10, 800千円
（＊2）@40千円×(270個－255個)＝600千円
（＊3）@40千円×255個＝10, 200千円

(b) 本店仕入分

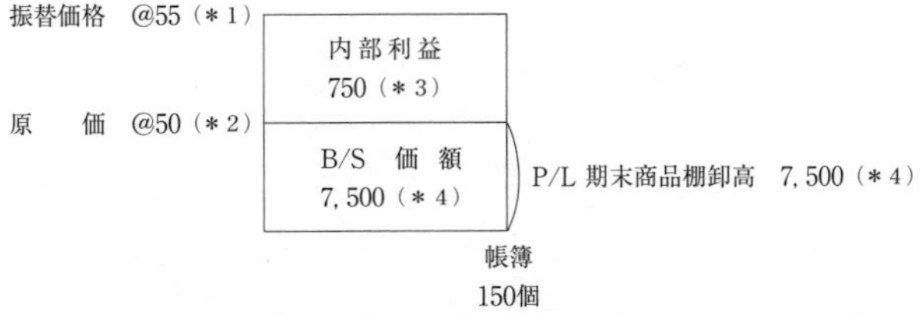

（＊1）(13, 770千円－10, 800千円〈外部仕入分〉＋5, 280千円〈未達商品〉)÷150個＝@55千円
（＊2）@55千円×$\frac{100\%}{110\%}$＝@50千円
（＊3）(@55千円－@50千円)×150個＝750千円
（＊4）@50千円×150個＝7, 500千円

問題文中に「期末棚卸高は，未着分を除いて13, 770千円（原価）」とあるが，ここでいう原価とは，支店にとっての仕入原価を意味している。したがって，本店仕入分については，内部利益が加算された振替価格であることを読み取ってほしい。

② 仕　訳

（単位：千円）

(損　　益)	22, 500	(繰　越　商　品)	22, 500
(損　　益)	67, 800	(仕　　入)	67, 800
(損　　益)	115, 500	(本 店 よ り 仕 入)	115, 500
(繰　越　商　品)(＊)	19, 050	(損　　益)	19, 050
(棚　卸　減　耗　損) 販売費及び一般管理費	600	(繰　越　商　品)	600

（＊）10, 800千円〈外部仕入分〉＋8, 250千円〈本店仕入分〉＝19, 050千円

(3) 本支店合併損益計算書の売上原価

期首商品棚卸高		売上原価	
(本店)　T/B繰 越 商 品	28, 800		
(支店)　T/B繰 越 商 品	22, 500		
T/B繰延内部利益	△ 1, 050	貸借差額	(380, 250)
	50, 250		
当期商品仕入高			
		期末商品棚卸高	
(本店)　T/B仕　入	313, 500	(本店)	33, 000
(支店)　T/B仕　入	67, 800	(支店)	19, 050
	381, 300	内部利益控除	△ 750
			51, 300

(注)「支店へ売上」勘定と「本店より仕入」勘定は，内部取引によって生じた勘定であるので，本支店合併損益計算書には記載されない。

3．貸倒引当金の設定（差額補充法）

① 本店側

（単位：千円）

（貸倒引当金繰入）（＊） 販売費及び一般管理費	2,036	（貸　倒　引　当　金）	2,036

（＊）（78,000千円〈T/B受取手形〉＋138,000千円〈T/B売掛金〉－200千円〈未達：売掛金〉）×２％＝4,316千円〈設定額〉
4,316千円－2,280千円〈T/B貸倒引当金〉＝2,036千円

② 支店側

（単位：千円）

（貸倒引当金繰入）（＊） 販売費及び一般管理費	1,476	（貸　倒　引　当　金）	1,476

（＊）（41,400千円〈T/B受取手形〉＋113,400千円〈T/B売掛金〉）×２％＝3,096千円〈設定額〉
3,096千円－1,620千円〈T/B貸倒引当金〉＝1,476千円

4．減価償却

① 本店側

（単位：千円）

（減　価　償　却　費） 販売費及び一般管理費	11,280	（建物減価償却累計額）（＊１）	3,600
		（備品減価償却累計額）（＊２）	7,680

（＊１）108,000千円÷30年＝3,600千円
（＊２）（60,000千円－21,600千円）×20％＝7,680千円

② 支店側

（単位：千円）

（減　価　償　却　費） 販売費及び一般管理費	7,500	（建物減価償却累計額）（＊１）	2,700
		（備品減価償却累計額）（＊２）	4,800

（＊１）81,000千円÷30年＝2,700千円
（＊２）（37,500千円－13,500千円）×20％＝4,800千円

5．決算振替仕訳

① 本店純損益の振替え（本店側）

（単位：千円）

仕　訳　な　し

② 支店純損益の振替え（支店側）

（単位：千円）

（損　　　　益）（＊）	58,554	（本　　　　店）	58,554

（＊）支店の損益勘定の貸借差額

③ 支店純損益の振替え（本店側）

（単位：千円）

（支　　　　店）（＊）	58,554	（損　　　　益）	58,554

（＊）支店の損益勘定の貸借差額

6．内部利益の調整

帳簿上では内部利益の調整（控除および戻入れ）は，本店および支店の利益の単純合計の修正という形で行われる。
（以降は本店側の処理）

（単位：千円）

（繰延内部利益）	1,050	（内部利益戻入）	1,050
（内部利益戻入）	1,050	（損　　　　益）	1,050

（単位：千円）

（内部利益控除）	750	（繰延内部利益）	750
（損　　　　益）	750	（内部利益控除）	750

以上で，本店の損益勘定の貸借差額で税引前当期純利益86,800千円が計算される。

7．法人税等

（単位：千円）

（法　人　税　等）（＊）	24,465	（未払法人税等）	24,465
（損　　　　益）	24,465	（法　人　税　等）	24,465

（＊）81,550千円×30％＝24,465千円

8．当期純利益の振替え

（単位：千円）

（損　　　　益）	60,760	（繰越利益剰余金）	60,760

9．勘定記入

（本店）　損　益

諸　費　用	373,199	諸　収　益	395,895
本店利益	22,696		
	395,895		395,895
内部利益控除	750	本店利益	22,696
法人税等	24,465	支　　店	（注）58,554
繰越利益剰余金	57,085	内部利益戻入	1,050
	82,300		82,300

（注）支店利益を示す。

（支店）　損　益

繰越商品	22,500	売　　上	285,600
仕　　入	67,800	繰越商品	19,050
本店より仕入	115,500		
販売費及び一般管理費	30,720		
棚卸減耗損	600		
貸倒引当金繰入	1,476		
減価償却費	7,500		
本　　店	58,554		
	304,650		304,650

問題1-6

(1) 本店の損益勘定

損　　益　(単位：千円)

借方	金額	貸方	金額
仕　　入	72,000	売　　上	102,000
営業費	18,500	支　　店	8,970
貸倒引当金繰入	2,040	繰延内部利益戻入	500
減価償却費	1,000		
繰延内部利益控除	1,200		
繰越利益剰余金	16,730		
	111,470		111,470

(2) 本支店合併損益計算書

損益計算書　(単位：千円)

Ⅰ 売上高		(126,000)
Ⅱ 売上原価		
1．期首商品棚卸高	(5,000)	
2．当期商品仕入高	(75,000)	
合　計	(80,000)	
3．期末商品棚卸高	(9,600)	(70,400)
売上総利益		(55,600)
Ⅲ 販売費及び一般管理費		
1．営業費	(35,150)	
2．貸倒引当金繰入	(2,120)	
3．減価償却費	(1,600)	(38,870)
当期純利益		(16,730)

解答への道

1．再振替仕訳

(単位：千円)

本店	(営業費)	500	(前払営業費)	500
支店	(営業費)	300	(前払営業費)	300

2．当期中の取引および決算整理仕訳

(1) 売　上

(単位：千円)

本店	(売掛金)	66,000	(売上) 支店向売上を含む	102,000
	(支店)(＊)	36,000		
支店	(売掛金)	60,000	(売上)	60,000

(＊) 支店の仕入36,000千円より

(2) 仕　入

(単位：千円)

本店	(仕入)	75,000	(買掛金)	75,000
支店	(仕入) 本店より仕入	36,000	(本店)	36,000

(3) 売上原価の計算

(単位：千円)

本店	(仕入)	3,000	(繰越商品)	3,000
	(繰越商品)	6,000	(仕入)	6,000
支店	(仕入)	2,500	(繰越商品)	2,500
	(繰越商品)	4,800	(仕入)	4,800

(4) 売掛金の回収

(単位：千円)

本店	(現金預金)	27,000	(売掛金)	27,000
	(現金預金)	3,000	(支店)	3,000
支店	(現金預金)	55,000	(売掛金)	55,000
	(本店)	3,000	(売掛金)	3,000

(5) 買掛金の支払い

(単位：千円)

本店	(買掛金)	32,000	(現金預金)	32,000

(6) 営業費の支払い

(単位：千円)

本店	(営業費)	21,000	(現金預金)	21,000
	(支店)	2,300	(営業費)	2,300
支店	(営業費)	14,400	(現金預金)	14,400
	(営業費)	2,300	(本店)	2,300

(7) 売掛金の貸倒れと貸倒引当金の設定（差額補充法）

（単位：千円）

本店	（貸倒引当金）	500	（売掛金）	500
	（貸倒引当金繰入）（＊1）	2,040	（貸倒引当金）	2,040
支店	（貸倒引当金繰入）（＊2）	80	（貸倒引当金）	80

（＊1）58,500千円〈売掛金期末残高〉× 4％＝2,340千円〈貸倒引当金設定額〉
2,340千円〈貸倒引当金設定額〉－（800千円〈期首貸倒引当金〉－500千円〈期中貸倒〉）
＝2,040千円〈貸倒引当金繰入〉
（＊2）14,500千円〈売掛金期末残高〉× 4％＝580千円〈貸倒引当金設定額〉
580千円〈貸倒引当金設定額〉－500千円〈期首貸倒引当金〉＝80千円〈貸倒引当金繰入〉

(8) 減価償却費の計上（直接控除法）

（単位：千円）

本店	（減価償却費）	1,000	（備品）	1,000
支店	（減価償却費）	600	（備品）	600

（注）期首試算表および解答用紙の繰越試算表に減価償却累計額勘定がないことから，直接控除法により記帳していると判断する。

(9) 営業費の前払い（費用の繰延べ）

（単位：千円）

本店	（前払営業費）	700	（営業費）	700
支店	（前払営業費）	350	（営業費）	350

(10) 支店から本店への送金

（単位：千円）

本店	（現金預金）	22,000	（支店）	22,000
支店	（本店）	22,000	（現金預金）	22,000

3．主な勘定科目の記入（決算整理まで）

〈本店〉

現金預金

期首	25,000	(5)	32,000
(4)	27,000	(6)	21,000
(4)	3,000		
(10)	22,000	期末	24,000

売掛金

期首	20,000	(4)	27,000
(1)	66,000	(7)	500
		期末	58,500

〈支店〉

現金預金

期首	3,600	(6)	14,400
(4)	55,000	(10)	22,000
		期末	22,200

売掛金

期首	12,500	(4)	55,000
(1)	60,000	(4)	3,000
		期末	14,500

支店

期首	28,000	(4)	3,000
(1)	36,000	(10)	22,000
(6)	2,300	期末(注)	41,300

（注）支店利益の振替前

本店

(4)	3,000	期首	28,000
(10)	22,000	(2)	36,000
期末(注)	41,300	(6)	2,300

（注）支店利益の振替前

買掛金

(5)	32,000	期首	17,700
期末	60,700	(2)	75,000

営業費（本店）

期首前払	500	(6)	2,300
(6)	21,000	(9)	700
		損益	18,500

営業費（支店）

期首前払	300	(9)	350
(6)	14,400		
(6)	2,300	損益	16,650

仕入（本店）

(2)	75,000	(3)	6,000
(3)	3,000	損益	72,000

仕入（支店）

(2)	36,000	(3)	4,800
(3)	2,500	損益	33,700

4．支店損益の振替え（支店の損益勘定で計算）

（単位：千円）

本店	（支店）	8,970	（損益）（＊）	8,970
支店	（損益）（＊）	8,970	（本店）	8,970

（＊）（支店）

損益

仕入	33,700	売上	60,000
営業費	16,650		
貸倒引当金繰入	80		
減価償却費	600		
本店	8,970		

5．内部利益の戻入れと控除

102,000千円〈売上〉－36,000千円〈支店向売上〉＝66,000千円〈外部向売上〉

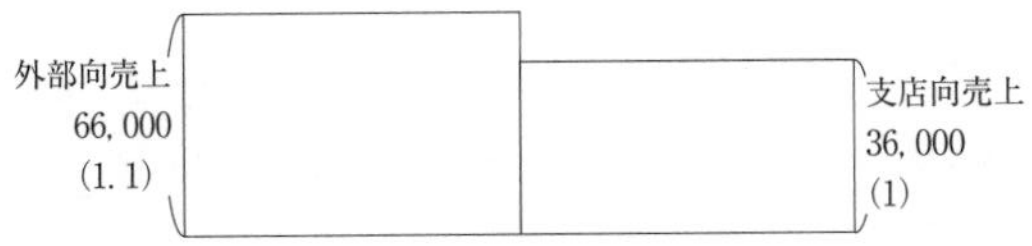

期首商品 3,000	売上原価 72,000	←→	66,000千円÷1.1＝	60,000千円
仕　入 75,000		←→	36,000千円 ──→	36,000千円
	期末商品 6,000			96,000千円

$\frac{72,000千円}{96,000千円}$＝0.75〈本店における当期支店向原価率〉

1－0.75＝0.25〈本店における当期支店向利益率〉

（単位：千円）

本店	（繰延内部利益）	500	（繰延内部利益戻入）	500
	（繰延内部利益控除）（＊）	1,200	（繰延内部利益）	1,200
	（繰延内部利益戻入）	500	（損　　益）	500
	（損　　益）	1,200	（繰延内部利益控除）	1,200

（＊）4,800千円〈支店期末商品〉×0.25＝1,200千円〈期末内部利益〉

6．会社全体損益の振替え

（単位：千円）

本店	（損　　益）（＊）	16,730	（繰越利益剰余金）	16,730

（＊）本店の損益勘定の貸借差額

7．本支店合併損益計算書

Ⅰ　売　上　高　126,000千円 ← 102,000千円〈本店〉－36,000千円〈支店売上〉＋60,000千円〈支店〉

Ⅱ　売 上 原 価

1．期首商品棚卸高　5,000千円 ← 3,000千円〈本店〉＋2,500千円〈支店〉－500千円〈期首内部利益〉

2．当期商品仕入高　75,000千円 ← 75,000千円〈本店〉

3．期末商品棚卸高　9,600千円 ← 6,000千円〈本店〉＋4,800千円〈支店〉－1,200千円〈期末内部利益〉

（注）その他の費用は，本店，支店それぞれの費用を合計すればよい。

問題1-7

「損益計算書原則　三E」

同一企業の各経営部門の間における商品等の移転によって発生した内部利益は，売上高及び売上原価を算定するに当たって除去しなければならない。

「企業会計原則注解【注11】」

内部利益とは，原則として，本店，支店，事業部等の企業内部における独立した会計単位相互間の内部取引から生ずる未実現の利益をいう。従って，会計単位内部における原材料，半製品等の振替から生ずる振替損益は内部利益ではない。

内部利益の除去は，本支店等の合併損益計算書において売上高から内部売上高を控除し，仕入高（又は売上原価）から内部仕入高（又は内部売上原価）を控除するとともに，期末たな卸高から内部利益の額を控除する方法による。これらの控除に際しては，合理的な見積概算額によることも差支えない。

	○または×	理　由
1	×	会計単位内部における原材料等の振替えから生ずる利益は，振替損益であって内部利益ではない。
2	○	
3	×	内部利益の除去は，内部取引高の相殺ではなく，期末棚卸高から内部利益の額を控除することによって行われる。

解答への道

1．内部利益とは，原則として，本店，支店，事業部等の企業内部における独立した会計単位相互間の内部取引から生ずる未実現の利益をいう。したがって，会計単位内部における原材料，半製品等の振替えから生ずる振替損益は内部利益ではない。

2．問題文にいう工場内部における振替価格での振替えにより生じる振替損益は，会計単位内部での振替えによるものであり，内部利益ではない。

3．内部利益の定義は正しいが，その除去方法が誤っている。内部利益の除去は，期末棚卸高から内部利益の額を控除することによって行われる。なお，期首棚卸高があり，そのなかに内部利益が含まれている場合には，これも除去する。

Theme 02 企業結合，合併

問題2-1

「企業結合に関する会計基準」

17　共同支配企業の形成（第11項参照）及び共通支配下の取引（前項参照）以外の企業結合は 取得 となる。また，この場合における会計処理は，次項から第36項による（以下，次項から第33項による会計処理を「 パーチェス法 」という。）。

23　被取得企業又は取得した事業の取得原価は，原則として，取得の対価（支払対価）となる財の 企業結合日 における 時価 で算定する。支払対価が現金以外の資産の引渡し，負債の引受け又は株式の交付の場合には，支払対価となる財の 時価 と被取得企業又は取得した事業の 時価 のうち，より高い信頼性をもって測定可能な 時価 で算定する。

28　取得原価は，被取得企業から受け入れた資産及び引き受けた負債のうち企業結合日時点において識別可能なもの（識別可能資産及び負債）の企業結合日時点の時価を基礎として，当該資産及び負債に対して企業結合日以後 1年以内に配分 する。

32　のれんは，資産に計上し， 20年以内 のその効果の及ぶ期間にわたって， 定額法 その他の合理的な方法により規則的に償却する。ただし，のれんの金額に重要性が乏しい場合には，当該のれんが生じた事業年度の費用として処理することができる。

33　 負ののれん が生じると見込まれる場合には，次の処理を行う。ただし， 負ののれん が生じると見込まれたときにおける取得原価が受け入れた資産及び引き受けた負債に配分された純額を下回る額に重要性が乏しい場合には，次の処理を行わずに，当該下回る額を当期の利益として処理することができる。

(1)　取得企業は，すべての識別可能資産及び負債（第30項の負債を含む。）が把握されているか，また，それらに対する取得原価の配分が適切に行われているかどうかを見直す。

(2)　(1)の見直しを行っても，なお取得原価が受け入れた資産及び引き受けた負債に配分された純額を下回り， 負ののれん が生じる場合には，当該 負ののれん が生じた事業年度の 利益 として処理する。

	○または×	理　　由
1	○	
2	○	
3	○	
4	×	負ののれんが生じる場合は，当該負ののれんが生じた事業年度の利益として処理する。
5	○	
6	○	

解答への道

1．企業結合のうち，共同支配企業の形成および共通支配下の取引については，取得の会計処理は行わない。
2．取得原価は，原則として企業結合日における時価で算定する。
3．のれんは，20年以内のその効果の及ぶ期間にわたって，定額法その他合理的な方法で償却を行う。なお，「のれん」は，B/S無形固定資産，「のれん償却額」は，P/L販売費及び一般管理費に表示する。
4．負ののれんについては，当該負ののれんが生じた事業年度の利益として処理される。なお，利益として処理する場合には，原則として，損益計算書の特別利益に表示する。
5．企業結合において，取得の場合に行われる会計処理は，パーチェス法という。
6．企業結合における取得の場合の取得原価は，企業結合日時点において識別可能なものの企業結合日時点の時価を基礎として，当該資産および負債に対して企業結合日以後1年以内に配分する。

問題2-2

合 併 後 貸 借 対 照 表

×1年4月1日現在　　　　(単位：円)

資　　産	金　額	負債・純資産	金　額
諸　資　産	4,700,000	諸　負　債	1,900,000
の　れ　ん	10,000	資　本　金	1,505,000
		資本準備金	825,000
		その他資本剰余金	100,000
		利益準備金	100,000
		任意積立金	80,000
		繰越利益剰余金	200,000
	4,710,000		4,710,000

解答への道

1．合併引継仕訳

(単位：円)

(諸　資　産)	2,200,000	(諸　負　債)	800,000
(の　れ　ん)	10,000	(資　本　金)	705,000
		(資本準備金)	705,000

2．のれんの計算

諸　資　産(＊1) 2,200,000	諸　負　債(＊1)　800,000	
配分された純額 (＊3) 1,400,000	資　本　金(＊5)　705,000	増加する払込資本 (＝取得原価)
	資本準備金(＊5)　705,000	(＊2) 1,410,000
の　れ　ん(＊4)　10,000		

(＊1) 時価(公正価値)で引き継ぐ。
(＊2) @470円〈A社株式の時価〉× 3,000株 = 1,410,000円〈取得原価 = 増加する払込資本〉
(＊3) 2,200,000円〈諸資産〉－ 800,000円〈諸負債〉= 1,400,000円〈配分された純額〉
(＊4) 1,410,000円〈取得原価〉－ 1,400,000円〈配分された純額〉= 10,000円〈のれん〉
(＊5) 1,410,000円〈増加する払込資本〉× $\frac{1}{2}$ = 705,000円〈資本金・資本準備金〉

3．合併精算表

（単位：円）

科　目	合併前貸借対照表		合併引継仕訳		合併後貸借対照表	
	借　方	貸　方	借　方	貸　方	借　方	貸　方
諸　資　産	2,500,000		2,200,000		4,700,000	
の　れ　ん	——		10,000		10,000	
諸　負　債		1,100,000		800,000		1,900,000
資　本　金		800,000		705,000		1,505,000
資本準備金		120,000		705,000		825,000
その他資本剰余金		100,000				100,000
利益準備金		100,000				100,000
任意積立金		80,000				80,000
繰越利益剰余金		200,000				200,000
合　計	2,500,000	2,500,000	2,210,000	2,210,000	4,710,000	4,710,000

問題2-3

合併後貸借対照表

×1年4月1日現在

（単位：円）

資　産	金　額	負債・純資産	金　額
諸　資　産	3,101,000	諸　負　債	1,200,000
B　社　株　式	——	資　本　金	972,500
の　れ　ん	44,000	資本準備金	572,500
		その他資本剰余金	100,000
		利益準備金	80,000
		任意積立金	50,000
		繰越利益剰余金	170,000
	3,145,000		3,145,000

（注）解答上記入する額がない場合には，「——」を記入すること。

解答への道

1．合併引継仕訳

（単位：円）

（諸　資　産）	1,500,000	（諸　負　債）	500,000
（の　れ　ん）	44,000	（B　社　株　式）	99,000
		（資　本　金）	472,500
		（資本準備金）	472,500

2．のれんの計算

諸　資　産（＊1）	1,500,000	諸　負　債（＊1）	500,000
配分された純額（＊5）	1,000,000	B社株式（＊2）	99,000
		資　本　金（＊7）	472,500
		資本準備金（＊7）	472,500
の　れ　ん（＊6）	44,000		

増加する払込資本（＊3）945,000

取得原価（＊4）1,044,000

（＊1）時価（公正価値）で引き継ぐ。

（＊2）B社株式の帳簿価額

（＊3）@350円〈A社株式の時価〉×（3,000株－300株）＝945,000円〈増加する払込資本〉

（＊4）99,000円〈B社株式の帳簿価額〉＋945,000円〈増加する払込資本〉＝1,044,000円〈取得原価〉

（＊5）1,500,000円〈諸資産〉－500,000円〈諸負債〉＝1,000,000円〈配分された純額〉

（＊6）1,044,000円〈取得原価〉－1,000,000円〈配分された純額〉＝44,000円〈のれん〉

（＊7）945,000円〈増加する払込資本〉×$\frac{1}{2}$＝472,500円〈資本金・資本準備金〉

3．合併精算表

（単位：円）

科　目	合併前貸借対照表		合併引継仕訳		合併後貸借対照表	
	借　方	貸　方	借　方	貸　方	借　方	貸　方
諸　資　産	1,601,000		1,500,000		3,101,000	
B　社　株　式	99,000			99,000	——	
の　れ　ん	——		44,000		44,000	
諸　負　債		700,000		500,000		1,200,000
資　本　金		500,000		472,500		972,500
資本準備金		100,000		472,500		572,500
その他資本剰余金		100,000				100,000
利益準備金		80,000				80,000
任意積立金		50,000				50,000
繰越利益剰余金		170,000				170,000
合　計	1,700,000	1,700,000	1,544,000	1,544,000	3,145,000	3,145,000

問題2-4

合併後貸借対照表

×1年4月1日現在　(単位：円)

資産	金額	負債・純資産	金額
諸資産	5,300,000	諸負債	2,100,000
のれん	10,000	資本金	1,471,000
		資本準備金	671,000
		その他資本剰余金	400,000
		利益準備金	150,000
		任意積立金	180,000
		繰越利益剰余金	338,000
		自己株式	——
	5,310,000		5,310,000

(注) 解答上記入する額がない場合には，「——」を記入すること。

解答への道

1．合併引継仕訳

(単位：円)

(諸資産)	2,300,000	(諸負債)	900,000
(のれん)	10,000	(自己株式)	468,000
		(資本金)	471,000
		(資本準備金)	471,000

2．のれんの計算

諸資産(＊1) 2,300,000	諸負債(＊1) 900,000		
配分された純額 (＊3) 1,400,000	自己株式(＊5) 468,000	自己株式 (＊5) 468,000	増加する資本 (＝取得原価) (＊2) 1,410,000
	資本金(＊7) 471,000	増加する払込資本 (＊6) 942,000	
のれん(＊4) 10,000	資本準備金(＊7) 471,000		

(＊1) 時価(公正価値)で引き継ぐ。
(＊2) @470円〈A社株式の時価〉× 3,000株＝1,410,000円〈取得原価＝増加する資本〉
(＊3) 2,300,000円〈諸資産〉－900,000円〈諸負債〉＝1,400,000円〈配分された純額〉
(＊4) 1,410,000円〈取得原価〉－1,400,000円〈配分された純額〉＝10,000円〈のれん〉
(＊5) @390円〈自己株式の帳簿価額〉× 1,200株＝468,000円〈自己株式〉
(＊6) 1,410,000円〈増加する資本〉－468,000円〈自己株式〉＝942,000円〈増加する払込資本〉
(＊7) 942,000円〈増加する払込資本のうち新株分〉× $\frac{1}{2}$ ＝471,000円〈資本金・資本準備金〉

3．合併精算表

(単位：円)

科目	合併前貸借対照表 借方	合併前貸借対照表 貸方	合併引継仕訳 借方	合併引継仕訳 貸方	合併後貸借対照表 借方	合併後貸借対照表 貸方
諸資産	3,000,000		2,300,000		5,300,000	
のれん	——		10,000		10,000	
諸負債		1,200,000		900,000		2,100,000
資本金		1,000,000		471,000		1,471,000
資本準備金		200,000		471,000		671,000
その他資本剰余金		400,000				400,000
利益準備金		150,000				150,000
任意積立金		180,000				180,000
繰越利益剰余金		338,000				338,000
自己株式		△468,000		468,000		——
合計	3,000,000	3,000,000	2,310,000	2,310,000	5,310,000	5,310,000

問題2-5

(1)	132,000 円
(2)	132,000 円
(3)	60,000 円
(4)	パーチェス法
(5)	販売費及び一般管理費

解答への道

1．合併引継仕訳

当該合併は，「取得」に該当するため，パーチェス法により処理する。

(単位：円)

(諸資産)	615,000	(諸負債)	275,000
(のれん)	60,000	(自己株式)	136,000
		(資本金)	132,000
		(資本準備金) 資本剰余金	132,000

2．のれんの計算

借方		貸方		
諸資産（＊1）	615,000	諸負債（＊1）	275,000	
配分された純額（＊3）340,000円		自己株式（＊5）	136,000	自己株式（＊5）136,000 ／ 増加する資本（＝取得原価）（＊2）400,000
		資本金（＊7）	132,000	増加する払込資本（＊6）264,000
のれん（＊4）	60,000	資本準備金（＊7）	132,000	

（＊1）時価（公正価値）で引き継ぐ
（＊2）@400円〈A社株式の時価〉× 1,000株 = 400,000円〈取得原価 = 増加する資本〉
（＊3）615,000円〈諸資産〉－ 275,000円〈諸負債〉= 340,000円〈配分された純額〉
（＊4）400,000円〈取得原価〉－ 340,000円〈配分された純額〉= 60,000円〈のれん〉
（＊5）@340円〈自己株式の帳簿価額〉× 400株 = 136,000円〈自己株式〉
（＊6）400,000円〈増加する資本〉－ 136,000円〈自己株式〉= 264,000円〈増加する払込資本〉
（＊7）264,000円〈増加する払込資本〉× $\frac{1}{2}$ = 132,000円〈資本金・資本準備金〉

3．のれんの償却

のれんは，原則として，20年以内のその効果の及ぶ期間にわたって，定額法その他の合理的な方法により規則的に償却しなければならない。この場合の「のれん償却額」は，損益計算書の「販売費及び一般管理費」の区分に記載する。

問題2-6

合併後貸借対照表
×1年4月1日現在
（単位：円）

資産	金額	負債・純資産	金額
諸資産	4,150,000	諸負債	1,312,500
のれん	210,000	資本金	1,873,750
		資本準備金	753,750
		利益準備金	150,000
		任意積立金	80,000
		繰越利益剰余金	190,000
	4,360,000		4,360,000

解答への道

1．企業評価額の算定（純資産額と収益還元価値の平均）
(1) A社（存続会社）
① 純資産額：2,800,000円〈諸資産の時価〉－800,000円〈諸負債の時価〉=2,000,000円
② 収益還元価値：2,000,000円×15%÷10%=3,000,000円
③ 平　均：(2,000,000円+3,000,000円)÷2=2,500,000円〈企業評価額〉
(2) B社（消滅会社）
① 純資産額：1,550,000円〈諸資産の時価〉－612,500円〈諸負債の時価〉=937,500円
② 収益還元価値：937,500円×14%÷10%=1,312,500円
③ 平　均：(937,500円+1,312,500円)÷2=1,125,000円〈企業評価額〉

2．合併比率の算定

$$\frac{1,125,000円÷3,000株}{2,500,000円÷5,000株}=\frac{@375円〈B社の1株あたりの企業評価額〉}{@500円〈A社の1株あたりの企業評価額〉}=0.75〈合併比率〉$$

3．交付株式数の算定
3,000株〈B社株式〉×0.75〈合併比率〉=2,250株〈交付するA社株式〉

4．合併引継仕訳
（単位：円）

（諸資産）	1,550,000	（諸負債）	612,500
（のれん）	210,000	（資本金）	573,750
		（資本準備金）	573,750

5．のれんの計算

借方		貸方		
諸資産（＊1）	1,550,000	諸負債（＊1）	612,500	
配分された純額（＊3）937,500		資本金（＊5）	573,750	増加する払込資本（＝取得原価）（＊2）1,147,500
のれん（＊4）	210,000	資本準備金（＊5）	573,750	

（＊1）時価（公正価値）で引き継ぐ。
（＊2）@510円〈A社株式の時価〉× 2,250株 = 1,147,500円〈増加する払込資本 = 取得原価〉
（＊3）1,550,000円〈諸資産〉－ 612,500円〈諸負債〉= 937,500円〈配分された純額〉
（＊4）1,147,500円〈取得原価〉－ 937,500円〈配分された純額〉= 210,000円〈のれん〉
（＊5）1,147,500円〈増加する払込資本〉× $\frac{1}{2}$ = 573,750円

6．合併精算表
（単位：円）

科目	合併前貸借対照表		合併引継仕訳		合併後貸借対照表	
	借方	貸方	借方	貸方	借方	貸方
諸資産	2,600,000		1,550,000		4,150,000	
のれん	――		210,000		210,000	
諸負債		700,000		612,500		1,312,500
資本金		1,300,000		573,750		1,873,750
資本準備金		180,000		573,750		753,750
利益準備金		150,000				150,000
任意積立金		80,000				80,000
繰越利益剰余金		190,000				190,000
合計	2,600,000	2,600,000	1,760,000	1,760,000	4,360,000	4,360,000

問題2-7

① 資本金　180,000千円

② のれん　40,000千円

解答への道

1．合併比率とのれんの計算

(1)　A社（存続会社）

① 発行済株式総数：320,000千円÷@50千円＝6,400株
② 純資産額：512,000千円
③ 収益還元価値：512,000千円×15%÷10%＝768,000千円
④ 企業評価額(平均)：(512,000千円＋768,000千円)÷２＝640,000千円

(2)　B社（消滅会社）

① 発行済株式総数：200,000千円÷@50千円＝4,000株
② 純資産額：320,000千円
③ 収益還元価値：320,000千円×12.5%÷10%＝400,000千円
④ 企業評価額(平均)：(320,000千円＋400,000千円)÷２＝360,000千円

2．合併比率の算定

$$\frac{360{,}000\text{千円}\div 4{,}000\text{株}}{640{,}000\text{千円}\div 6{,}400\text{株}}=\frac{@90\text{千円〈B社の1株あたりの企業評価額〉}}{@100\text{千円〈A社の1株あたりの企業評価額〉}}=0.9\text{〈合併比率〉}$$

3．交付株式数の算定

4,000株〈B社株式〉×0.9〈合併比率〉＝3,600株〈交付するA社株式〉

4．増加資本金の算定

@100千円〈A社の１株あたりの企業評価額〉×3,600株＝360,000千円〈取得原価＝増加する払込資本〉

$360{,}000\text{千円}\times\frac{1}{2}=180{,}000\text{千円}$〈増加資本金〉

5．のれんの算定

360,000千円〈取得原価〉－320,000千円〈配分された純額＝時価による純資産額〉＝40,000千円〈のれん〉

6．合併引継仕訳

諸資産	××	諸負債	××
配分された純額	320,000	資本金	180,000
		資本準備金	180,000
のれん	40,000		

増加する払込資本 360,000

問題2-8

合併後貸借対照表

×1年４月１日現在　（単位：円）

資産	金額	負債・純資産	金額
諸資産	5,240,000	諸負債	2,100,000
のれん	70,000	資本金	2,005,000
		資本準備金	805,000
		利益準備金	50,000
		任意積立金	80,000
		繰越利益剰余金	270,000
	5,310,000		5,310,000

（注）解答上記入する額がない場合には，「──」を記入すること。

解答への道

1．合併引継仕訳

（単位：円）

(諸資産)	2,300,000	(諸負債)	900,000
(のれん)	70,000	(諸資産) 現金預金	60,000
		(資本金)	705,000
		(資本準備金)	705,000

2．のれんの計算

諸資産(＊1)	2,300,000	諸負債(＊1)	900,000
配分された純額(＊5)	1,400,000	現金預金(＊2)	60,000
		資本金(＊7)	705,000
		資本準備金(＊7)	705,000
のれん(＊6)	70,000		

増加する払込資本（＊3）1,410,000

取得原価（＊4）1,470,000

（＊1）時価(公正価値)で引き継ぐ。
（＊2）@20円〈１株あたり合併交付金〉×3,000株＝60,000円
（＊3）@470円〈A社株式の時価〉×3,000株＝1,410,000円〈増加する払込資本〉
（＊4）1,410,000円＋60,000円＝1,470,000円〈取得原価〉
（＊5）2,300,000円〈諸資産〉－900,000円〈諸負債〉＝1,400,000円〈配分された純額〉
（＊6）1,470,000円〈取得原価〉－1,400,000円〈配分された純額〉＝70,000円〈のれん〉
（＊7）1,410,000円〈増加する払込資本〉×$\frac{1}{2}$＝705,000円〈資本金・資本準備金〉

3．合併精算表

（単位：円）

科　目	合併前貸借対照表		合併引継仕訳		合併後貸借対照表	
	借　方	貸　方	借　方	貸　方	借　方	貸　方
諸資産	3,000,000		2,300,000	60,000	5,240,000	
のれん	——		70,000		70,000	
諸負債		1,200,000		900,000		2,100,000
資本金		1,300,000		705,000		2,005,000
資本準備金		100,000		705,000		805,000
利益準備金		50,000				50,000
任意積立金		80,000				80,000
繰越利益剰余金		270,000				270,000
合　計	3,000,000	3,000,000	2,370,000	2,370,000	5,310,000	5,310,000

Theme 03 連結会計（Ⅰ）

問題3-1

「連結財務諸表に関する会計基準　9」

連結財務諸表は，企業集団の財政状態，経営成績及びキャッシュ・フローの状況に関して真実な報告を提供するものでなければならない。

「連結財務諸表に関する会計基準　10」

連結財務諸表は，企業集団に属する親会社及び子会社が一般に公正妥当と認められる企業会計の基準に準拠して作成した個別財務諸表を基礎として作成しなければならない。

「連結財務諸表に関する会計基準　11」

連結財務諸表は，企業集団の状況に関する判断を誤らせないよう，利害関係者に対し必要な財務情報を明瞭に表示するものでなければならない。

「連結財務諸表に関する会計基準　12」

連結財務諸表作成のために採用した基準及び手続は，毎期継続して適用し，みだりにこれを変更してはならない。

	○または×	理　由
1	×	子会社には，強制的に連結の範囲から除外されるものや，連結の範囲に含めないことができるものもある。
2	×	同一環境下で行われた同一の性質の取引等については，親会社か子会社のどちらかの会計方針に統一しなければならない。
3	○	
4	×	前後３か月以内かは関係なく，当該日の前後いずれかの決算日に支配獲得したものとみなして処理することができる。
5	○	
6	○	

解答への道

1．連結財務諸表の作成にあたっては，原則としてすべての子会社を連結の範囲に含めなければならないが，以下のような子会社については，強制的に連結の範囲から除外されるか連結の範囲に含めないことができる。この種の子会社を非連結子会社という。

① 強制的に連結の範囲から除外される子会社

・支配が一時的であると認められる会社

・上記以外の会社であって，連結することにより利害関係者の判断を著しく誤らせるおそれのある会社

(注) 更生会社，整理会社，破産会社などであって，かつ，有効な支配従属関係が存在せず，組織の一体性を欠くと認められる会社は，そもそも子会社には該当しない。

② 連結の範囲に含めないことができる子会社（重要性の原則の適用）

・子会社であって，その資産，売上高等を考慮して，連結の範囲から除いても企業集団の財政状態および経営成績等の状況に関する合理的な判断を妨げない程度に重要性の乏しいものは，連結の範囲に含めないことができる（小規模子会社の除外）。

2．同一環境下で行われた同一の性質の取引等については，親会社に統一するわけではなく，原則として親会社か子会社のどちらかに統一しなければならない。

3．決算日の差異が3か月を超える場合には，子会社は連結決算日に正規の決算に準ずる合理的な手続きにより決算を行わなければならない。

4．支配獲得日が子会社の決算日以外の日である場合には，当該日前後のいずれかの決算日に支配獲得が行われたものとみなして処理することができる。

5．のれんは，無形固定資産の区分に表示する。

6．非支配株主持分は，連結貸借対照表上，純資産の部に別の区分を設けて記載しなければならない。

問題3-2

連結貸借対照表

×1年3月31日現在　　(単位：円)

資産	金額	負債・純資産	金額
諸資産	950,000	諸負債	494,000
のれん	13,850	繰延税金負債	10,500
		資本金	200,000
		資本剰余金	50,000
		利益剰余金	144,000
		その他有価証券評価差額金	7,000
		非支配株主持分	58,350
	963,850		963,850

解答への道

1．連結修正仕訳

(1) S社資産・負債の評価替え

(単位：円)

(諸資産)(＊1)	30,000	(諸負債)(＊2)	10,000
		(繰延税金負債)(＊3)	6,000
		(評価差額)(＊4)	14,000

(＊1) 400,000円－370,000円＝30,000円 } 20,000円
(＊2) 198,000円－188,000円＝10,000円 }
(＊3) 20,000円×30%〈実効税率〉＝6,000円
(＊4) 20,000円×(100%－30%〈実効税率〉)＝14,000円

(2) 投資と資本の相殺消去

(単位：円)

(資本金)	120,000	(S社株式)	150,000
(資本剰余金)	10,000	(非支配株主持分)(＊2)	58,350
(利益剰余金)	47,000		
(その他有価証券評価差額金)	3,500		
(評価差額)	14,000		
(のれん)(＊1)	13,850		

(＊1) (120,000円＋10,000円＋47,000円＋3,500円＋14,000円)×70%＝136,150円〈P社持分〉
194,500円〈S社資本〉
150,000円〈S社株式〉－136,150円〈P社持分〉＝13,850円〈のれん〉

(＊2) (120,000円＋10,000円＋47,000円＋3,500円＋14,000円)×30%＝58,350円〈非支配株主持分〉
194,500円〈S社資本〉

2．連結精算表

連結精算表　　(単位：円)

科目	個別貸借対照表			連結修正仕訳		連結
	P社	S社	合計	借方	貸方	貸借対照表
諸資産	550,000	370,000	920,000	30,000		950,000
のれん	——	——	——	13,850		13,850
S社株式	150,000	——	150,000		150,000	0
合計	700,000	370,000	1,070,000	43,850	150,000	963,850
諸負債	296,000	188,000	484,000		10,000	494,000
繰延税金負債	3,000	1,500	4,500		6,000	10,500
資本金	200,000	120,000	320,000	120,000		200,000
資本剰余金	50,000	10,000	60,000	10,000		50,000
利益剰余金	144,000	47,000	191,000	47,000		144,000
その他有価証券評価差額金	7,000	3,500	10,500	3,500		7,000
評価差額	——	——	——	14,000	14,000	0
非支配株主持分	——	——	——		58,350	58,350
合計	700,000	370,000	1,070,000	194,500	88,350	963,850

問題3-3

連結貸借対照表

×1年３月31日現在　　　（単位：円）

資産	金額	負債・純資産	金額
諸資産	441,000	諸負債	223,500
のれん	2,400	資本金	90,000
		資本剰余金	50,000
		利益剰余金	58,000
		非支配株主持分	21,900
	443,400		443,400

解答への道

1．連結修正消去仕訳

(1) 取得原価の修正

取得関連費用は，個別会計上は取得原価に算入されるが，連結会計上は取得原価に含めずに発生した事業年度の費用として処理する。

（単位：円）

借方	金額	貸方	金額
(取得関連費用) 利益剰余金の減少	2,000	(S社株式)	2,000

(2) 子会社の資産および負債の評価替え

（単位：円）

借方	金額	貸方	金額
(諸資産)（＊1）	8,000	(諸負債)（＊2）	3,000
		(評価差額)（＊3）	5,000

（＊1）183,000円－175,000円＝8,000円
（＊2）73,500円－70,500円＝3,000円
（＊3）8,000円－3,000円＝5,000円〈評価差額〉

(3) 投資と資本の相殺消去

（単位：円）

借方	金額	貸方	金額
(資本金)	45,000	(S社株式)（＊1）	90,000
(資本剰余金)	20,000	(非支配株主持分)（＊3）	21,900
(利益剰余金)	39,500		
(評価差額)	5,000		
(のれん)（＊2）	2,400		

（＊1）92,000円－2,000円＝90,000円〈連結上の取得原価〉
（＊2）45,000円＋20,000円＋39,500円＋5,000円＝109,500円〈評価替後のS社資本〉
109,500円×80％＝87,600円
90,000円－87,600円＝2,400円〈のれん〉
（＊3）109,500円×20％＝21,900円〈非支配株主持分〉

2．連結精算表

連結精算表

科目	個別貸借対照表			修正消去仕訳		連結
	P社	S社	合計	借方	貸方	貸借対照表
諸資産	258,000	175,000	433,000	8,000		441,000
のれん	——	——	——	2,400		2,400
S社株式	92,000	——	92,000		2,000 90,000	0
合計	350,000	175,000	525,000	10,400	92,000	443,400
諸負債	150,000	70,500	220,500		3,000	223,500
資本金	90,000	45,000	135,000	45,000		90,000
資本剰余金	50,000	20,000	70,000	20,000		50,000
利益剰余金	60,000	39,500	99,500	2,000 39,500		58,000
評価差額	——	——	——	5,000	5,000	0
非支配株主持分	——	——	——		21,900	21,900
合計	350,000	175,000	525,000	111,500	29,900	443,400

Theme 04 連結会計（Ⅱ）

問題4-1

連結貸借対照表
×2年3月31日現在

（単位：円）

資産	金額	負債・純資産	金額
諸資産	3,300,000	諸負債	1,704,500
のれん	36,000	繰延税金負債	24,900
		資本金	900,000
		利益剰余金	593,200
		その他有価証券評価差額金	12,180
		非支配株主持分	101,220
	3,336,000		3,336,000

連結損益計算書
自×1年4月1日　至×2年3月31日

（単位：円）

借方科目	金額	貸方科目	金額
諸費用	1,160,000	諸収益	1,456,000
のれん償却額	4,000		
法人税等	96,000		
非支配株主に帰属する当期純利益	16,800		
親会社株主に帰属する当期純利益	179,200		
	1,456,000		1,456,000

連結株主資本等変動計算書
自×1年4月1日　至×2年3月31日

（単位：円）

	株主資本		その他の包括利益累計額	非支配株主持分
	資本金	利益剰余金	その他有価証券評価差額金	
当期首残高	900,000	504,000	7,000	90,000
剰余金の配当	――	△　90,000	――	――
親会社株主に帰属する当期純利益	――	179,200	――	――
株主資本以外の項目の当期変動額（純額）	――	――	5,180	11,220
当期末残高	900,000	593,200	12,180	101,220

解答への道

1．タイム・テーブル

	×1年 3/31（80%取得）	（非支配株主20%）	×2年 3/31
資本金	300,000		300,000
利益剰余金	104,500	剰余金の配当△30,000 当期純利益＋84,000	158,500
その他有価証券評価差額金	3,500	増加額＋2,100	5,600
評価差額	42,000		42,000
計	450,000		506,100

2．連結修正仕訳

(1) 開始仕訳（×1年3月31日）

① S社資産・負債の評価替え

（単位：円）

（諸資産）（＊1）	100,000	（諸負債）（＊2）	40,000
		（繰延税金負債）（＊3）	18,000
		（評価差額）（＊4）	42,000

（＊1）950,000円－850,000円＝100,000円 ｝60,000円
（＊2）480,500円－440,500円＝ 40,000円 ｝
（＊3）60,000円×30%〈実効税率〉＝18,000円
（＊4）60,000円×（100%－30%〈実効税率〉）＝42,000円

② 投資と資本の相殺消去

（単位：円）

（資本金当期首残高）	300,000	（S社株式）	400,000
（利益剰余金当期首残高）	104,500	（非支配株主持分当期首残高）（＊2）	90,000
（その他有価証券評価差額金当期首残高）	3,500		
（評価差額）	42,000		
（のれん）（＊1）	40,000		

（＊1）（300,000円＋104,500円＋3,500円＋42,000円）×80%＝360,000円
400,000円－360,000円＝40,000円
（＊2）（300,000円＋104,500円＋3,500円＋42,000円）×20%＝90,000円

(2) 当期の期中仕訳（×1年4月1日から×2年3月31日まで）

① のれんの償却

（単位：円）

（のれん償却額）(＊)	4,000	（のれん）	4,000

(＊) 40,000円÷10年＝4,000円

② S社当期純利益の振替え

（単位：円）

（非支配株主に帰属する当期純利益）	16,800	（非支配株主持分当期変動額）(＊)	16,800

(＊) 84,000円×20%＝16,800円

③ S社配当金の修正

（単位：円）

（受取配当金）(＊1)	24,000	（利益剰余金 剰余金の配当）	30,000
（非支配株主持分当期変動額）(＊2)	6,000		

(＊1) 30,000円×80%＝24,000円
(＊2) 30,000円×20%＝ 6,000円

④ S社その他有価証券評価差額金の増減額の非支配株主持分への振替え

（単位：円）

（その他有価証券評価差額金当期変動額）(＊)	420	（非支配株主持分当期変動額）	420

(＊) 2,100円×20%＝420円

3．連結財務諸表上の各金額

連結損益計算書

諸費用 (Ⓟ826,000＋Ⓢ334,000)	1,160,000	諸収益 (Ⓟ1,002,000＋Ⓢ454,000)	1,456,000
のれん償却額	4,000		
法人税等 (Ⓟ60,000＋Ⓢ36,000)	96,000		
非支配株主に帰属する当期純利益	16,800	受取配当金 (Ⓟ24,000－24,000)	0
親会社株主に帰属する当期純利益	179,200		

連結S/S（資本金）

資本金当期末残高	900,000	資本金当期首残高 (Ⓟ900,000＋Ⓢ300,000－300,000)	900,000

連結S/S（利益剰余金）

剰余金の配当 (Ⓟ90,000＋Ⓢ30,000－30,000)	90,000	利益剰余金当期首残高 (Ⓟ504,000＋Ⓢ104,500－104,500)	504,000
利益剰余金当期末残高	593,200	親会社株主に帰属する当期純利益	179,200

連結S/S（その他有価証券評価差額金）

その他有価証券評価差額金当期末残高	12,180	その他有価証券評価差額金当期首残高 (Ⓟ7,000＋Ⓢ3,500－3,500)	7,000
		その他有価証券評価差額金当期変動額 (Ⓟ3,500＋Ⓢ2,100－420)	5,180

連結S/S（非支配株主持分）

非支配株主持分当期末残高	101,220	非支配株主持分当期首残高	90,000
		非支配株主持分当期変動額 (16,800－6,000＋420)	11,220

連結貸借対照表

諸資産 (Ⓟ2,200,000＋Ⓢ1,000,000＋100,000)	3,300,000	諸負債 (Ⓟ1,131,000＋Ⓢ533,500＋40,000)	1,704,500
		繰延税金負債 (Ⓟ4,500＋Ⓢ2,400＋18,000)	24,900
		資本金	900,000
		利益剰余金	593,200
のれん (40,000－4,000)	36,000	その他有価証券評価差額金	12,180
		非支配株主持分	101,220

4．連結精算表

連　結　精　算　表

（単位：円）

科　　目	個別財務諸表 P社	個別財務諸表 S社	個別財務諸表 合計	連結修正仕訳 借方	連結修正仕訳 貸方	連結財務諸表
（損益計算書）						
諸収益	1, 002, 000	454, 000	1, 456, 000			1, 456, 000
受取配当金	24, 000	——	24, 000	24, 000		0
諸費用	826, 000	334, 000	1, 160, 000			1, 160, 000
のれん償却額	——	——	——	4, 000		4, 000
法人税等	60, 000	36, 000	96, 000			96, 000
非支配株主に帰属する当期純利益	——	——	——	16, 800		16, 800
親会社株主に帰属する当期純利益	140, 000	84, 000	224, 000	44, 800		179, 200
（株主資本等変動計算書）						
資本金当期首残高	900, 000	300, 000	1, 200, 000	300, 000		900, 000
資本金当期末残高	900, 000	300, 000	1, 200, 000	300, 000		900, 000
利益剰余金当期首残高	504, 000	104, 500	608, 500	104, 500		504, 000
剰余金の配当	90, 000	30, 000	120, 000		30, 000	90, 000
親会社株主に帰属する当期純利益	140, 000	84, 000	224, 000	44, 800		179, 200
利益剰余金当期末残高	554, 000	158, 500	712, 500	149, 300	30, 000	593, 200
その他有価証券評価差額金当期首残高	7, 000	3, 500	10, 500	3, 500		7, 000
当期変動額	3, 500	2, 100	5, 600	420		5, 180
その他有価証券評価差額金当期末残高	10, 500	5, 600	16, 100	3, 920		12, 180
非支配株主持分当期首残高	——	——	——		90, 000	90, 000
非支配株主持分当期変動額	——	——	——	6, 000	16, 800 420	11, 220
非支配株主持分当期末残高	——	——	——	6, 000	107, 220	101, 220
（貸借対照表）						
諸資産	2, 200, 000	1, 000, 000	3, 200, 000	100, 000		3, 300, 000
のれん	——	——	——	40, 000	4, 000	36, 000
S社株式	400, 000	——	400, 000		400, 000	0
合計	2, 600, 000	1, 000, 000	3, 600, 000	140, 000	404, 000	3, 336, 000
諸負債	1, 131, 000	533, 500	1, 664, 500		40, 000	1, 704, 500
繰延税金負債	4, 500	2, 400	6, 900		18, 000	24, 900
資本金	900, 000	300, 000	1, 200, 000	300, 000		900, 000
利益剰余金	554, 000	158, 500	712, 500	149, 300	30, 000	593, 200
その他有価証券評価差額金	10, 500	5, 600	16, 100	3, 920		12, 180
評価差額	——	——	——	42, 000	42, 000	0
非支配株主持分	——	——	——	6, 000	107, 220	101, 220
合計	2, 600, 000	1, 000, 000	3, 600, 000	501, 220	237, 220	3, 336, 000

問題4-2

連結貸借対照表

×3年3月31日現在

（単位：円）

資産	金額	負債・純資産	金額
諸資産	3, 300, 000	諸負債	1, 560, 500
のれん	32, 000	繰延税金負債	28, 500
		資本金	900, 000
		利益剰余金	707, 600
		その他有価証券評価差額金	20, 300
		非支配株主持分	115, 100
	3, 332, 000		3, 332, 000

連結損益計算書

自×2年4月1日　至×3年3月31日

（単位：円）

借方科目	金額	貸方科目	金額
諸費用	1, 130, 000	諸収益	1, 466, 000
のれん償却額	4, 000		
法人税等	108, 000		
非支配株主に帰属する当期純利益	19, 600		
親会社株主に帰属する当期純利益	204, 400		
	1, 466, 000		1, 466, 000

連結株主資本等変動計算書

自×2年4月1日　至×3年3月31日

（単位：円）

	株主資本 資本金	株主資本 利益剰余金	その他の包括利益累計額 その他有価証券評価差額金	非支配株主持分
当期首残高	900, 000	593, 200	12, 180	101, 220
剰余金の配当	——	△　90, 000	——	——
親会社株主に帰属する当期純利益	——	204, 400	——	——
株主資本以外の項目の当期変動額（純額）	——	——	8, 120	13, 880
当期末残高	900, 000	707, 600	20, 300	115, 100

解答への道

1．タイム・テーブル

	×1年 3/31		×2年 3/31		×3年 3/31
	80%取得	(非支配株主20%)		(非支配株主20%)	
資本金	300,000		300,000		300,000
利益剰余金	104,500	(増加額+54,000) →	158,500	剰余金の配当△30,000 当期純利益+98,000 →	226,500
その他有価証券評価差額金	3,500	(増加額+2,100) →	5,600	増加額+1,400 →	7,000
評価差額	42,000		42,000		42,000
計	450,000		506,100		575,500

2．連結修正仕訳

(1) 開始仕訳（×1年3月31日から×2年3月31日まで）

① S社資産・負債の評価替え

（単位：円）

(諸資産)(＊1)	100,000	(諸負債)(＊2)	40,000
		(繰延税金負債)(＊3)	18,000
		(評価差額)(＊4)	42,000

(＊1) 950,000円－850,000円＝100,000円
(＊2) 480,500円－440,500円＝ 40,000円 } 60,000円
(＊3) 60,000円×30%〈実効税率〉＝18,000円
(＊4) 60,000円×(100%－30%〈実効税率〉)＝42,000円

② 投資と資本の相殺消去

（単位：円）

(資本金当期首残高)	300,000	(S社株式)	400,000
(利益剰余金当期首残高)	104,500	(非支配株主持分当期首残高)(＊2)	90,000
(その他有価証券評価差額金当期首残高)	3,500		
(評価差額)	42,000		
(のれん)(＊1)	40,000		

(＊1) (300,000円＋104,500円＋3,500円＋42,000円)×80%＝360,000円
400,000円－360,000円＝40,000円
(＊2) (300,000円＋104,500円＋3,500円＋42,000円)×20%＝90,000円

③ のれんの償却

（単位：円）

(利益剰余金当期首残高)(＊)	4,000	(のれん)	4,000

(＊) 40,000円÷10年＝4,000円

④ S社利益剰余金の増加額の振替え

（単位：円）

(利益剰余金当期首残高)	10,800	(非支配株主持分当期首残高)(＊)	10,800

(＊) (158,500円－104,500円)×20%＝10,800円

⑤ S社その他有価証券評価差額金の増減額の振替え

（単位：円）

(その他有価証券評価差額金当期首残高)(＊)	420	(非支配株主持分当期首残高)	420

(＊) (5,600円－3,500円)×20%＝420円

(2) 当期の期中仕訳（×2年4月1日から×3年3月31日まで）

① のれんの償却

（単位：円）

(のれん償却額)(＊)	4,000	(のれん)	4,000

(＊) 40,000円÷10年＝4,000円

② S社当期純利益の振替え

（単位：円）

(非支配株主に帰属する当期純利益)	19,600	(非支配株主持分当期変動額)(＊)	19,600

(＊) 98,000円×20%＝19,600円

③ S社配当金の修正

（単位：円）

(受取配当金)(＊1)	24,000	(利益剰余金剰余金の配当)	30,000
(非支配株主持分当期変動額)(＊2)	6,000		

(＊1) 30,000円×80%＝24,000円
(＊2) 30,000円×20%＝ 6,000円

④ S社その他有価証券評価差額金の増減額の振替え

（単位：円）

(その他有価証券評価差額金当期変動額)(＊)	280	(非支配株主持分当期変動額)	280

(＊) 1,400円×20%＝280円

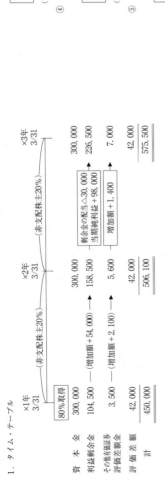

3．連結財務諸表上の各金額

連結損益計算書

借方	金額	貸方	金額
諸費用 (Ⓟ810, 000＋Ⓢ320, 000)	1, 130, 000	諸収益 (Ⓟ1, 006, 000＋Ⓢ460, 000)	1, 466, 000
のれん償却額	4, 000		
法人税等 (Ⓟ66, 000＋Ⓢ42, 000)	108, 000		
非支配株主に帰属する当期純利益	19, 600	受取配当金 (Ⓟ24, 000－24, 000)	0
親会社株主に帰属する当期純利益	204, 400		

連結S/S（資本金）

借方	金額	貸方	金額
資本金当期末残高	900, 000	資本金当期首残高 (Ⓟ900, 000＋Ⓢ300, 000－300, 000)	900, 000

連結S/S（利益剰余金）

借方	金額	貸方	金額
剰余金の配当 (Ⓟ90, 000＋Ⓢ30, 000－30, 000)	90, 000	利益剰余金当期首残高 (Ⓟ554, 000＋Ⓢ158, 500－104, 500 －4, 000－10, 800)	593, 200
利益剰余金当期末残高	707, 600	親会社株主に帰属する当期純利益	204, 400

連結S/S（その他有価証券評価差額金）

借方	金額	貸方	金額
その他有価証券評価差額金当期末残高	20, 300	その他有価証券評価差額金当期首残高 (Ⓟ10, 500＋Ⓢ5, 600－3, 500－420)	12, 180
		その他有価証券評価差額金当期変動額 (Ⓟ7, 000＋Ⓢ1, 400－280)	8, 120

連結S/S（非支配株主持分）

借方	金額	貸方	金額
非支配株主持分当期末残高	115, 100	非支配株主持分当期首残高 (90, 000＋10, 800＋420)	101, 220
		非支配株主持分当期変動額 (19, 600－6, 000＋280)	13, 880

連結貸借対照表

借方	金額	貸方	金額
諸資産 (Ⓟ2, 100, 000＋Ⓢ1, 100, 000＋100, 000)	3, 300, 000	諸負債 (Ⓟ957, 000＋Ⓢ563, 500＋40, 000)	1, 560, 500
		繰延税金負債 (Ⓟ7, 500＋Ⓢ3, 000＋18, 000)	28, 500
		資本金	900, 000
		利益剰余金	707, 600
のれん (40, 000－4, 000－4, 000)	32, 000	その他有価証券評価差額金	20, 300
		非支配株主持分	115, 100

4．連結精算表

連結精算表（単位：円）

科目	個別財務諸表 P社	個別財務諸表 S社	個別財務諸表 合計	連結修正仕訳 借方	連結修正仕訳 貸方	連結財務諸表
（損益計算書）						
諸収益	1, 006, 000	460, 000	1, 466, 000			1, 466, 000
受取配当金	24, 000	——	24, 000	24, 000		0
諸費用	810, 000	320, 000	1, 130, 000			1, 130, 000
のれん償却額	——	——	——	4, 000		4, 000
法人税等	66, 000	42, 000	108, 000			108, 000
非支配株主に帰属する当期純利益	——	——	——	19, 600		19, 600
親会社株主に帰属する当期純利益	154, 000	98, 000	252, 000	47, 600		204, 400
（株主資本等変動計算書）						
資本金当期首残高	900, 000	300, 000	1, 200, 000	300, 000		900, 000
資本金当期末残高	900, 000	300, 000	1, 200, 000	300, 000		900, 000
利益剰余金当期首残高	554, 000	158, 500	712, 500	104, 500 4, 000 10, 800		593, 200
剰余金の配当	90, 000	30, 000	120, 000		30, 000	90, 000
親会社株主に帰属する当期純利益	154, 000	98, 000	252, 000	47, 600		204, 400
利益剰余金当期末残高	618, 000	226, 500	844, 500	166, 900	30, 000	707, 600
その他有価証券評価差額金当期首残高	10, 500	5, 600	16, 100	3, 500 420		12, 180
当期変動額	7, 000	1, 400	8, 400	280		8, 120
その他有価証券評価差額金当期末残高	17, 500	7, 000	24, 500	4, 200		20, 300
非支配株主持分当期首残高	——	——	——		90, 000 10, 800 420	101, 220
非支配株主持分当期変動額	——	——	——	6, 000	19, 600 280	13, 880
非支配株主持分当期末残高	——	——	——	6, 000	121, 100	115, 100
（貸借対照表）						
諸資産	2, 100, 000	1, 100, 000	3, 200, 000	100, 000		3, 300, 000
のれん	——	——	——	40, 000	4, 000 4, 000	32, 000
S社株式	400, 000	——	400, 000		400, 000	0
合計	2, 500, 000	1, 100, 000	3, 600, 000	140, 000	408, 000	3, 332, 000
諸負債	957, 000	563, 500	1, 520, 500		40, 000	1, 560, 500
繰延税金負債	7, 500	3, 000	10, 500		18, 000	28, 500
資本金	900, 000	300, 000	1, 200, 000	300, 000		900, 000
利益剰余金	618, 000	226, 500	844, 500	166, 900	30, 000	707, 600
その他有価証券評価差額金	17, 500	7, 000	24, 500	4, 200		20, 300
評価差額	——	——	——	42, 000	42, 000	0
非支配株主持分	——	——	——	6, 000	121, 100	115, 100
合計	2, 500, 000	1, 100, 000	3, 600, 000	519, 100	251, 100	3, 332, 000

Theme 05 連結会計（Ⅲ）

問題5-1

連結貸借対照表
×2年3月31日現在 (単位：円)

資産	金額	負債・純資産	金額
諸資産	527,000	諸負債	281,500
のれん	11,200	繰延税金負債	4,500
		資本金	100,000
		資本剰余金	30,000
		利益剰余金	91,000
		非支配株主持分	31,200
	538,200		538,200

解答への道

1．タイム・テーブル

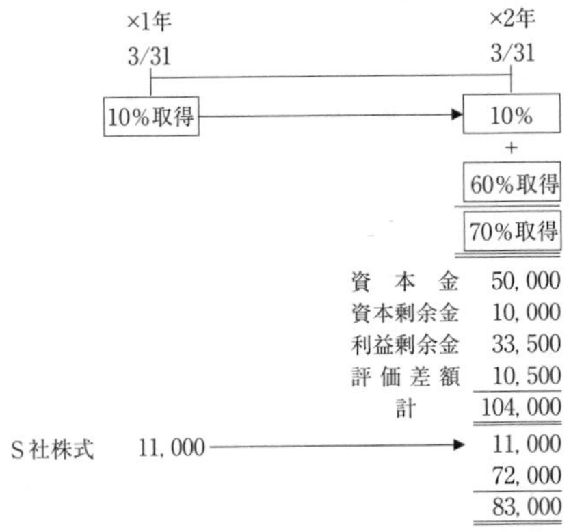

2．連結修正仕訳

(1) 支配獲得日（×2年3月31日）の仕訳

① 子会社株式の時価評価

(単位：円)

借方	金額	貸方	金額
(S社株式)(＊)	1,000	(利益剰余金) 段階取得に係る差益	1,000

(＊) 84,000円〈時価＝連結会計上の評価額〉－83,000円〈帳簿価額〉＝1,000円

② S社資産・負債の評価替え

(単位：円)

借方	金額	貸方	金額
(諸資産)(＊1)	20,000	(諸負債)(＊2)	5,000
		(繰延税金負債)(＊3)	4,500
		(評価差額)(＊4)	10,500

(＊1) 230,000円－210,000円＝20,000円 ｝15,000円
(＊2) 121,500円－116,500円＝ 5,000円 ｝
(＊3) 15,000円×30%〈実効税率〉＝4,500円
(＊4) 15,000円×(100%－30%〈実効税率〉)＝10,500円

③ 投資と資本の相殺消去

(単位：円)

借方	金額	貸方	金額
(資本金)	50,000	(S社株式)	84,000
(資本剰余金)	10,000	(非支配株主持分)(＊2)	31,200
(利益剰余金)	33,500		
(評価差額)	10,500		
(のれん)(＊1)	11,200		

(＊1) (50,000円＋10,000円＋33,500円＋10,500円)×70%＝72,800円
84,000円－72,800円＝11,200円
(＊2) (50,000円＋10,000円＋33,500円＋10,500円)×30%＝31,200円

3．連結精算表

連結精算表 (単位：円)

科目	個別貸借対照表			連結修正仕訳		連結貸借対照表
	P社	S社	合計	借方	貸方	
諸資産	297,000	210,000	507,000	20,000		527,000
のれん	―	―	―	11,200		11,200
S社株式	83,000	―	83,000	1,000	84,000	0
合計	380,000	210,000	590,000	32,200	84,000	538,200
諸負債	160,000	116,500	276,500		5,000	281,500
繰延税金負債	―	―	―		4,500	4,500
資本金	100,000	50,000	150,000	50,000		100,000
資本剰余金	30,000	10,000	40,000	10,000		30,000
利益剰余金	90,000	33,500	123,500	33,500	1,000	91,000
評価差額	―	―	―	10,500	10,500	0
非支配株主持分	―	―	―		31,200	31,200
合計	380,000	210,000	590,000	104,000	52,200	538,200

問題5-2

連結貸借対照表

×3年3月31日現在　　(単位：円)

資　　産	金　額	負債・純資産	金　額
諸　資　産	1,202,000	諸　負　債	617,000
の　れ　ん	22,680	繰延税金負債	9,000
		資　本　金	200,000
		利益剰余金	301,080
		非支配株主持分	97,600
	1,224,680		1,224,680

連結損益計算書

自×2年4月1日　至×3年3月31日　　(単位：円)

借方科目	金　額	貸方科目	金　額
諸　費　用	490,000	諸　収　益	708,000
のれん償却額	2,520		
法人税等	69,000		
非支配株主に帰属する当期純利益	22,400		
親会社株主に帰属する当期純利益	124,080		
	708,000		708,000

連結株主資本等変動計算書

自×2年4月1日　至×3年3月31日　　(単位：円)

	株主資本		非支配株主持分
	資本金	利益剰余金	
当期首残高	200,000	217,000	83,200
剰余金の配当	──	△　40,000	──
親会社株主に帰属する当期純利益	──	124,080	──
株主資本以外の項目の当期変動額(純額)	──	──	14,400
当期末残高	200,000	301,080	97,600

解答への道

1．タイム・テーブル

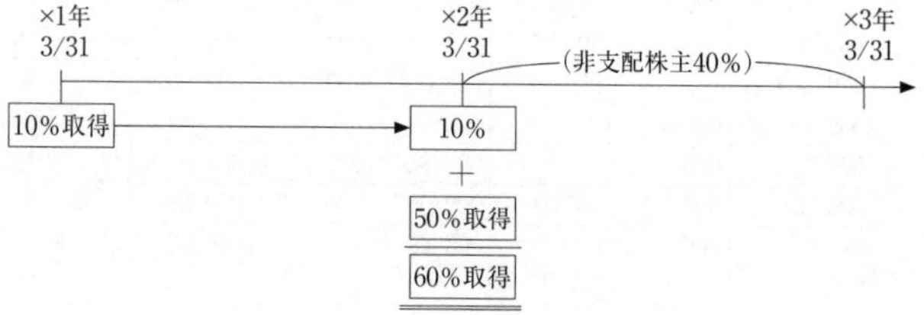

	×2年3/31		×3年3/31
資本金	100,000		100,000
利益剰余金	87,000	剰余金の配当 △20,000 当期純利益 +56,000	123,000
評価差額	21,000		21,000
計	208,000		244,000
S社株式　23,000 →	23,000		
	125,000		
	148,000		

2．連結修正仕訳

(1) 開始仕訳（×2年3月31日）

① 子会社株式の時価評価

(単位：円)

(S　社　株　式)(＊)	2,000	(利益剰余金当期首残高) 段階取得に係る差益	2,000

(＊) 150,000円〈時価＝連結会計上の評価額〉－148,000円〈帳簿価額〉＝2,000円

② S社資産・負債の評価替え

(単位：円)

(諸　資　産)(＊1)	50,000	(諸　負　債)(＊2)	20,000
		(繰延税金負債)(＊3)	9,000
		(評価差額)(＊4)	21,000

(＊1) 470,000円－420,000円＝50,000円 ｝30,000円
(＊2) 253,000円－233,000円＝20,000円 ｝
(＊3) 30,000円×30%〈実効税率〉＝9,000円
(＊4) 30,000円×(100%－30%〈実効税率〉)＝21,000円

③　投資と資本の相殺消去

（単位：円）

(資本金当期首残高)	100,000	(S社株式)	150,000
(利益剰余金当期首残高)	87,000	(非支配株主持分当期首残高)(＊2)	83,200
(評価差額)	21,000		
(のれん)(＊1)	25,200		

(＊1) (100,000円＋87,000円＋21,000円)×60%＝124,800円
150,000円－124,800円＝25,200円
(＊2) (100,000円＋87,000円＋21,000円)×40%＝83,200円

(2) 当期の期中仕訳（×2年4月1日から×3年3月31日まで）

①　のれんの償却

（単位：円）

(のれん償却額)(＊)	2,520	(のれん)	2,520

(＊) 25,200円÷10年＝2,520円

②　S社当期純利益の振替え

（単位：円）

(非支配株主に帰属する当期純利益)	22,400	(非支配株主持分当期変動額)(＊)	22,400

(＊) 56,000円×40%＝22,400円

③　S社配当金の修正

（単位：円）

(受取配当金)(＊1)	12,000	(利益剰余金剰余金の配当)	20,000
(非支配株主持分当期変動額)(＊2)	8,000		

(＊1) 20,000円×60%＝12,000円
(＊2) 20,000円×40%＝8,000円

3．連結財務諸表上の各金額

連結損益計算書

諸費用 (Ⓟ320,000＋Ⓢ170,000)	490,000	諸収益 (Ⓟ458,000＋Ⓢ250,000)	708,000
のれん償却額	2,520		
法人税等 (Ⓟ45,000＋Ⓢ24,000)	69,000		
非支配株主に帰属する当期純利益	22,400	受取配当金 (Ⓟ12,000－12,000)	0
親会社株主に帰属する当期純利益	124,080		

連結S/S（資本金）

資本金当期末残高	200,000	資本金当期首残高 (Ⓟ200,000＋Ⓢ100,000－100,000)	200,000

連結S/S（利益剰余金）

剰余金の配当 (Ⓟ40,000＋Ⓢ20,000－20,000)	40,000	利益剰余金当期首残高 (Ⓟ215,000＋Ⓢ87,000＋2,000－87,000)	217,000
利益剰余金当期末残高	301,080	親会社株主に帰属する当期純利益	124,080

連結S/S（非支配株主持分）

非支配株主持分当期末残高	97,600	非支配株主持分当期首残高	83,200
		非支配株主持分当期変動額 (22,400－8,000)	14,400

連結貸借対照表

諸資産 (Ⓟ652,000＋Ⓢ500,000＋50,000)	1,202,000	諸負債 (Ⓟ320,000＋Ⓢ277,000＋20,000)	617,000
		繰延税金負債	9,000
		資本金	200,000
のれん (25,200－2,520)	22,680	利益剰余金	301,080
		非支配株主持分	97,600

4．連結精算表

連結精算表

(単位：円)

科目	個別財務諸表			連結修正仕訳		連結財務諸表
	P 社	S 社	合 計	借 方	貸 方	
(損益計算書)						
諸収益	458,000	250,000	708,000			708,000
受取配当金	12,000	―	12,000	12,000		0
諸費用	320,000	170,000	490,000			490,000
のれん償却額	―	―	―	2,520		2,520
法人税等	45,000	24,000	69,000			69,000
非支配株主に帰属する当期純利益	―	―	―	22,400		22,400
親会社株主に帰属する当期純利益	105,000	56,000	161,000	36,920		124,080
(株主資本等変動計算書)						
資本金当期首残高	200,000	100,000	300,000	100,000		200,000
資本金当期末残高	200,000	100,000	300,000	100,000		200,000
利益剰余金当期首残高	215,000	87,000	302,000	87,000	2,000	217,000
剰余金の配当	40,000	20,000	60,000		20,000	40,000
親会社株主に帰属する当期純利益	105,000	56,000	161,000	36,920		124,080
利益剰余金当期末残高	280,000	123,000	403,000	123,920	22,000	301,080
非支配株主持分当期首残高	―	―	―		83,200	83,200
非支配株主持分当期変動額	―	―	―	8,000	22,400	14,400
非支配株主持分当期末残高	―	―	―	8,000	105,600	97,600
(貸借対照表)						
諸資産	652,000	500,000	1,152,000	50,000		1,202,000
のれん	―	―	―	25,200	2,520	22,680
S社株式	148,000	―	148,000	2,000	150,000	0
合計	800,000	500,000	1,300,000	77,200	152,520	1,224,680
諸負債	320,000	277,000	597,000		20,000	617,000
繰延税金負債	―	―	―		9,000	9,000
資本金	200,000	100,000	300,000	100,000		200,000
利益剰余金	280,000	123,000	403,000	123,920	22,000	301,080
評価差額	―	―	―	21,000	21,000	0
非支配株主持分	―	―	―	8,000	105,600	97,600
合計	800,000	500,000	1,300,000	252,920	177,600	1,224,680

問題5-3

連結貸借対照表

×2年3月31日現在

(単位：円)

資産	金額	負債・純資産	金額
諸資産	1,030,000	諸負債	526,000
のれん	15,120	繰延税金負債	6,000
		資本金	200,000
		資本剰余金	4,800
		利益剰余金	265,520
		非支配株主持分	42,800
	1,045,120		1,045,120

連結損益計算書

自×1年4月1日　至×2年3月31日

(単位：円)

借方科目	金額	貸方科目	金額
諸費用	485,000	諸収益	633,000
のれん償却額	1,680		
法人税等	48,000		
非支配株主に帰属する当期純利益	16,800		
親会社株主に帰属する当期純利益	81,520		
	633,000		633,000

連結株主資本等変動計算書

自×1年4月1日　至×2年3月31日

(単位：円)

	株主資本			非支配株主持分
	資本金	資本剰余金	利益剰余金	
当期首残高	200,000	0	224,000	76,800
剰余金の配当	―	―	△ 40,000	―
親会社株主に帰属する当期純利益	―	―	81,520	―
非支配株主との取引に係る親会社の持分変動	―	4,800	―	―
株主資本以外の項目の当期変動額(純額)	―	―	―	△ 34,000
当期末残高	200,000	4,800	265,520	42,800

解答への道

1．タイム・テーブル

	×1年 3/31 60%取得		×2年 3/31 20%取得
	（非支配株主40%）		
資　本　金	100,000		100,000
利益剰余金	78,000	剰余金の配当△20,000 当期純利益＋42,000 →	100,000
評価差額	14,000		14,000
計	192,000		214,000
Ｓ社株式	132,000	→	132,000
			38,000
			170,000

×1年３月31日に株式を取得した時点でＳ社を子会社としているので，開始仕訳は×1年３月31日から行う。

2．連結修正仕訳

(1)　開始仕訳（×1年３月31日）

①　Ｓ社資産・負債の評価替え

（単位：円）

（諸資産）（＊1）	30,000	（諸負債）（＊2）	10,000
		（繰延税金負債）（＊3）	6,000
		（評価差額）（＊4）	14,000

（＊1）400,000円－370,000円＝30,000円 ｝20,000円
（＊2）202,000円－192,000円＝10,000円
（＊3）20,000円×30%〈実効税率〉＝6,000円
（＊4）20,000円×（100%－30%〈実効税率〉）＝14,000円

②　投資と資本の相殺消去

（単位：円）

（資本金当期首残高）	100,000	（Ｓ社株式）	132,000
（利益剰余金当期首残高）	78,000	（非支配株主持分当期首残高）（＊2）	76,800
（評価差額）	14,000		
（のれん）（＊1）	16,800		

（＊1）（100,000円＋78,000円＋14,000円）×60%〈原始取得割合〉＝115,200円
132,000円－115,200円＝16,800円
（＊2）（100,000円＋78,000円＋14,000円）×40%〈追加取得前非支配株主持分割合〉＝76,800円

(2)　当期の期中仕訳（×1年４月１日から×2年３月31日まで）

①　のれんの償却

（単位：円）

（のれん償却額）（＊）	1,680	（のれん）	1,680

（＊）16,800円÷10年＝1,680円

②　Ｓ社当期純利益の振替え

（単位：円）

（非支配株主に帰属する当期純利益）	16,800	（非支配株主持分当期変動額）（＊）	16,800

（＊）42,000円×40%〈追加取得前非支配株主持分割合〉＝16,800円

③　Ｓ社配当金の修正

（単位：円）

（受取配当金）（＊1）	12,000	（利益剰余金剰余金の配当）	20,000
（非支配株主持分当期変動額）（＊2）	8,000		

（＊1）20,000円×60%＝12,000円
（＊2）20,000円×40%＝8,000円

(3)　追加取得日（×2年３月31日）の仕訳（追加投資額と追加取得持分の相殺消去）

（単位：円）

（非支配株主持分当期変動額）（＊1）	42,800	（Ｓ社株式）	38,000
		（資本剰余金持分変動）（＊2）	4,800

（＊1）（76,800円＋16,800円－8,000円）×$\frac{20\%}{40\%}$＝42,800円〈追加取得持分〉
または（100,000円＋100,000円＋14,000円）×20%＝42,800円
（＊2）42,800円－38,000円＝4,800円

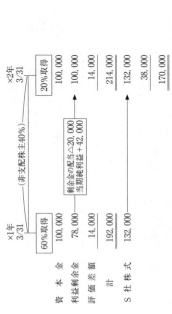

3．連結財務諸表上の各金額

連結損益計算書

諸　費　用 (Ⓟ320,000＋Ⓢ165,000)	485,000	諸　収　益 (Ⓟ408,000＋Ⓢ225,000)	633,000
のれん償却額	1,680		
法人税等 (Ⓟ30,000＋Ⓢ18,000)	48,000		
非支配株主に帰属する当期純利益	16,800	受取配当金 (Ⓟ12,000－12,000)	0
親会社株主に帰属する当期純利益	81,520		

連結S/S（資本金）

資本金当期末残高	200,000	資本金当期首残高 (Ⓟ200,000＋Ⓢ100,000－100,000)	200,000

連結S/S（資本剰余金）

資本剰余金当期末残高	4,800	資本剰余金持分変動	4,800

連結S/S（利益剰余金）

剰余金の配当 (Ⓟ40,000＋Ⓢ20,000－20,000)	40,000	利益剰余金当期首残高 (Ⓟ224,000＋Ⓢ78,000－78,000)	224,000
利益剰余金当期末残高	265,520	親会社株主に帰属する当期純利益	81,520

連結S/S（非支配株主持分）

非支配株主持分当期末残高	42,800	非支配株主持分当期首残高	76,800
		非支配株主持分当期変動額 (16,800－8,000－42,800)	△34,000

連結貸借対照表

諸　資　産 (Ⓟ580,000＋Ⓟ420,000＋30,000)	1,030,000	諸　負　債 (Ⓟ296,000＋Ⓢ220,000＋10,000)	526,000
		繰延税金負債	6,000
		資　本　金	200,000
の　れ　ん (16,800－1,680)	15,120	資本剰余金	4,800
		利益剰余金	265,520
		非支配株主持分	42,800

4．連結精算表

連結精算表

（単位：円）

科目	個別財務諸表 P社	個別財務諸表 S社	個別財務諸表 合計	連結修正仕訳 借方	連結修正仕訳 貸方	連結財務諸表
（損益計算書）						
諸収益	408,000	225,000	633,000			633,000
受取配当金	12,000	――	12,000	12,000		0
諸費用	320,000	165,000	485,000			485,000
のれん償却額	――	――	――	1,680		1,680
法人税等	30,000	18,000	48,000			48,000
非支配株主に帰属する当期純利益	――	――	――	16,800		16,800
親会社株主に帰属する当期純利益	70,000	42,000	112,000	30,480		81,520
（株主資本等変動計算書）						
資本金当期首残高	200,000	100,000	300,000	100,000		200,000
資本金当期末残高	200,000	100,000	300,000	100,000		200,000
資本剰余金当期首残高	――	――	――			
持分変動	――	――	――		4,800	4,800
資本剰余金当期末残高	――	――	――		4,800	4,800
利益剰余金当期首残高	224,000	78,000	302,000	78,000		224,000
剰余金の配当	40,000	20,000	60,000		20,000	40,000
親会社株主に帰属する当期純利益	70,000	42,000	112,000	30,480		81,520
利益剰余金当期末残高	254,000	100,000	354,000	108,480	20,000	265,520
非支配株主持分当期首残高	――	――	――		76,800	76,800
非支配株主持分当期変動額	――	――	――	8,000 42,800	16,800	△34,000
非支配株主持分当期末残高	――	――	――	50,800	93,600	42,800
（貸借対照表）						
諸資産	580,000	420,000	1,000,000	30,000		1,030,000
のれん	――	――	――	16,800	1,680	15,120
S社株式	170,000	――	170,000		132,000 38,000	0
合計	750,000	420,000	1,170,000	46,800	171,680	1,045,120
諸負債	296,000	220,000	516,000		10,000	526,000
繰延税金負債	――	――	――		6,000	6,000
資本金	200,000	100,000	300,000	100,000		200,000
資本剰余金	――	――	――		4,800	4,800
利益剰余金	254,000	100,000	354,000	108,480	20,000	265,520
評価差額	――	――	――	14,000	14,000	0
非支配株主持分	――	――	――	50,800	93,600	42,800
合計	750,000	420,000	1,170,000	273,280	148,400	1,045,120

問題5-4

連結貸借対照表

×2年3月31日現在　　(単位：円)

資産	金額	負債・純資産	金額
諸資産	550,000	諸負債	289,000
のれん	2,880	資本金	100,000
		資本剰余金	4,800
		利益剰余金	118,680
		非支配株主持分	40,400
	552,880		552,880

解答への道

1．タイム・テーブル

	×1年 3/31 80%取得	(非支配株主20%)	×2年 3/31 20%売却
資本金	50,000		50,000
利益剰余金	40,000	(増加額＋5,000) →	45,000
評価差額	6,000		6,000
計	96,000		101,000

2．連結修正仕訳

(1) 開始仕訳（×1年3月31日）

① S社資産・負債の評価替え

(単位：円)

(諸資産)(＊1)	20,000	(諸負債)(＊2)	14,000
		(評価差額)(＊3)	6,000

(＊1) 210,000円－190,000円＝20,000円
(＊2) 114,000円－100,000円＝14,000円
(＊3) 20,000円－14,000円＝6,000円

② 投資と資本の相殺消去

(単位：円)

(資本金)	50,000	(S社株式)	80,000
(利益剰余金)	40,000	(非支配株主持分)(＊2)	19,200
(評価差額)	6,000		
(のれん)(＊1)	3,200		

(＊1) (50,000円＋40,000円＋6,000円)×80%＝76,800円
80,000円－76,800円＝3,200円
(＊2) (50,000円＋40,000円＋6,000円)×20%〈売却前非支配株主持分割合〉＝19,200円

(2) 当期の期中仕訳（×1年4月1日から×2年3月31日まで）

① のれんの償却

(単位：円)

(利益剰余金)(＊)	320	(のれん)	320

(＊) 3,200円÷10年＝320円

② S社利益剰余金の増加額の振替え

(単位：円)

(利益剰余金)	1,000	(非支配株主持分)(＊)	1,000

(＊) (45,000円－40,000円)×20%〈売却前非支配株主持分割合〉＝1,000円
（45,000円－40,000円＝5,000円）

③ 子会社株式の売却

(単位：円)

(S社株式)(＊1)	20,000	(非支配株主持分)(＊3)	20,200
(利益剰余金)(＊2)〔子会社株式売却損益〕	5,000	(資本剰余金)(＊4)〔持分変動〕	4,800

(＊1) 80,000円×$\frac{1}{4}$＝20,000円〈売却株式の原価〉
(＊2) 個別P/L売却益
(＊3) (50,000円＋45,000円＋6,000円)×20%〈売却割合〉＝20,200円〈売却持分〉
(＊4) 25,000円－20,200円＝4,800円

3．連結精算表

連結精算表 (単位：円)

科目	個別貸借対照表			連結修正仕訳		連結
	P社	S社	合計	借方	貸方	貸借対照表
諸資産	320,000	210,000	530,000	20,000		550,000
のれん	――	――	――	3,200	320	2,880
S社株式	60,000	――	60,000	20,000	80,000	0
合計	380,000	210,000	590,000	43,200	80,320	552,880
諸負債	160,000	115,000	275,000		14,000	289,000
資本金	100,000	50,000	150,000	50,000		100,000
資本剰余金	――	――	――		4,800	4,800
利益剰余金	120,000	45,000	165,000	40,000 320 1,000 5,000		118,680
評価差額	――	――	――	6,000	6,000	0
非支配株主持分	――	――	――		19,200 1,000 20,200	40,400
合計	380,000	210,000	590,000	102,320	65,200	552,880

問題5-5

〔問1〕

(単位：円)

(資本金)	2,000,000	(S社株式)	1,400,000
		(非支配株主持分)	600,000

〔問2〕

(単位：円)

(資本金)	2,000,000	(S社株式)	1,000,000
		(非支配株主持分)	960,000
		(資本剰余金)	40,000

解答への道

〔問1〕

時価発行増資の前後で持分の変動がない場合には，増加した子会社の資本のうち親会社の持分はS社株式と相殺し，非支配株主の持分は非支配株主持分の増加として処理する。

(単位：円)

(資本金)	(＊1)2,000,000	(S社株式)	(＊2)1,400,000
		(非支配株主持分)	(＊3)　600,000

(＊1) @1,000円×2,000株＝2,000,000円〈時価発行増資による増加資本金〉
(＊2) @1,000円×1,400株＝1,400,000円
(＊3) 2,000,000円×30%＝600,000円 または @1,000円×600株＝600,000円

〔問2〕

時価発行増資の前後で持分の変動がある場合には，いったん，従来の持分比率で株式を引き受け，その後，変動した持分は，追加取得または一部売却したとみなして処理する。

(1) 開始仕訳

(単位：円)

(資本金)	1,000,000	(S社株式)	1,190,000
(利益剰余金)	500,000	(非支配株主持分)	(＊2)　450,000
(のれん)	(＊1)　140,000		

(＊1) (1,000,000円＋500,000円)×70%＝1,050,000円
　1,190,000円－1,050,000円＝140,000円
(＊2) (1,000,000円＋500,000円)×30%＝450,000円

(2) のれんの償却

(単位：円)

(のれん償却額)	(＊)　14,000	(のれん)	14,000

(＊) 140,000円÷10年＝14,000円

(3) S社利益剰余金の増加額の振替え（当期純利益と仮定する）

（単位：円）

(非支配株主に帰属する当期純利益)	30,000	（非支配株主持分）（＊）	30,000

（＊）（600,000円〈期末利益剰余金〉－500,000円〈前期末利益剰余金〉）×30％＝30,000円

(4) 時価発行増資

① 当初の持分比率（70％）で取得したと仮定

（単位：円）

（資本金）（＊1）	2,000,000	（S社株式）（＊2）	1,400,000
		（非支配株主持分）（＊3）	600,000

（＊1）@1,000円×2,000株＝2,000,000円〈時価発行増資による増加資本金〉
（＊2）@1,000円×1,400株＝1,400,000円
（＊3）2,000,000円×30％＝600,000円　または　@1,000円×600株＝600,000円

② 減少した持分（10％）を売却したと仮定

（単位：円）

（S社株式）（＊1）	400,000	（非支配株主持分）（＊2）	360,000
		（資本剰余金）（＊3）	40,000

（＊1）2,000株×70％－1,000株＝400株〈売却株数〉
@1,000円×400株＝400,000円〈売却株式の原価〉
（＊2）3,600,000円〈S社純資産〉×（70％－60％）＝360,000円
（＊3）400,000円－360,000円＝40,000円

③ まとめ（①＋②）

（単位：円）

（資本金）	2,000,000	（S社株式）	1,000,000
		（非支配株主持分）	960,000
		（資本剰余金）	40,000

Theme 06 連結会計（Ⅳ）

問題6-1

連結貸借対照表
×2年3月31日現在
（単位：円）

資産	金額	負債・純資産	金額
現金預金	580,000	支払手形	180,000
受取手形	216,000	買掛金	259,000
売掛金	306,000	短期借入金	80,000
貸倒引当金	△10,440	未払法人税等	296,000
商品	71,000	未払費用	450
短期貸付金	40,000	繰延税金負債	900
未収収益	300	その他負債	17,950
土地	620,000	資本金	600,000
のれん	13,320	利益剰余金	720,690
その他資産	498,540	非支配株主持分	179,730
	2,334,720		2,334,720

連結損益計算書
自×1年4月1日　至×2年3月31日
（単位：円）

借方科目	金額	貸方科目	金額
売上原価	684,000	売上高	1,453,000
販売費及び一般管理費	119,640	受取利息配当金	12,200
貸倒引当金繰入	4,360	法人税等調整額	5,100
のれん償却額	1,480		
支払利息・手形売却損	4,200		
法人税等	222,000		
非支配株主に帰属する当期純利益	48,930		
親会社株主に帰属する当期純利益	385,690		
	1,470,300		1,470,300

連結株主資本等変動計算書

自×1年4月1日　至×2年3月31日　（単位：円）

	株主資本		非支配株主持分
	資本金	利益剰余金	
当期首残高	600,000	535,000	160,800
剰余金の配当	——	△　200,000	——
親会社株主に帰属する当期純利益	——	385,690	——
株主資本以外の項目の当期変動額(純額)	——	——	18,930
当期末残高	600,000	720,690	179,730

解答への道

1．タイム・テーブル

	×1年 3/31		×2年 3/31
	（非支配株主30%）		
	70%取得		
資本金	300,000		300,000
利益剰余金	222,000	剰余金の配当△100,000 当期純利益＋175,000 →	297,000
評価差額	14,000		14,000
計	536,000		611,000

2．連結修正仕訳

(1)　開始仕訳（×1年3月31日）

①　S社資産の評価替え

（単位：円）

（土地）（＊1）	20,000	（繰延税金負債）S社（＊2）	6,000
		（評価差額）（＊3）	14,000

（＊1）220,000円－200,000円＝20,000円
（＊2）20,000円×30%〈実効税率〉＝6,000円
（＊3）20,000円×(100%－30%〈実効税率〉)＝14,000円

②　投資と資本の相殺消去

（単位：円）

(資本金 当期首残高)	300,000	（S社株式）	390,000
(利益剰余金 当期首残高)	222,000	(非支配株主持分 当期首残高)（＊2）	160,800
（評価差額）	14,000		
（のれん）（＊1）	14,800		

（＊1）(300,000円＋222,000円＋14,000円)×70%＝375,200円
390,000円－375,200円＝14,800円
（＊2）(300,000円＋222,000円＋14,000円)×30%＝160,800円

(2)　当期の期中仕訳（×1年4月1日から×2年3月31日まで）

①　のれんの償却

（単位：円）

（のれん償却額）（＊）	1,480	（のれん）	1,480

（＊）14,800円÷10年＝1,480円

②　S社当期純利益の振替え

（単位：円）

(非支配株主に帰属する当期純利益)	52,500	(非支配株主持分 当期変動額)（＊）	52,500

（＊）175,000円×30%＝52,500円

③　S社配当金の修正

（単位：円）

（受取利息配当金）（＊1）	70,000	(利益剰余金 剰余金の配当)	100,000
(非支配株主持分 当期変動額)（＊2）	30,000		

（＊1）100,000円×70%＝70,000円
（＊2）100,000円×30%＝30,000円

④　未達取引の整理

（単位：円）

（商品）	9,000	（買掛金）	9,000

⑤　売上高と売上原価の相殺消去

（単位：円）

（売上高）	90,000	（売上原価）	90,000

⑥　未実現利益の消去（アップ・ストリーム：全額消去・持分按分負担方式）

（単位：円）

（売上原価）（＊1）	18,000	（商品）	18,000
（繰延税金資産）S社（＊2）	5,400	（法人税等調整額）	5,400
(非支配株主持分 当期変動額)（＊3）	3,780	(非支配株主に帰属する当期純利益)	3,780

（＊1）(36,000円＋9,000円〈未着分〉)×$\frac{90,000円-54,000円}{90,000円}$(＝売上利益率0.4)＝18,000円
（＊2）18,000円×30%〈実効税率〉＝5,400円
（＊3）(18,000円－5,400円)×30%＝3,780円

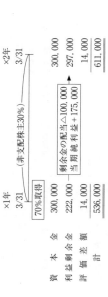

⑦　受取手形と支払手形，売掛金と買掛金の相殺消去

（単位：円）

（支　払　手　形）	40,000	（受　取　手　形）	20,000
		（短　期　借　入　金）	20,000
（買　　掛　　金）（＊）	30,000	（売　　掛　　金）	30,000

（＊）21,000円＋9,000円＝30,000円

⑧　期末貸倒引当金の修正

（単位：円）

（貸　倒　引　当　金）（＊1）	1,000	（貸倒引当金繰入）	1,000
（法人税等調整額）	300	（繰延税金負債）（＊2）	300
		S社	
（非支配株主に帰属する当期純利益）	210	（非支配株主持分当期変動額）（＊3）	210

（＊1）（20,000円〈受取手形〉＋30,000円〈売掛金〉）×2％＝1,000円
（＊2）1,000円×30％〈実効税率〉＝300円
（＊3）（1,000円－300円）×30％＝210円

⑨　短期貸付金と短期借入金の相殺消去

（単位：円）

（短　期　借　入　金）	80,000	（短　期　貸　付　金）	80,000

⑩　受取利息と支払利息の相殺消去

（単位：円）

（受取利息配当金）（＊1）	1,800	（支払利息・手形売却損）	1,800
（未　払　費　用）	600	（未　収　収　益）（＊2）	600

（＊1）80,000円×3％×$\frac{9か月}{12か月}$＝1,800円
（＊2）80,000円×3％×$\frac{3か月}{12か月}$＝600円

3．連結精算表

連結精算表　（単位：円）

科目	個別財務諸表 P社	個別財務諸表 S社	個別財務諸表 合計	連結修正仕訳 借方	連結修正仕訳 貸方	連結財務諸表
（損益計算書）						
売上高	993,000	550,000	1,543,000	90,000		1,453,000
受取利息配当金	84,000	―	84,000	70,000 1,800		12,200
売上原価	480,000	276,000	756,000	18,000	90,000	684,000
販売費及び一般管理費	99,560	20,080	119,640			119,640
貸倒引当金繰入	3,440	1,920	5,360		1,000	4,360
のれん償却額	―	―	―	1,480		1,480
支払利息・手形売却損	4,000	2,000	6,000		1,800	4,200
法人税等	147,000	75,000	222,000			222,000
法人税等調整額	―	―	―	300	5,400	5,100
非支配株主に帰属する当期純利益	―	―	―	52,500 210	3,780	48,930
親会社株主に帰属する当期純利益	343,000	175,000	518,000	234,290	101,980	385,690
（株主資本等変動計算書）						
資本金当期首残高	600,000	300,000	900,000	300,000		600,000
資本金当期末残高	600,000	300,000	900,000	300,000		600,000
利益剰余金当期首残高	535,000	222,000	757,000	222,000		535,000
剰余金の配当	200,000	100,000	300,000		100,000	200,000
親会社株主に帰属する当期純利益	343,000	175,000	518,000	234,290	101,980	385,690
利益剰余金当期末残高	678,000	297,000	975,000	456,290	201,980	720,690
非支配株主持分当期首残高	―	―	―		160,800	160,800
非支配株主持分当期変動額	―	―	―	30,000 3,780	52,500 210	18,930
非支配株主持分当期末残高	―	―	―	33,780	213,510	179,730
（貸借対照表）						
現金預金	380,000	200,000	580,000			580,000
受取手形	176,000	60,000	236,000		20,000	216,000
売掛金	196,000	140,000	336,000		30,000	306,000
貸倒引当金	△7,440	△4,000	△11,440	1,000		△10,440
商品	50,000	30,000	80,000	9,000	18,000	71,000
短期貸付金	120,000	―	120,000		80,000	40,000
未収収益	900	―	900		600	300
土地	400,000	200,000	600,000	20,000		620,000
のれん	―	―	―	14,800	1,480	13,320
S社株式	390,000	―	390,000		390,000	0
繰延税金資産	―	―	―	5,400		5,400
その他資産	244,540	254,000	498,540			498,540
合計	1,950,000	880,000	2,830,000	50,200	540,080	2,340,120
支払手形	160,000	60,000	220,000	40,000		180,000
買掛金	240,000	40,000	280,000	30,000	9,000	259,000
短期借入金	60,000	80,000	140,000	80,000	20,000	80,000
未払法人税等	196,000	100,000	296,000			296,000
未払費用	450	600	1,050	600		450
繰延税金負債	―	―	―		6,000 300	6,300
その他負債	15,550	2,400	17,950			17,950
資本金	600,000	300,000	900,000	300,000		600,000
利益剰余金	678,000	297,000	975,000	456,290	201,980	720,690
評価差額	―	―	―	14,000	14,000	0
非支配株主持分	―	―	―	33,780	213,510	179,730
合計	1,950,000	880,000	2,830,000	954,670	464,790	2,340,120

(注) 繰延税金資産と繰延税金負債の相殺
　P社：繰延税金資産…0円
　　　繰延税金負債…0円
　S社：繰延税金資産…5, 400円
　　　繰延税金負債…6, 000円＋120円＋180円＝6, 300円
　　　相　　　殺…6, 300円－5, 400円＝900円〈繰延税金負債〉
　連結：繰延税金負債…900円〈S社〉

問題6-2

連結貸借対照表
×3年3月31日現在　(単位：円)

資産	金額	負債・純資産	金額
現金預金	650, 000	支払手形	370, 000
受取手形	340, 000	買掛金	202, 000
売掛金	220, 000	短期借入金	120, 000
貸倒引当金	△ 11, 200	未払法人税等	251, 000
商品	123, 000	未払費用	1, 500
短期貸付金	160, 000	繰延税金負債	30, 000
未収収益	2, 400	その他負債	633, 300
土地	800, 000	資本金	900, 000
のれん	32, 640	利益剰余金	625, 440
繰延税金資産	2, 400	非支配株主持分	105, 600
その他資産	919, 600		
	3, 238, 840		3, 238, 840

連結損益計算書
自×2年4月1日　至×3年3月31日　(単位：円)

借方科目	金額	貸方科目	金額
売上原価	663, 000	売上高	1, 320, 000
販売費及び一般管理費	344, 000	受取利息配当金	15, 200
貸倒引当金繰入	9, 500	法人税等調整額	750
のれん償却額	4, 080		
支払利息・手形売却損	5, 200		
法人税等	102, 000		
非支配株主に帰属する当期純利益	16, 800		
親会社株主に帰属する当期純利益	191, 370		
	1, 335, 950		1, 335, 950

連結株主資本等変動計算書
自×2年4月1日　至×3年3月31日　(単位：円)

	株主資本 資本金	株主資本 利益剰余金	非支配株主持分
当期首残高	900, 000	514, 070	94, 800
剰余金の配当	――	△ 80, 000	――
親会社株主に帰属する当期純利益	――	191, 370	――
株主資本以外の項目の当期変動額(純額)	――	――	10, 800
当期末残高	900, 000	625, 440	105, 600

解答への道

1．タイム・テーブル

	×1年3/31		×2年3/31		×3年3/31
	80%取得	(非支配株主20%)		(非支配株主20%)	
資本金	300, 000		300, 000		300, 000
利益剰余金	79, 000	(増加額＋25, 000)→	104, 000	剰余金の配当△30, 000 当期純利益＋84, 000 →	158, 000
評価差額	70, 000		70, 000		70, 000
計	449, 000		474, 000		528, 000

2．連結修正仕訳
(1) 開始仕訳（×1年3月31日から×2年3月31日まで）
① 支配獲得日の仕訳（×1年3月31日）
(a) S社資産の評価替え

(単位：円)

(土　　地)(＊1)	100, 000	(繰延税金負債)(＊2) S社	30, 000
		(評価差額)(＊3)	70, 000

(＊1) 300, 000円－200, 000円＝100, 000円
(＊2) 100, 000円×30%〈実効税率〉＝30, 000円
(＊3) 100, 000円×(100%－30%〈実効税率〉)＝70, 000円

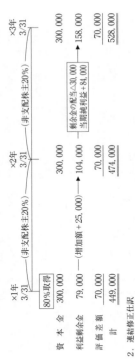

(b) 投資と資本の相殺消去

(単位：円)

(資本金 当期首残高)	300,000	(S社株式)	400,000
(利益剰余金 当期首残高)	79,000	(非支配株主持分 当期首残高)(＊2)	89,800
(評価差額)	70,000		
(のれん)(＊1)	40,800		

(＊1) (300,000円＋79,000円＋70,000円)×80%＝359,200円
400,000円－359,200円＝40,800円
(＊2) (300,000円＋79,000円＋70,000円)×20%＝89,800円

② 前期の期中仕訳（×1年4月1日から×2年3月31日まで）

(a) のれんの償却

(単位：円)

(利益剰余金 当期首残高)(＊)	4,080	(のれん)	4,080

(＊) 40,800円÷10年＝4,080円

(b) S社利益剰余金の増加額の振替え

(単位：円)

(利益剰余金 当期首残高)	5,000	(非支配株主持分 当期首残高)(＊)	5,000

(＊) 25,000円×20%＝5,000円

(2) 当期の期中仕訳（×2年4月1日から×3年3月31日まで）

① のれんの償却

(単位：円)

(のれん償却額)(＊)	4,080	(のれん)	4,080

(＊) 40,800円÷10年＝4,080円

② S社当期純利益の振替え

(単位：円)

(非支配株主に帰属する 当期純利益)	16,800	(非支配株主持分 当期変動額)(＊)	16,800

(＊) 84,000円×20%＝16,800円

③ S社配当金の修正

(単位：円)

(受取利息配当金)(＊1)	24,000	(利益剰余金 剰余金の配当)	30,000
(非支配株主持分 当期変動額)(＊2)	6,000		

(＊1) 30,000円×80%＝24,000円
(＊2) 30,000円×20%＝6,000円

④ 未達取引の整理

(単位：円)

(商品)	2,000	(買掛金)	2,000

⑤ 売上高と売上原価の相殺消去

(単位：円)

(売上高)	80,000	(売上原価)	80,000

⑥ 未実現利益の消去（ダウン・ストリーム：全額消去・親会社負担方式）

(a) 期首商品に含まれる未実現利益

ⓐ 開始仕訳

(単位：円)

(利益剰余金 当期首残高)(＊1) 売上原価	6,000	(商品)	6,000
(繰延税金資産)(＊2)	1,800	(利益剰余金 当期首残高) 法人税等調整額	1,800

(＊1) 24,000円×25%〈売上利益率〉＝6,000円
(＊2) 6,000円×30%〈実効税率〉＝1,800円

ⓑ 実現仕訳

(単位：円)

(商品)	6,000	(売上原価)	6,000
(法人税等調整額)	1,800	(繰延税金資産)	1,800

(b) 期末商品に含まれる未実現利益

(単位：円)

(売上原価)(＊1)	9,000	(商品)	9,000
(繰延税金資産)(＊2) P社	2,700	(法人税等調整額)	2,700

(＊1) (34,000円＋2,000円)×25%〈売上利益率〉＝9,000円
(＊2) 9,000円×30%〈実効税率〉＝2,700円

(c) まとめ ((a)+(b))

期首・期末商品の未実現利益の消去がある場合には，次の２つのまとめ方がある。なお，後述の税効果会計の処理および精算表は，２の差額補充法的な処理による。

(単位：円)

	1．洗替法的な処理				2．差額補充法的な処理			
(a)ⓐ	(利益剰余金当期首残高)	4,200	(売上原価)	6,000	(利益剰余金当期首残高)	6,000	(商品)	6,000
	(法人税等調整額)	1,800			(繰延税金資産)	1,800	(利益剰余金当期首残高)	1,800
(a)ⓑ					(売上原価)	3,000	(商品)	3,000
(b)	(売上原価)	9,000	(商品)	9,000	(繰延税金資産)	900	(法人税等調整額)	900
	(繰延税金資産)	2,700	(法人税等調整額)	2,700				

⑦ 受取手形と支払手形，売掛金と買掛金の相殺消去

(単位：円)

(支払手形)	40,000	(受取手形)(＊1)	20,000
		(短期借入金)	20,000
(買掛金)(＊2)	30,000	(売掛金)	30,000

(＊1) 40,000円－20,000円＝20,000円
(＊2) 28,000円＋2,000円〈未達〉＝30,000円

⑧ 前期貸倒引当金の修正

(a) 開始仕訳

(単位：円)

(貸倒引当金)	500	(利益剰余金当期首残高) 貸倒引当金繰入	500
(利益剰余金当期首残高) 法人税等調整額	150	(繰延税金負債)(＊)	150

(＊) 500円×30%〈実効税率〉＝150円

(b) 貸倒引当金繰入（戻入）の修正

(単位：円)

(貸倒引当金繰入)	500	(貸倒引当金)	500
(繰延税金負債)	150	(法人税等調整額)	150

⑨ 期末貸倒引当金の修正

(単位：円)

(貸倒引当金)(＊1)	1,000	(貸倒引当金繰入)	1,000
(法人税等調整額)(＊2)	300	(繰延税金負債) P社	300

(＊1) (20,000円〈受取手形〉＋30,000円〈売掛金〉)×2％＝1,000円
(＊2) 1,000円×30%〈実効税率〉＝300円

⑩ まとめ（⑧＋⑨）

期首・期末の貸倒引当金の減額修正がある場合には，次の２つのまとめ方がある。なお，後述の税効果会計の処理および精算表は，２の差額補充法的な処理による。

(単位：円)

	1．洗替法的な処理				2．差額補充法的な処理			
⑧(a)	(貸倒引当金繰入)	500	(利益剰余金当期首残高)	350	(貸倒引当金)	500	(利益剰余金当期首残高)	500
			(法人税等調整額)	150	(利益剰余金当期首残高)	150	(繰延税金負債)	150
⑧(b)					(貸倒引当金)	500	(貸倒引当金繰入)	500
⑨	(貸倒引当金)	1,000	(貸倒引当金繰入)	1,000	(法人税等調整額)	150	(繰延税金負債)	150
	(法人税等調整額)	300	(繰延税金負債)	300				

⑪ 短期貸付金と短期借入金の相殺消去

(単位：円)

(短期借入金)	40,000	(短期貸付金)	40,000

⑫ 受取利息と支払利息の相殺消去

(単位：円)

(受取利息配当金)(＊1)	800	(支払利息・手形売却損)	800
(未払費用)	200	(未収収益)(＊2)	200

(＊1) 40,000円×3％×$\frac{8か月}{12か月}$＝800円

(＊2) 40,000円×3％×$\frac{2か月}{12か月}$＝200円

3．連結精算表

連　結　精　算　表

（単位：円）

科　目	個別財務諸表 P社	個別財務諸表 S社	個別財務諸表 合計	連結修正仕訳 借方	連結修正仕訳 貸方	連結財務諸表
(損益計算書)						
売上高	980,000	420,000	1,400,000	80,000		1,320,000
受取利息配当金	40,000	——	40,000	24,000 800		15,200
売上原価	540,000	200,000	740,000	3,000	80,000	663,000
販売費及び一般管理費	249,000	95,000	344,000			344,000
貸倒引当金繰入	6,000	4,000	10,000		500	9,500
のれん償却額	——	——	——	4,080		4,080
支払利息・手形売却損	5,000	1,000	6,000		800	5,200
法人税等	66,000	36,000	102,000			102,000
法人税等調整額	——	——	——	150	900	750
非支配株主に帰属する当期純利益	——	——	——	16,800		16,800
親会社株主に帰属する当期純利益	154,000	84,000	238,000	128,830	82,200	191,370
(株主資本等変動計算書)						
資本金当期首残高	900,000	300,000	1,200,000	300,000		900,000
資本金当期末残高	900,000	300,000	1,200,000	300,000		900,000
利益剰余金当期首残高	502,000	104,000	606,000	79,000 4,080 5,000 6,000 150	1,800 500	514,070
剰余金の配当	80,000	30,000	110,000		30,000	80,000
親会社株主に帰属する当期純利益	154,000	84,000	238,000	128,830	82,200	191,370
利益剰余金当期末残高	576,000	158,000	734,000	223,060	114,500	625,440
非支配株主持分当期首残高	——	——	——		89,800 5,000	94,800
非支配株主持分当期変動額	——	——	——	6,000	16,800	10,800
非支配株主持分当期末残高	——	——	——	6,000	111,600	105,600
(貸借対照表)						
現金預金	400,000	250,000	650,000			650,000
受取手形	200,000	160,000	360,000		20,000	340,000
売掛金	150,000	100,000	250,000		30,000	220,000
貸倒引当金	△ 7,000	△ 5,200	△ 12,200	500 500		△ 11,200
商品	80,000	50,000	130,000	2,000	6,000 3,000	123,000
短期貸付金	200,000	——	200,000		40,000	160,000
未収収益	2,600	——	2,600		200	2,400
土地	500,000	200,000	700,000	100,000		800,000
のれん	——	——	——	40,800	4,080 4,080	32,640
S社株式	400,000	——	400,000		400,000	0
繰延税金資産	——	——	——	1,800 900		2,700
その他資産	574,400	345,200	919,600			919,600
合計	2,500,000	1,100,000	3,600,000	146,500	507,360	3,239,140
支払手形	250,000	160,000	410,000	40,000		370,000
買掛金	120,000	110,000	230,000	30,000	2,000	202,000
短期借入金	100,000	40,000	140,000	40,000	20,000	120,000
未払法人税等	179,000	72,000	251,000			251,000
未払費用	1,500	200	1,700	200		1,500
繰延税金負債	——	——	——		30,000 150 150	30,300
その他負債	373,500	259,800	633,300			633,300
資本金	900,000	300,000	1,200,000	300,000		900,000
利益剰余金	576,000	158,000	734,000	223,060	114,500	625,440
評価差額	——	——	——	70,000	70,000	0
非支配株主持分	——	——	——	6,000	111,600	105,600
合計	2,500,000	1,100,000	3,600,000	709,260	348,400	3,239,140

〈77〉

(注) 繰延税金資産と繰延税金負債の相殺

P社：繰延税金資産…2,700円

繰延税金負債…300円

相　　殺…2,700円－300円＝2,400円〈繰延税金資産〉

S社：繰延税金資産…0円

繰延税金負債…30,000円

連結：繰延税金資産…2,400円〈P社〉

繰延税金負債…30,000円〈S社〉

問題6-3

（単位：千円）

(1)	(土地売却益)	(＊1)	10,000	(土地)	10,000
	(繰延税金資産)	(＊2)	3,000	(法人税等調整額)	3,000
(2)	(土地売却益)	(＊1)	10,000	(土地)	10,000
	(繰延税金資産)	(＊2)	3,000	(法人税等調整額)	3,000
	(非支配株主持分当期変動額)	(＊3)	1,400	(非支配株主に帰属する当期純利益)	1,400
(3)	(備品売却益)	(＊4)	10,000	(備品)	10,000
	(繰延税金資産)	(＊5)	3,000	(法人税等調整額)	3,000
	(減価償却累計額)	(＊6)	2,000	(減価償却費)	2,000
	(法人税等調整額)	(＊7)	600	(繰延税金資産)	600
(4)	(備品売却益)	(＊4)	10,000	(備品)	10,000
	(繰延税金資産)	(＊5)	3,000	(法人税等調整額)	3,000
	(非支配株主持分当期変動額)	(＊8)	1,400	(非支配株主に帰属する当期純利益)	1,400
	(減価償却累計額)	(＊6)	2,000	(減価償却費)	2,000
	(法人税等調整額)	(＊7)	600	(繰延税金資産)	600
	(非支配株主に帰属する当期純利益)	(＊9)	280	(非支配株主持分当期変動額)	280

〈78〉

解答への道

(1) 非償却性資産に含まれる未実現利益（ダウン・ストリーム：全額消去・親会社負担方式）

（＊1）60,000千円〈売価〉－50,000千円〈簿価〉＝10,000千円

（＊2）10,000千円×30%〈実効税率〉＝3,000千円

(2) 非償却性資産に含まれる未実現利益（アップ・ストリーム：全額消去・持分按分負担方式）

（＊3）(10,000千円－3,000千円)×20%＝1,400千円

(3) 償却性資産に含まれる未実現利益（ダウン・ストリーム：全額消去・親会社負担方式）

（＊4）60,000千円〈売価〉－50,000千円〈簿価〉＝10,000千円

（＊5）10,000千円×30%〈実効税率〉＝3,000千円

（＊6）10,000千円÷5年＝2,000千円

（＊7）2,000千円×30%〈実効税率〉＝600千円

(4) 償却性資産に含まれる未実現利益（アップ・ストリーム：全額消去・持分按分負担方式）

（＊8）(10,000千円－3,000千円)×20%＝1,400千円

（＊9）(2,000千円〈減価償却費〉－600千円)×20%＝280千円

問題6-4

連結貸借対照表

×5年3月31日　(単位：千円)

資産	金額	負債・純資産	金額
現金預金	54,000	支払手形	13,500
受取手形	32,100	買掛金	24,200
売掛金	39,800	営業外支払手形	3,000
棚卸資産	22,400	短期借入金	23,600
前払費用	620	未払法人税等	2,000
有形固定資産	152,100	資本金	150,000
のれん	4,320	利益剰余金	87,800
投資有価証券	20,900	その他有価証券評価差額金	2,480
		非支配株主持分	19,660
	326,240		326,240

連結損益計算書

自×4年4月1日　至×5年3月31日（単位：千円）

売上高	74,800
売上原価	△ 54,950
販売費	△ 5,000
一般管理費	△ 5,200
のれん償却額	△ 270
受取利息配当金	2,140
支払利息	△ 1,080
法人税等	△ 3,900
当期純利益	6,540
非支配株主に帰属する当期純利益	△ 320
親会社株主に帰属する当期純利益	6,220

連結株主資本等変動計算書

自×4年4月1日　至×5年3月31日　(単位：千円)

	株主資本		その他の包括利益累計額	非支配株主持分
	資本金	利益剰余金	その他有価証券評価差額金	
当期首残高	150,000	83,580	2,040	19,520
剰余金の配当		△ 2,000		
親会社株主に帰属する当期純利益		6,220		
株主資本以外の項目の当期変動額(純額)			440	140
当期末残高	150,000	87,800	2,480	19,660

解答への道

Ⅰ　タイム・テーブル（S社資本勘定の推移）

	×1.3.31	×2.3.31	×3.3.31	×4.3.31	当期	×5.3.31
資本金	60,000			60,000		60,000
利益剰余金	28,900	＋ 5,800		(＊)34,700	利益＋2,500 配当△1,200	36,000
その他有価証券評価差額金	1,100	△ 200		900	＋ 300	1,200
評価差額	2,000			2,000		2,000
	92,000			97,600		99,200

（＊）36,000千円〈個別B/S〉＋1,200千円〈配当金〉－2,500千円〈当期純利益〉＝34,700千円

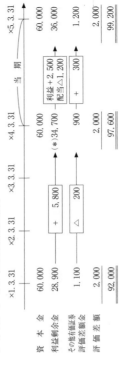

Ⅱ　連結修正仕訳

1．開始仕訳

(1)　×1年3月31日（支配獲得日）の連結修正仕訳

①　S社土地の時価評価

（単位：千円）

（有形固定資産）（＊） 土地	2,000	（評価差額）	2,000

（＊）22,000千円〈時価〉－20,000千円〈簿価〉＝2,000千円

②　投資と資本の相殺消去

（単位：千円）

（資本金 当期首残高）	60,000	（S社株式）	79,000
（利益剰余金 当期首残高）	28,900	（非支配株主持分 当期首残高）（＊2）	18,400
（その他有価証券評価差額金 当期首残高）（注）	1,100		
（評価差額）	2,000		
（のれん）（＊1）	5,400		

（＊1）60,000千円＋28,900千円＋1,100千円＋2,000千円
＝92,000千円〈×1年3/31のS社資本(評価替後)〉
92,000千円×80%〈P社持分割合〉＝73,600千円〈P社持分〉
79,000千円－73,600千円＝5,400千円〈のれん〉

（＊2）92,000千円×20%〈非支配株主持分割合〉＝18,400千円〈非支配株主持分〉

（注）投資と資本の相殺消去にあたっては，その他有価証券評価差額金（その他の包括利益累計額）を子会社の資本に含める。

(2)　×1年度～×3年度の連結修正仕訳

①　のれんの償却

（単位：千円）

（利益剰余金 当期首残高）（＊）	810	（のれん）	810

（＊）5,400千円÷20年×3年＝810千円

②　S社利益剰余金の増加額の振替え

（単位：千円）

（利益剰余金 当期首残高）（＊）	1,160	（非支配株主持分 当期首残高）	1,160

（＊）(34,700千円〈×4年3/31〉－28,900千円〈×1年3/31〉)×20%〈非支配株主持分割合〉＝1,160千円

③　S社その他有価証券評価差額金（その他の包括利益累計額）の減少額の振替え

（単位：千円）

（非支配株主持分 当期首残高）（＊）	40	（その他有価証券評価差額金 当期首残高）	40

（＊）(900千円〈×4年3/31〉－1,100千円〈×1年3/31〉)×20%〈非支配株主持分割合〉＝△40千円

(3)　開始仕訳のまとめ（(1)＋(2)）

（単位：千円）

（有形固定資産）	2,000	（S社株式）	79,000
（資本金 当期首残高）	60,000	（非支配株主持分 当期首残高）	19,520
（利益剰余金 当期首残高）	30,870		
（その他有価証券評価差額金 当期首残高）	1,060		
（のれん）	4,590		

2．期中仕訳（×4年度の連結修正仕訳）

(1)　のれんの償却

（単位：千円）

（のれん償却額）（＊）	270	（のれん）	270

（＊）5,400千円÷20年＝270千円

(2)　S社当期純利益の振替え

（単位：千円）

（非支配株主に帰属する 当期純利益）（＊）	500	（非支配株主持分 当期変動額）	500

（＊）2,500千円〈当期純利益〉×20%〈非支配株主持分割合〉＝500千円

(3)　S社配当金の修正

（単位：千円）

（受取利息配当金）（＊1）	960	（利益剰余金・剰余金の配当）	1,200
（非支配株主持分 当期変動額）（＊2）	240		

（＊1）1,200千円〈配当金〉×80%〈P社持分割合〉＝960千円
（＊2）1,200千円〈配当金〉×20%〈非支配株主持分割合〉＝240千円

(4)　S社その他有価証券評価差額金（その他の包括利益累計額）の増加額の振替え

（単位：千円）

（その他有価証券評価差額金 当期変動額）	60	（非支配株主持分 当期変動額）（＊）	60

（＊）(1,200千円〈×5年3/31〉－900千円〈×4年3/31〉)×20%〈非支配株主持分割合〉＝60千円

(5)　未達取引の整理

（単位：千円）

（棚卸資産）（＊） 商品	1,200	（買掛金）	1,200

（＊）11,200千円－10,000千円＝1,200千円

(6) 売上高と売上原価の相殺消去

(単位：千円)

(売上高)	11,200	(売上原価)	11,200

(7) 棚卸資産に含まれる未実現利益の消去（ダウン・ストリーム）

① 期首棚卸資産

(A) 開始仕訳

(単位：千円)

(利益剰余金当期首残高)(＊) 売上原価	650	(棚卸資産)	650

(＊) 2,600千円×25%〈利益率〉＝650千円

(B) 実現仕訳

(単位：千円)

(棚卸資産)	650	(売上原価)	650

② 期末棚卸資産

(単位：千円)

(売上原価)(＊)	800	(棚卸資産)	800

(＊) (2,000千円＋1,200千円〈未達商品〉)×25%〈利益率〉＝800千円

③ まとめ（①＋②）

(単位：千円)

(利益剰余金当期首残高)	650	(棚卸資産)	800
(売上原価)	150		

(8) 受取手形と支払手形の相殺消去と手形の割引の修正

連結会社相互間における「受取手形」と「支払手形」については，連結上これを相殺消去する。また，連結会社相互間において，一方の会社が振り出した手形を他方の会社が連結グループ外部の銀行で割り引いた場合には，連結上，金融手形の振り出しによる資金の借り入れと考え，その割り引いた手形代金を「借入金」として処理する。さらに，手形の割引にともなう「支払割引料（手形売却損）」を「支払利息」に振り替えるとともに，未経過期間に対応する利息を「前払費用」として繰り延べる。

(単位：千円)

(支払手形)	1,500	(短期借入金)	600
		(受取手形)(＊)	900
(支払利息)	120	(手形売却損)	120
(前払費用)	20	(支払利息)	20

(＊) 1,500千円－600千円＝900千円

(9) 売掛金と買掛金の相殺

(単位：千円)

(買掛金)(＊)	2,200	(売掛金)	2,200

(＊) 1,000千円＋1,200千円〈未達商品〉＝2,200千円

(10) 備品に含まれる未実現利益の消去（アップ・ストリーム）

① 未実現利益の消去

(単位：千円)

(固定資産売却益)(＊1)	1,000	(有形固定資産) 備品	1,000
(非支配株主持分当期変動額)(＊2)	200	(非支配株主に帰属する当期純利益)	200

(＊1) 6,000千円〈売却価額〉－5,000千円〈帳簿価額〉＝1,000千円〈売却益〉
(＊2) 1,000千円×20%〈非支配株主持分割合〉＝200千円

② 減価償却費の修正

(単位：千円)

(有形固定資産)(＊1) 減価償却累計額	100	(一般管理費) 減価償却費	100
(非支配株主に帰属する当期純利益)(＊2)	20	(非支配株主持分当期変動額)	20

(＊1) 1,000千円÷5年×$\frac{6か月}{12か月}$＝100千円

(＊2) 100千円×20%〈非支配株主持分割合〉＝20千円

(11) 営業外受取手形と営業外支払手形の相殺消去

(単位：千円)

(営業外支払手形)	3,500	(営業外受取手形)	3,500

Ⅲ　連結精算表

1．連結損益計算書

（単位：千円）

表示科目	個別損益計算書 P社	S社	合計	連結修正仕訳		連結損益計算書
売上高	56,000	30,000	86,000	11,200		74,800
売上原価	42,000	24,000	66,000	150	11,200	54,950
販売費	3,000	2,000	5,000			5,000
一般管理費	3,600	1,700	5,300		100	5,200
のれん償却額	——	——	——	270		270
受取利息配当金	2,300	800	3,100	960		2,140
支払利息	480	500	980	120	20	1,080
手形売却損	120	——	120		120	——
固定資産売却益	——	1,000	1,000	1,000		——
法人税等	2,800	1,100	3,900			3,900
当期純利益	6,300	2,500	8,800	13,700	11,440	6,540
非支配株主に帰属する当期純利益	——	——	——	500 20	200	320
親会社株主に帰属する当期純利益	6,300	2,500	8,800	14,220	11,640	6,220

2．連結株主資本等変動計算書

（単位：千円）

表示科目	個別株主資本等変動計算書 P社	S社	合計	連結修正仕訳		連結株主資本等変動計算書
資本金当期首残高	150,000	60,000	210,000	60,000		150,000
資本金当期末残高	150,000	60,000	210,000	60,000		150,000
利益剰余金当期首残高	(＊1)80,400	34,700	115,100	30,870 650		83,580
剰余金の配当	△　2,000	△　1,200	△　3,200		1,200	△　2,000
親会社株主に帰属する当期純利益	6,300	2,500	8,800	(＊2)14,220	(＊2)11,640	6,220
利益剰余金当期末残高	84,700	36,000	120,700	45,740	12,840	87,800
その他有価証券評価差額金当期首残高	2,200	900	3,100	1,060		2,040
その他有価証券評価差額金当期変動額	200	300	500	60		440
その他有価証券評価差額金当期末残高	2,400	1,200	3,600	1,120		2,480
非支配株主持分当期首残高	——	——	——		19,520	19,520
非支配株主持分当期変動額	——	——	——	240 200	500 60 20	140
非支配株主持分当期末残高	——	——	——	440	20,100	19,660

（＊1）84,700千円〈個別B/S〉＋2,000千円〈配当金〉－6,300千円〈当期純利益〉＝80,400千円
（＊2）連結P/Lより

3．連結貸借対照表

（単位：千円）

表示科目	個別貸借対照表 P社	S社	合計	連結修正仕訳		連結貸借対照表
現金預金	37,000	17,000	54,000			54,000
受取手形	20,000	13,000	33,000		900	32,100
売掛金	30,000	12,000	42,000		2,200	39,800
棚卸資産	14,000	8,000	22,000	1,200	800	22,400
前払費用	400	200	600	20		620
営業外受取手形	——	3,500	3,500		3,500	——
有形固定資産	96,000	55,000	151,000	2,000 100	1,000	152,100
のれん	——	——	——	4,590	270	4,320
S社株式	79,000	——	79,000		79,000	——
投資有価証券	13,600	7,300	20,900			20,900
合計	290,000	116,000	406,000	7,910	87,670	326,240
支払手形	10,000	5,000	15,000	1,500		13,500
買掛金	20,000	5,200	25,200	2,200	1,200	24,200
営業外支払手形	6,500	——	6,500	3,500		3,000
短期借入金	15,000	8,000	23,000		600	23,600
未払法人税等	1,400	600	2,000			2,000
資本金	150,000	60,000	210,000	(＊) 60,000		150,000
利益剰余金	84,700	36,000	120,700	(＊) 45,740	(＊) 12,840	87,800
その他有価証券評価差額金	2,400	1,200	3,600	(＊)　1,120		2,480
非支配株主持分	——	——	——	(＊)　440	(＊) 20,100	19,660
合計	290,000	116,000	406,000	114,500	34,740	326,240

（＊）連結S/Sより

問題6-5

〔問1〕

(1) 評価差額の計上

（単位：千円）

（商　　品）	（＊1）　2,000	（繰延税金負債）	（＊2）　600
		（評価差額）	（＊3）　1,400

(2) 当期の仕訳

（単位：千円）

（売上原価）	（＊4）　2,000	（商　　品）	2,000
（繰延税金負債）	600	（法人税等調整額）	600
（非支配株主持分当期変動額）	（＊5）　280	（非支配株主に帰属する当期純利益）	280

〔問2〕

(1) 評価差額の計上

（単位：千円）

（土　　地）	（＊1）　2,000	（繰延税金負債）	（＊2）　600
		（評価差額）	（＊3）　1,400

(2) 当期の仕訳

（単位：千円）

（土地売却益）	（＊4）　2,000	（土　　地）	2,000
（繰延税金負債）	600	（法人税等調整額）	600
（非支配株主持分当期変動額）	（＊5）　280	（非支配株主に帰属する当期純利益）	280

〔問3〕

(1) 評価差額の計上

（単位：千円）

（備　　品）	（＊1）　2,000	（繰延税金負債）	（＊2）　600
		（評価差額）	（＊3）　1,400

(2) 当期の仕訳

（単位：千円）

（減価償却費）	（＊4）　500	（減価償却累計額）	500
（繰延税金負債）	（＊5）　150	（法人税等調整額）	150
（非支配株主持分当期変動額）	（＊6）　70	（非支配株主に帰属する当期純利益）	70

解答への道

〔問1〕

(1) 評価差額の計上

（＊1）10,000千円－8,000千円＝2,000千円

（＊2）2,000千円×30%〈実効税率〉＝600千円

（＊3）2,000千円×(100%－30%〈実効税率〉)＝1,400千円

(2) 当期の仕訳

（＊4）個別会計上の売上原価：8,000千円〈B/S価額〉
連結会計上の売上原価：10,000千円〈評価替後の時価〉
∴　差額2,000千円を調整するとともに，繰延税金負債を取り崩す。また，投資と資本の相殺消去により評価差額1,400千円のうち20%を非支配株主持分に振り替えているので，売上原価および繰延税金負債の修正とあわせて非支配株主持分の修正を行う。

（＊5）2,000千円×(100%－30%〈実効税率〉)×20%＝280千円

〔問2〕

(1) 評価差額の計上

（＊1）10,000千円－8,000千円＝2,000千円

（＊2）2,000千円×30%〈実効税率〉＝600千円

（＊3）2,000千円×(100%－30%〈実効税率〉)＝1,400千円

(2) 当期の仕訳

（＊4）個別会計上の土地売却益：13,000千円－8,000千円〈B/S価額〉＝5,000千円
連結会計上の土地売却益：13,000千円－10,000千円〈評価替後の時価〉＝3,000千円
∴　差額2,000千円を調整するとともに，繰延税金負債を取り崩す。また，投資と資本の相殺消去により評価差額1,400千円のうち20%を非支配株主持分に振り替えているので，土地売却益および繰延税金負債の修正とあわせて非支配株主持分の修正を行う。

（＊5）2,000千円×(100%－30%〈実効税率〉)×20%＝280千円

〔問3〕

(1) 評価差額の計上

（＊1）10,000千円－8,000千円＝2,000千円

（＊2）2,000千円×30%〈実効税率〉＝600千円

（＊3）2,000千円×(100%－30%〈実効税率〉)＝1,400千円

(2) 当期の仕訳

（＊4）個別会計上の減価償却費：8,000千円〈B/S価額〉÷4年＝2,000千円
連結会計上の減価償却費：10,000千円〈評価替後の時価〉÷4年＝2,500千円
∴　差額500千円を調整するとともに，繰延税金負債を取り崩す。また，投資と資本の相殺消去により評価差額1,400千円のうち20%を非支配株主持分に振り替えているので，減価償却費および繰延税金負債の修正とあわせて非支配株主持分の修正を行う。

（＊5）500千円×30%＝150千円　または　600千円÷4年＝150千円

（＊6）500千円×(100%－30%〈実効税率〉)×20%＝70千円
または　1,400千円×20%÷4年＝70千円

問題6-6

連結損益計算書

自×6年4月1日　至×7年3月31日　（単位：千円）

Ⅰ　売上高		（353,040）
Ⅱ　売上原価		（209,100）
売上総利益		（143,940）
Ⅲ　販売費及び一般管理費		
1．販売費	（34,860）	
2．一般管理費	（36,300）	
3．のれん償却	（360）	（71,520）
営業利益		（72,420）
Ⅳ　営業外収益		
1．受取配当金	（2,280）	
2．受取利息	（1,140）	（3,420）
Ⅴ　営業外費用		
1．支払利息		（14,520）
税金等調整前当期純利益		（61,320）
法人税等	（20,520）	
法人税等調整額	（△　1,800）	（18,720）
当期純利益		（42,600）
非支配株主に帰属する当期純利益		（2,220）
親会社株主に帰属する当期純利益		（40,380）

解答への道

1．連結修正仕訳（解答上必要のない仕訳の一部を省略）

(1)　開始仕訳

①　S社の土地・建物の時価評価

（単位：千円）

（土地）	3,600	（繰延税金負債）（*1）	1,080
		（評価差額）（*2）	2,520
（建物）	3,000	（繰延税金負債）（*3）	900
		（評価差額）（*4）	2,100

（*1）3,600千円×30%〈実効税率〉=1,080千円
（*2）3,600千円－1,080千円=2,520千円
（*3）3,000千円×30%〈実効税率〉=900千円
（*4）3,000千円－900千円=2,100千円

②　投資と資本の相殺消去

（単位：千円）

（資本金など）	×××	（S社株式）	×××
（評価差額）（*）	4,620	（非支配株主持分）	×××
（のれん）	7,200		

（*）2,520千円＋2,100千円=4,620千円

（注）非支配株主持分には，土地の評価差額2,520千円のうち20%分の504千円と建物の評価差額2,100千円のうち20%分の420千円が含まれている。

③　のれんの償却 … 省略

④　増加剰余金の振り替え … 省略

⑤　減価償却費の修正（評価差額の実現）

支配獲得時にS社建物を3,000千円増加させ，繰延税金負債を900千円計上しているので，対応する減価償却費と繰延税金負債を修正する。さらに建物の評価差額の2,100千円のうち20%を非支配株主持分に振り替えているため，非支配株主持分も修正する。

（単位：千円）

（利益剰余金）（*1） 減価償却費	300	（減価償却累計額）	300
（繰延税金負債）（*2）	90	（利益剰余金） 法人税等調整額	90
（非支配株主持分）（*3）	42	（利益剰余金） 非支配株主に帰属する当期純利益	42

（*1）3,000千円÷10年〈残存耐用年数〉=300千円
（*2）300千円×30%〈実効税率〉=90千円
（*3）（300千円－90千円）×20%〈非支配株主持分割合〉=42千円

(2)　期中仕訳

①　のれんの償却

（単位：千円）

（のれん償却）（*）	360	（のれん）	360

（*）7,200千円÷20年=360千円

②　当期純利益の非支配株主持分への振替

（単位：千円）

（非支配株主に帰属する当期純利益）（*）	2,304	（非支配株主持分）	2,304

（*）11,520千円〈S社当期純利益〉×20%〈非支配株主持分割合〉=2,304千円

③　配当金の修正

（単位：千円）

（受取配当金）（*1）	2,880	（利益剰余金）	3,600
（非支配株主持分）（*2）	720		

（*1）3,600千円〈S社配当金〉×80%〈P社持分割合〉=2,880千円
（*2）3,600千円〈S社配当金〉×20%〈非支配株主持分割合〉=720千円

④ 減価償却費の修正（評価差額の実現）

支配獲得時にＳ社建物を3,000千円増加させ，繰延税金負債を900千円計上しているので，対応する減価償却費と繰延税金負債を修正する。さらに建物の評価差額の2,100千円のうち20％を非支配株主持分に振り替えているため，非支配株主持分も修正する。

（単位：千円）

（一般管理費）（＊１） 減価償却費	300	（減価償却累計額）	300
（繰延税金負債）（＊２）	90	（法人税等調整額）	90
（非支配株主持分）（＊３）	42	（非支配株主に帰属する当期純利益）	42

（＊１）3,000千円÷10年〈残存耐用年数〉＝300千円
（＊２）300千円×30％〈実効税率〉＝90千円
（＊３）（300千円－90千円）×20％〈非支配株主持分割合〉＝42千円

⑤ 売上高と売上原価の相殺消去

（単位：千円）

（売上高）	24,000	（売上原価）	24,000

⑥ 期首商品棚卸高に含まれる未実現利益（アップ・ストリーム）

(a) 開始仕訳

（単位：千円）

（利益剰余金） 売上原価	900	（商品）	900
（繰延税金資産）（＊１）	270	（利益剰余金） 法人税等調整額	270
（非支配株主持分）（＊２）	126	（利益剰余金） 非支配株主に帰属する当期純利益	126

（＊１）900千円×30％〈実効税率〉＝270千円
（＊２）（900千円－270千円）×20％〈非支配株主持分割合〉＝126千円

(b) 実現仕訳

（単位：千円）

（商品）	900	（売上原価）	900
（法人税等調整額）	270	（繰延税金資産）	270
（非支配株主に帰属する当期純利益）	126	（非支配株主持分）	126

⑦ 期末商品棚卸高に含まれる未実現利益

（単位：千円）

（売上原価）	1,200	（商品）	1,200
（繰延税金資産）（＊１）	360	（法人税等調整額）	360
（非支配株主持分）（＊２）	168	（非支配株主に帰属する当期純利益）	168

（＊１）1,200千円×30％〈実効税率〉＝360千円
（＊２）（1,200千円－360千円）×20％〈非支配株主持分割合〉＝168千円

⑧ 受取利息と支払利息の相殺消去

（単位：千円）

（受取利息）	1,440	（支払利息）	1,440

2．連結精算表

（単位：千円）

科目	個別損益計算書			修正消去仕訳		連結損益計算書
	P社	S社	合計	借方	貸方	
売上高	262,800	114,240	377,040	24,000		353,040
売上原価	165,600	67,200	232,800	1,200	24,000 900	209,100
販売費	21,360	13,500	34,860			34,860
一般管理費	25,920	10,080	36,000	300		36,300
のれん償却	――	――	――	360		360
受取配当金	5,160	――	5,160	2,880		2,280
受取利息	2,580	――	2,580	1,440		1,140
支払利息	9,240	6,720	15,960		1,440	14,520
法人税等	15,120	5,400	20,520			20,520
法人税等調整額	1,440	180	1,620	270	90 360	1,800
非支配株主に帰属する当期純利益	――	――	――	2,304 126	42 168	2,220
親会社株主に帰属する当期純利益	34,740	11,520	46,260	32,880	27,000	40,380

問題6-7

連結損益計算書　(単位：千円)

借方科目	金額	貸方科目	金額
売上原価	237,850	売上高	346,000
役務原価	30,360	役務収益	39,100
広告宣伝費	17,200	受取配当金	5,400
減価償却費	21,200	受取利息	1,500
のれん償却	750	固定資産売却益	9,400
支払手数料	5,100	法人税等調整額	3,345
その他の営業費用	33,890		
支払利息	8,800		
法人税等	18,600		
非支配株主に帰属する当期純利益	1,888		
親会社株主に帰属する当期純利益	29,107		
	404,745		404,745

解答への道

1．連結修正仕訳

(1)　開始仕訳の一部

①　土地・商標権・建物の時価評価

(単位：千円)

(土地)	12,000	(繰延税金負債)(＊1)	7,080
(商標権)	5,600	(評価差額)(＊2)	16,520
(建物)	6,000		

(＊1)　12,000千円＋5,600千円＋6,000千円＝23,600千円〈評価差額（税引前)〉
23,600千円×30%〈実効税率〉＝7,080千円

(＊2)　23,600千円－7,080千円＝16,520千円

②　投資と資本の相殺消去

(単位：千円)

(資本金など)	×××	(S社株式)	×××
(評価差額)	16,520	(非支配株主持分)	×××
(のれん)	15,000		

(2)　期中仕訳

①　のれんの償却

(単位：千円)

(のれん償却)(＊)	750	(のれん)	750

(＊)　15,000千円÷20年＝750千円

②　当期純利益の非支配株主持分への振替

(単位：千円)

(非支配株主に帰属する当期純利益)(＊)	2,700	(非支配株主持分)	2,700

(＊)　6,750千円〈S社当期純利益〉×40%〈非支配株主持分割合〉＝2,700千円

③　配当金の修正

(単位：千円)

(受取配当金)(＊1)	1,800	(利益剰余金)	3,000
(非支配株主持分)(＊2)	1,200		

(＊1)　3,000千円〈S社配当金〉×60%〈P社持分割合〉＝1,800千円

(＊2)　3,000千円〈S社配当金〉×40%〈非支配株主持分割合〉＝1,200千円

④　減価償却費の修正（評価差額の実現）

支配獲得時にS社の商標権および建物を増加させているため，それに対応する減価償却費を修正するとともに繰延税金負債を取り崩す。なお，非支配株主持分も修正する。

(単位：千円)

(減価償却費)(＊3)	1,300	(商標権)(＊1)	700
		(建物減価償却累計額)(＊2)	600
(繰延税金負債)(＊4)	390	(法人税等調整額)	390
(非支配株主持分)(＊5)	364	(非支配株主に帰属する当期純利益)	364

(＊1)　5,600千円÷8年〈残存耐用年数〉＝700千円

(＊2)　6,000千円÷10年〈残存耐用年数〉＝600千円

(＊3)　700千円＋600千円＝1,300千円

(＊4)　1,300千円×30%〈実効税率〉＝390千円

(＊5)　(1,300千円－390千円)×40%〈非支配株主持分割合〉＝364千円

⑤　内部取引高の相殺と広告宣伝費の修正

S社が計上した広告宣伝費は，P社から購入した金額（P社における売価）であり，連結会計上は，P社が外部から購入した金額（P社における原価）に修正しなければならない。

(単位：千円)

(売上高)	50,000	(売上原価)	50,000
(売上原価)	600	(広告宣伝費)(＊)	600

(＊)　2,400千円×25%〈利益率〉＝600千円〈修正額〉

⑥ 期首商品棚卸高に含まれる未実現利益（ダウン・ストリーム）

(A) 開始仕訳

（単位：千円）

（利益剰余金）（＊1） 売上原価	750	（商品）	750
（繰延税金資産）（＊2）	225	（利益剰余金） 法人税等調整額	225

（＊1）3,000千円×25%〈利益率〉＝750千円
（＊2）750千円×30%〈実効税率〉＝225千円

(B) 実現仕訳

（単位：千円）

（商品）	750	（売上原価）	750
（法人税等調整額）	225	（繰延税金資産）	225

⑦ 期末商品棚卸高に含まれる未実現利益（ダウン・ストリーム）

（単位：千円）

（売上原価）（＊1）	1,000	（商品）	1,000
（繰延税金資産）（＊2）	300	（法人税等調整額）	300

（＊1）4,000千円×25%〈利益率〉＝1,000千円
（＊2）1,000千円×30%〈実効税率〉＝300千円

⑧ その他の内部取引高の相殺と科目の修正

（単位：千円）

（役務収益）	900	（支払手数料）	900
（その他の営業費用）	640	（役務原価）	640
（受取利息）	1,500	（支払利息）	1,500

⑨ 備品に含まれる未実現利益（アップ・ストリーム）

（単位：千円）

（固定資産売却益）（＊1）	2,000	（備品）	2,000
（繰延税金資産）（＊2）	600	（法人税等調整額）	600
（非支配株主持分）（＊3）	560	（非支配株主に帰属する当期純利益）	560
（減価償却累計額）	400	（減価償却費）（＊4）	400
（法人税等調整額）（＊5）	120	（繰延税金資産）	120
（非支配株主に帰属する当期純利益）（＊6）	112	（非支配株主持分）	112

（＊1）10,000千円－8,000千円＝2,000千円
（＊2）2,000千円×30%〈実効税率〉＝600千円
（＊3）(2,000千円－600千円)×40%〈非支配株主持分割合〉＝560千円
（＊4）2,000千円÷5年〈残存耐用年数〉＝400千円
（＊5）400千円×30%〈実効税率〉＝120千円
（＊6）(400千円－120千円)×40%〈非支配株主持分割合〉＝112千円

2．連結精算表

（単位：千円）

科目	個別損益計算書 P社	個別損益計算書 S社	個別損益計算書 合計	修正消去仕訳 借方	修正消去仕訳 貸方	連結損益計算書
売上高	282,000	114,000	396,000	50,000		346,000
役務収益	30,000	10,000	40,000	900		39,100
売上原価	200,400	86,600	287,000	600 1,000	50,000 750	237,850
役務原価	24,000	7,000	31,000		640	30,360
広告宣伝費	9,820	7,980	17,800		600	17,200
減価償却費	15,900	4,400	20,300	1,300	400	21,200
のれん償却	――	――	――	750		750
支払手数料	4,000	2,000	6,000		900	5,100
その他の営業費用	23,580	9,670	33,250	640		33,890
受取配当金	7,200	――	7,200	1,800		5,400
受取利息	2,300	700	3,000	1,500		1,500
支払利息	8,300	2,000	10,300		1,500	8,800
固定資産売却益	6,700	4,700	11,400	2,000		9,400
法人税等	15,000	3,600	18,600			18,600
法人税等調整額	1,800	600	2,400	225 120	390 300 600	3,345
非支配株主に帰属する当期純利益	――	――	――	2,700 112	364 560	1,888
親会社株主に帰属する当期純利益	29,000	6,750	35,750	63,647	57,004	29,107

問題6-8

連結貸借対照表　(単位：千円)

資産	金額	負債・純資産	金額
現金預金	805,000	買掛金	260,000
売掛金	550,000	長期借入金	430,000
棚卸資産	330,000	資本金	1,200,000
有形固定資産	958,000	資本剰余金	194,800
のれん	50,400	利益剰余金	469,000
		非支配株主持分	139,600
	2,693,400		2,693,400

解答への道

I　タイム・テーブル（S社資本勘定の推移）

	20×2年度末		20×3年度末		20×4年度末
	70%取得				10%追加
資本金	300,000		300,000		300,000
資本剰余金	100,000		100,000		100,000
利益剰余金	200,000	+40,000	(＊)240,000	利益 +70,000 配当 △20,000	290,000
評価差額	10,000	実現 △1,000	9,000	実現 △1,000	8,000
	610,000		649,000		698,000

(＊) 290,000千円〈個別B/S〉+20,000千円〈配当金〉−70,000千円〈当期純利益〉=240,000千円

II　連結修正仕訳

解答上，区別する必要がないため，すべて貸借対照表の科目に置き換えて仕訳しておく

1．開始仕訳

(1)　20×2年度末（支配獲得日）の連結修正仕訳

①　S社の建物の時価評価

(単位：千円)

(有形固定資産)(＊) 建物	10,000	(評価差額)	10,000

(＊) 40,000千円〈時価〉−30,000千円〈簿価〉=10,000千円

②　投資と資本の相殺消去

(単位：千円)

(資本金)	300,000	(S社株式)	490,000
(資本剰余金)	100,000	(非支配株主持分)(＊2)	183,000
(利益剰余金)	200,000		
(評価差額)	10,000		
(のれん)(＊1)	63,000		

(＊1) 300,000千円+100,000千円+200,000千円+10,000千円
=610,000千円〈20×2年度末のS社資本（評価替後）〉
610,000千円×70%〈追加取得前のP社持分割合〉=427,000千円〈P社持分〉
490,000千円−427,000千円=63,000千円〈のれん〉

(＊2) 610,000千円×30%〈追加取得前の非支配株主持分割合〉=183,000千円

(2)　20×3年度の連結修正仕訳

①　のれんの償却

(単位：千円)

(利益剰余金)(＊)	6,300	(のれん)	6,300

(＊) 63,000千円÷10年=6,300千円

②　S社利益剰余金の増加額の振替え

(単位：千円)

(利益剰余金)(＊)	12,000	(非支配株主持分)	12,000

(＊) (240,000千円−200,000千円)×30%〈追加取得前の非支配株主持分割合〉=12,000千円

③　建物減価償却費の修正（評価差額の実現）

(単位：千円)

(利益剰余金)(＊1) 減価償却費	1,000	(有形固定資産) 建物減価償却累計額	1,000
(非支配株主持分)(＊2)	300	(利益剰余金) 非支配株主に帰属する当期純利益	300

(＊1) 10,000千円〈建物の評価差額〉÷10年=1,000千円
(＊2) 1,000千円×30%〈追加取得前の非支配株主持分割合〉=300千円

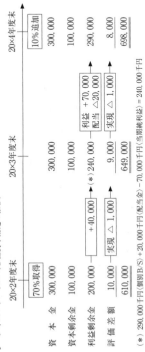

2．期中仕訳（20×4年度の連結修正仕訳）

(1) のれんの償却

（単位：千円）

(利　益　剰　余　金)(＊) のれん償却額	6,300	(の　　れ　　ん)	6,300

(＊) 63,000千円÷10年＝6,300千円

(2) 当期純利益の振替え

（単位：千円）

(利　益　剰　余　金)(＊) 非支配株主に帰属する当期純利益	21,000	(非 支 配 株 持 分)	21,000

(＊) 70,000千円×30%〈追加取得前の非支配株主持分割合〉＝21,000千円

(3) 配当金の修正

（単位：千円）

(利　益　剰　余　金)(＊1) 受取配当金	14,000	(利　益　剰　余　金)	20,000
(非 支 配 株 主 持 分)(＊2)	6,000		

(＊1) 20,000千円×70%〈追加取得前のP社持分割合〉＝14,000千円
(＊2) 20,000千円×30%〈追加取得前の非支配株主持分割合〉＝6,000千円

(4) 建物減価償却費の修正（評価差額の実現）

（単位：千円）

(利　益　剰　余　金)(＊1) 減価償却費	1,000	(有 形 固 定 資 産) 建物減価償却累計額	1,000
(非 支 配 株 主 持 分)(＊2)	300	(利　益　剰　余　金) 非支配株主に帰属する当期純利益	300

(＊1) 10,000千円〈建物の評価差額〉÷10年＝1,000千円
(＊2) 1,000千円×30%〈追加取得前の非支配株主持分割合〉＝300千円

(5) 追加取得日の修正（追加投資額と追加取得持分の相殺消去）

（単位：千円）

(非 支 配 株 主 持 分)(＊1)	69,800	(S　社　株　式)	75,000
(資　本　剰　余　金)(＊2)	5,200		

(＊1) $(183,000千円 + 12,000千円 - 300千円 + 21,000千円 - 6,000千円 - 300千円) \times \frac{10\%}{30\%}$
＝69,800千円〈追加取得持分〉
または，(300,000千円＋100,000千円＋290,000千円＋8,000千円)×10%＝69,800千円
698,000千円〈追加取得日S社資本〉
(＊2) 69,800千円－75,000千円＝△5,200千円

Ⅲ　連結精算表

（単位：千円）

表示科目	個別貸借対照表			連結修正仕訳		連結貸借対照表
	P　社	S　社	合　計			
現金預金	505,000	300,000	805,000			805,000
売掛金	320,000	230,000	550,000			550,000
棚卸資産	210,000	120,000	330,000			330,000
有形固定却資産	700,000	250,000	950,000	10,000	1,000 1,000	958,000
のれん	――	――	――	63,000	6,300 6,300	50,400
S社株式	565,000	――	565,000		490,000 75,000	0
合計	2,300,000	900,000	3,200,000	73,000	579,600	2,693,400
買掛金	180,000	80,000	260,000			260,000
長期借入金	300,000	130,000	430,000			430,000
資本金	1,200,000	300,000	1,500,000	300,000		1,200,000
資本剰余金	200,000	100,000	300,000	100,000 5,200		194,800
利益剰余金	420,000	290,000	710,000	200,000 6,300 12,000 1,000 6,300 21,000 14,000 1,000	300 20,000 300	469,000
評価差額	――	――	――	10,000	10,000	0
非支配株主持分	――	――	――	300 6,000 300 69,800	183,000 12,000 21,000	139,600
合計	2,300,000	900,000	3,200,000	753,200	246,600	2,693,400

（注）利益剰余金は修正が多いため，他の科目を集計した後の貸借差額で求めると簡単である。

問題6-9

原　材　料	5, 000 円
仕　掛　品	27, 840 円
製　　　品	58, 710 円

解答への道

1．考え方

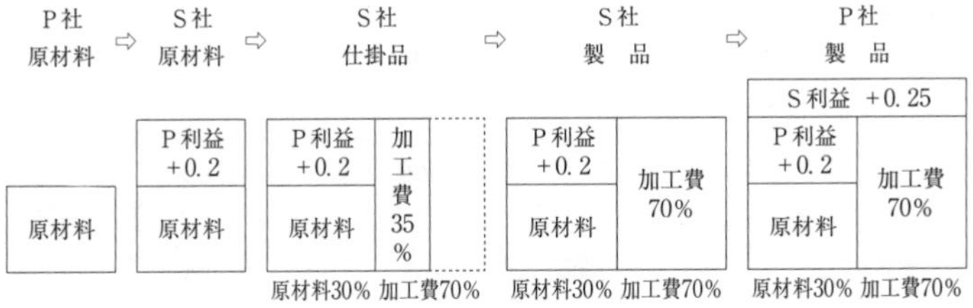

2．原材料

$6,000円 \times \frac{0.2}{1.2} = 1,000円$〈原材料に含まれる未実現利益（P社）〉

∴　連結B/Sにおける原材料：6, 000円－1, 000円＝5, 000円

3．仕掛品

30, 160円÷（30%〈原材料〉＋35%〈加工費〉）＝46, 400円〈完成品ベース〉
70%×50%〈進捗度〉

46, 400円×30%＝13, 920円〈仕掛品に含まれる原材料〉

$13,920円 \times \frac{0.2}{1.2} = 2,320円$〈仕掛品に含まれる未実現利益（P社）〉

∴　連結B/Sにおける仕掛品：30, 160円－2, 320円＝27, 840円

4．製品

(1)　S社所有分

33, 000円×30%＝9, 900円〈製品に含まれる原材料〉

$9,900円 \times \frac{0.2}{1.2} = 1,650円$〈製品に含まれる未実現利益（P社）〉

(2)　P社所有分

36, 000円÷1. 25＝28, 800円

36, 000円－28, 800円＝7, 200円〈製品に含まれる未実現利益（S社）〉

28, 800円×30%＝8, 640円〈製品に含まれる原材料〉

$8,640円 \times \frac{0.2}{1.2} = 1,440円$〈製品に含まれる未実現利益（P社）〉

∴　連結B/Sにおける製品：33, 000円〈S社〉－1, 650円＋36, 000円〈P社〉－7, 200円－1, 440円
＝58, 710円

Theme 07 連結会計（V）

問題7-1

連結貸借対照表
×3年3月31日現在　（単位：円）

資　産	金　額	負債・純資産	金　額
諸　資　産	3, 350, 000	諸　負　債	1, 651, 650
の　れ　ん	960	繰延税金負債	36, 000
		資　本　金	900, 000
		利益剰余金	626, 880
		その他有価証券評価差額金	29, 960
		非支配株主持分	106, 470
	3, 350, 960		3, 350, 960

連結損益計算書
自×2年4月1日　至×3年3月31日　（単位：円）

諸　収　益	（ 1, 466, 000 ）
諸　費　用	（ 1, 110, 000 ）
のれん償却額	（ 120 ）
税金等調整前当期純利益	（ 355, 880 ）
法　人　税　等	（ 114, 000 ）
当　期　純　利　益	（ 241, 880 ）
非支配株主に帰属する当期純利益	（ 22, 400 ）
親会社株主に帰属する当期純利益	（ 219, 480 ）

連結包括利益計算書
自×2年4月1日　至×3年3月31日　（単位：円）

当　期　純　利　益	（ 241, 880 ）
その他の包括利益	
その他有価証券評価差額金	（ 4, 200 ）
包　括　利　益	（ 246, 080 ）
（内訳）	
親会社株主に係る包括利益	（ 223, 400 ）円
非支配株主に係る包括利益	（ 22, 680 ）円

連結株主資本等変動計算書

自×2年4月1日　至×3年3月31日

(単位：円)

	株主資本		その他の包括利益累計額	非支配株主持分
	資本金	利益剰余金	その他有価証券評価差額金	
当期首残高	900,000	487,400	26,040	89,790
剰余金の配当	──	△　80,000	──	──
親会社株主に帰属する当期純利益	──	219,480	──	──
株主資本以外の項目の当期変動額(純額)	──	──	3,920	16,680
当期末残高	900,000	626,880	29,960	106,470

解答への道

1．タイム・テーブル

	×1年3/31 (80%取得)		×2年3/31		×3年3/31
	──(非支配株主20%)──			──(非支配株主20%)──	
資本金	300,000		300,000		300,000
利益剰余金	82,450	+11,900 →	94,350	剰余金の配当△ 30,000 当期純利益+112,000 →	176,350
その他有価証券評価差額金	11,550	+1,050 →	12,600	+1,400 →	14,000
評価差額	42,000		42,000		42,000
計	436,000		448,950		532,350

2．連結修正仕訳

(1)　開始仕訳（×1年3月31日から×2年3月31日まで）

①　S社資産・負債の評価替え

(単位：円)

(諸資産)(＊1)	100,000	(諸負債)(＊2)	40,000
		(繰延税金負債)(＊3)	18,000
		(評価差額)(＊4)	42,000

(＊1) 950,000円 − 850,000円 = 100,000円 ⎫ 60,000円
(＊2) 491,050円 − 451,050円 = 40,000円 ⎭

(＊3) 60,000円 × 30%〈実効税率〉= 18,000円

(＊4) 60,000円 × (100% − 30%〈実効税率〉) = 42,000円

②　投資と資本の相殺消去

(単位：円)

(資本金 当期首残高)	300,000	(S社株式)	350,000
(利益剰余金 当期首残高)	82,450	(非支配株主持分 当期首残高)(＊2)	87,200
(その他有価証券評価差額金 当期首残高)	11,550		
(評価差額)	42,000		
(のれん)(＊1)	1,200		

(＊1) (300,000円 + 82,450円 + 11,550円 + 42,000円) × 80% = 348,800円
350,000円 − 348,800円 = 1,200円

(＊2) (300,000円 + 82,450円 + 11,550円 + 42,000円) × 20% = 87,200円

③　のれんの償却

(単位：円)

(利益剰余金 当期首残高)(＊)	120	(のれん)	120

(＊) 1,200円 ÷ 10年 = 120円

④　S社増加剰余金の振替え

(単位：円)

(利益剰余金 当期首残高)(＊)	2,380	(非支配株主持分 当期首残高)	2,380

(＊) 11,900円 × 20%〈非支配株主持分割合〉= 2,380円

⑤　S社その他有価証券評価差額金増加額の振替え

(単位：円)

(その他有価証券評価差額金 当期首残高)(＊)	210	(非支配株主持分 当期首残高)	210

(＊) 1,050円〈S社その他有価証券評価差額金増加額〉× 20% = 210円

(2)　当期の期中仕訳（×2年4月1日から×3年3月31日まで）

①　のれんの償却

(単位：円)

(のれん償却額)(＊)	120	(のれん)	120

(＊) 1,200円 ÷ 10年 = 120円

②　S社当期純利益の振替え

(単位：円)

(非支配株主に帰属する当期純利益)(＊)	22,400	(非支配株主持分 当期変動額)	22,400

(＊) 112,000円 × 20% = 22,400円

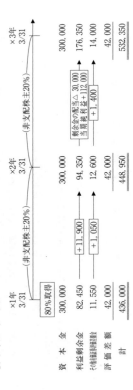

③　S社配当金の修正

（単位：円）

（受取配当金）（＊1）	24,000	（利益剰余金 剰余金の配当）	30,000
（非支配株主持分 当期変動額）（＊2）	6,000		

（＊1）30,000円×80%＝24,000円
（＊2）30,000円×20%＝6,000円

④　S社その他有価証券評価差額金増加額の振替え

（単位：円）

（その他有価証券評価差額金 当期変動額）（＊）	280	（非支配株主持分 当期変動額）	280

（＊）1,400円〈S社その他有価証券評価差額金増加額〉×20%＝280円

3．包括利益の計算

	連結包括利益	包括利益の内訳	
		非支配株主持分	親会社株主持分
当期純利益	（＊1）241,880円	（＊4）22,400円	（＊5）219,480円
その他の包括利益			
その他有価証券評価差額金	（＊2）4,200円	（＊6）280円	（＊7）3,920円
包括利益	（＊3）246,080円	（＊8）22,680円	（＊9）223,400円

（＊1）連結損益計算書より
（＊2）2,800円〈P社包括利益計算書〉＋1,400円〈S社包括利益計算書〉＝4,200円
（＊3）241,880円＋4,200円＝246,080円
（＊4）連結損益計算書より
（＊5）連結損益計算書より
（＊6）1,400円〈S社包括利益計算書〉×20%＝280円
（＊7）4,200円－280円＝3,920円
（＊8）22,400円＋280円＝22,680円
（＊9）246,080円－22,680円＝223,400円

4．連結精算表

連結精算表

（単位：円）

科目	個別財務諸表			連結修正仕訳		連結
	P社	S社	合計	借方	貸方	財務諸表
（損益計算書）						
諸収益	1,006,000	460,000	1,466,000			1,466,000
受取配当金	24,000	──	24,000	24,000		0
諸費用	810,000	300,000	1,110,000			1,110,000
のれん償却額	──	──	──	120		120
法人税等	66,000	48,000	114,000			114,000
非支配株主に帰属する当期純利益	──	──	──	22,400		22,400
親会社株主に帰属する当期純利益	154,000	112,000	266,000	46,520		219,480
（株主資本等変動計算書）						
資本金当期首残高	900,000	300,000	1,200,000	300,000		900,000
資本金当期末残高	900,000	300,000	1,200,000	300,000		900,000
利益剰余金当期首残高	478,000	94,350	572,350	82,450 120 2,380		487,400
剰余金の配当	80,000	30,000	110,000		30,000	80,000
親会社株主に帰属する当期純利益	154,000	112,000	266,000	46,520		219,480
利益剰余金当期末残高	552,000	176,350	728,350	131,470	30,000	626,880
その他有価証券評価差額金当期首残高	25,200	12,600	37,800	11,550 210		26,040
その他有価証券評価差額金当期変動額	2,800	1,400	4,200	280		3,920
その他有価証券評価差額金当期末残高	28,000	14,000	42,000	12,040		29,960
非支配株主持分当期首残高	──	──	──		87,200 2,380 210	89,790
非支配株主持分当期変動額	──	──	──	6,000	22,400 280	16,680
非支配株主持分当期末残高	──	──	──	6,000	112,470	106,470
（貸借対照表）						
諸資産	2,150,000	1,100,000	3,250,000	100,000		3,350,000
のれん	──	──	──	1,200	120 120	960
S社株式	350,000	──	350,000		350,000	0
合計	2,500,000	1,100,000	3,600,000	101,200	350,240	3,350,960
諸負債	1,008,000	603,650	1,611,650		40,000	1,651,650
繰延税金負債	12,000	6,000	18,000		18,000	36,000
資本金	900,000	300,000	1,200,000	300,000		900,000
利益剰余金	552,000	176,350	728,350	131,470	30,000	626,880
その他有価証券評価差額金	28,000	14,000	42,000	12,040		29,960
評価差額	──	──	──	42,000	42,000	0
非支配株主持分	──	──	──	6,000	112,470	106,470
合計	2,500,000	1,100,000	3,600,000	491,510	242,470	3,350,960

問題7-2

連結貸借対照表 (単位：千円)

資　　産	金　額	負債・純資産	金　額
当座資産	642,200	流動負債	373,200
棚卸資産	410,400	固定負債	747,600
減価償却資産	1,284,000	資本金	1,050,000
減価償却累計額	△　361,200	資本剰余金	210,200
土地	510,000	利益剰余金	351,660
のれん	20,400	その他の包括利益累計額	82,500
投資有価証券	372,000	非支配株主持分	62,640
	2,877,800		2,877,800

解答への道

Ⅰ　タイム・テーブル（S社資本勘定の推移）

	×3年度期首		×3年度期末		×4年度期末	当期	×5年度期末
	80%取得		10%追加				
資本金	300,000		300,000		300,000		300,000
資本剰余金	120,000		120,000		120,000		120,000
利益剰余金	120,000	＋ 9,000	129,000	＋ 4,200	133,200	＋10,800	144,000
その他の包括利益累計額	30,000	＋ 3,000	33,000	△ 9,000	24,000	＋18,000	42,000
評価差額	30,000		30,000		30,000		30,000
	600,000		612,000		607,200		636,000

Ⅱ　連結修正仕訳

解答上，区別する必要がないため，すべて貸借対照表の科目に置き換えて仕訳しておく。また，個別貸借対照表における「評価・換算差額等」は，連結貸借対照表においては「その他の包括利益累計額」となる。

1．開始仕訳

(1)　×3年度期首（支配獲得日）の連結修正仕訳

①　S社土地の時価評価

(単位：千円)

(土　　地)(＊)	30,000	(評　価　差　額)	30,000

(＊) 150,000千円〈時価〉－120,000千円〈簿価〉＝30,000千円

②　投資と資本の相殺消去

(単位：千円)

(資　本　金)	300,000	(S　社　株　式)	504,000
(資本剰余金)	120,000	(非支配株主持分)(＊2)	120,000
(利益剰余金)	120,000		
(その他の包括利益累計額)	30,000		
(評　価　差　額)	30,000		
(の　れ　ん)(＊1)	24,000		

(＊1) 300,000千円＋120,000千円＋120,000千円＋30,000千円＋30,000千円
＝600,000千円〈×3年度期首のS社資本（評価替後）〉
600,000千円×80%〈追加取得前P社持分割合〉＝480,000千円〈P社持分〉
504,000千円－480,000千円＝24,000千円〈のれん〉

(＊2) 600,000千円×20%〈追加取得前非支配株主持分割合〉＝120,000千円〈非支配株主持分〉

(2)　×3年度の連結修正仕訳

①　のれんの償却

(単位：千円)

(利益剰余金)(＊)	1,200	(の　れ　ん)	1,200

(＊) 24,000千円÷20年＝1,200千円

②　S社利益剰余金の増加額の振替え

(単位：千円)

(利益剰余金)(＊)	1,800	(非支配株主持分)	1,800

(＊) (129,000千円〈×3年度期末〉－120,000千円〈×3年度期首〉)×20%〈追加取得前非支配株主持分割合〉
＝1,800千円

③　S社その他の包括利益累計額の増加額の振替え

(単位：千円)

(その他の包括利益累計額)(＊)	600	(非支配株主持分)	600

(＊) (33,000千円〈×3年度期末〉－30,000千円〈×3年度期首〉)×20%〈追加取得前非支配株主持分割合〉
＝600千円

④　S社株式の追加取得（10%）による追加投資額と追加取得持分の相殺消去

(単位：千円)

(非支配株主持分)(＊1)	61,200	(S　社　株　式)	61,000
		(資本剰余金)(＊2)	200

(＊1) 612,000千円〈×3年度期末S社資本〉×10%〈追加取得割合〉＝61,200千円
(＊2) 貸借差額

(3) ×4年度の連結修正仕訳

① のれんの償却

(単位：千円)

(利益剰余金)(＊)	1,200	(のれん)	1,200

(＊) 24,000千円÷20年＝1,200千円

② S社利益剰余金の増加額の振替え

(単位：千円)

(利益剰余金)	420	(非支配株主持分)(＊)	420

(＊) (133,200千円〈×4年度期末〉－129,000千円〈×3年度期末〉)×10%〈追加取得後非支配株主持分割合〉
＝420千円

③ S社その他の包括利益累計額の減少額の振替え

(単位：千円)

(非支配株主持分)(＊)	900	(その他の包括利益累計額)	900

(＊) (24,000千円〈×4年度期末〉－33,000千円〈×3年度期末〉)×10%〈追加取得後非支配株主持分割合〉
＝△900千円

2．期中仕訳

(1) のれんの償却

(単位：千円)

(利益剰余金)(＊) のれん償却額	1,200	(のれん)	1,200

(＊) 24,000千円÷20年＝1,200千円

(2) S社利益剰余金の増加額の振替え

(単位：千円)

(利益剰余金)	1,080	(非支配株主持分)(＊)	1,080

(＊) (144,000千円〈×5年度期末〉－133,200千円〈×4年度期末〉)×10%〈追加取得後非支配株主持分割合〉
＝1,080千円

(3) S社その他の包括利益累計額の増加額の振替え

(単位：千円)

(その他の包括利益累計額)	1,800	(非支配株主持分)(＊)	1,800

(＊) (42,000千円〈×5年度期末〉－24,000千円〈×4年度期末〉)×10%〈追加取得後非支配株主持分割合〉
＝1,800千円

(4) 棚卸資産に含まれる未実現利益の消去（アップ・ストリーム）

① 期首商品

本問では，連結貸借対照表のみを作成しており，期首棚卸資産に対する連結修正仕訳を行っても，すべて相殺されるため仕訳を省略する。

② 期末商品

(単位：千円)

(利益剰余金) 売上原価	9,600	(棚卸資産)	9,600
(非支配株主持分)(＊)	960	(利益剰余金) 非支配株主に帰属する当期純利益	960

(＊) 9,600千円×10%〈追加取得後非支配株主持分割合〉＝960千円

(5) 債権・債務の相殺消去

(単位：千円)

(流動負債) 買掛金	16,800	(当座資産) 売掛金	16,800

(6) 減価償却資産に含まれる未実現利益の消去（ダウン・ストリーム）

① 前期の処理

(単位：千円)

(利益剰余金)(＊1) 減価償却資産売却益	12,000	(減価償却資産)	12,000
(減価償却累計額)(＊2)	2,400	(利益剰余金) 減価償却費	2,400

(＊1) 60,000千円〈売却価額〉－48,000千円〈簿価〉＝12,000千円〈売却益〉
(＊2) 12,000千円÷5年＝2,400千円

② 当期の処理

(単位：千円)

(減価償却累計額)(＊)	2,400	(利益剰余金) 減価償却費	2,400

(＊) 12,000千円÷5年＝2,400千円

3．連結精算表

（単位：千円）

表示科目	個別貸借対照表 P社	個別貸借対照表 S社	個別貸借対照表 合計	連結修正仕訳	連結修正仕訳	連結貸借対照表
当座資産	395,000	264,000	659,000		16,800	642,200
棚卸資産	276,000	144,000	420,000		9,600	410,400
減価償却資産	840,000	456,000	1,296,000		12,000	1,284,000
減価償却累計額	△ 270,000	△ 96,000	△ 366,000	2,400 2,400		△ 361,200
土地	360,000	120,000	480,000	30,000		510,000
のれん	——	——	——	24,000	1,200 1,200 1,200	20,400
投資有価証券	240,000	132,000	372,000			372,000
S社株式	565,000	——	565,000		504,000 61,000	0
合計	2,406,000	1,020,000	3,426,000	58,800	607,000	2,877,800
流動負債	294,000	96,000	390,000	16,800		373,200
固定負債	429,600	318,000	747,600			747,600
資本金	1,050,000	300,000	1,350,000	300,000		1,050,000
資本剰余金	210,000	120,000	330,000	120,000	200	210,200
利益剰余金	350,400	144,000	494,400	120,000 1,200 1,800 1,200 420 1,200 1,080 9,600 12,000	960 2,400 2,400	351,660
その他の包括利益累計額	72,000	42,000	114,000	30,000 600 1,800	900	82,500
評価差額	——	——	——	30,000	30,000	0
非支配株主持分	——	——	——	61,200 900 960	120,000 1,800 600 420 1,080 1,800	62,640
合計	2,406,000	1,020,000	3,426,000	710,760	162,560	2,877,800

問題7-3

連結貸借対照表

20×4年度末現在

（単位：千円）

資産	金額	負債・純資産	金額
現金預金	535,000	買掛金	235,000
売掛金	500,000	長期借入金	430,000
棚卸資産	330,000	資本金	1,200,000
有形固定資産	980,000	資本剰余金	201,000
のれん	36,000	利益剰余金	487,000
投資有価証券	375,000	その他有価証券評価差額金	52,000
		非支配株主持分	151,000
	2,756,000		2,756,000

解答への道

Ⅰ　タイム・テーブル（S社資本勘定の推移）

	20×2年度末 90%取得		20×3年度末		20×4年度末 10%売却
資本金	300,000		300,000		300,000
資本剰余金	100,000		100,000		100,000
利益剰余金	200,000	+50,000	(＊) 250,000	利益 +60,000 配当 △20,000	290,000
その他有価証券評価差額金	20,000	+ 5,000	25,000	+10,000	35,000
評価差額	30,000		30,000		30,000
	650,000		705,000		755,000

（＊）290,000千円〈個別B/S〉＋20,000千円〈配当金〉－60,000千円〈当期純利益〉＝250,000千円

Ⅱ　連結修正仕訳

解答上，区別する必要がないため，すべて貸借対照表の科目に置き換えて仕訳しておく。

1．開始仕訳

(1)　20×2年度末（支配獲得日）の連結修正仕訳

①　S社の土地の時価評価

（単位：千円）

(有形固定資産)(＊) 土地	30,000	(評価差額)	30,000

（＊）80,000千円〈時価〉－50,000千円〈簿価〉＝30,000千円

② 投資と資本の相殺消去

（単位：千円）

（資　本　金）		300,000	（S 社 株 式）		630,000
（資 本 剰 余 金）		100,000	（非支配株主持分）	（＊2）	65,000
（利 益 剰 余 金）		200,000			
（その他有価証券評価差額金）		20,000			
（評 価 差 額）		30,000			
（の れ ん）	（＊1）	45,000			

（＊1）300,000千円＋100,000千円＋200,000千円＋20,000千円＋30,000千円
　＝650,000千円〈20×2年度末のS社資本（評価替後）〉
　650,000千円×90%〈一部売却前のP社持分割合〉＝585,000千円〈P社持分〉
　630,000千円－585,000千円＝45,000千円〈のれん〉
（＊2）650,000千円×10%〈一部売却前の非支配株主持分割合〉＝65,000千円

(2) 20×3年度の連結修正仕訳

① のれんの償却

（単位：千円）

（利 益 剰 余 金）	（＊）	4,500	（の れ ん）	4,500

（＊）45,000千円÷10年＝4,500千円

② S社利益剰余金の増加額の振替え

（単位：千円）

（利 益 剰 余 金）	（＊）	5,000	（非支配株主持分）	5,000

（＊）(250,000千円－200,000千円)×10%〈一部売却前の非支配株主持分割合〉＝5,000千円

③ S社その他有価証券評価差額金の増加額の振替え

（単位：千円）

（その他有価証券評価差額金）	（＊）	500	（非支配株主持分）	500

（＊）(25,000千円－20,000千円)×10%〈一部売却前の非支配株主持分割合〉＝500千円

2．期中仕訳（20×4年度の連結修正仕訳）

(1) のれんの償却

（単位：千円）

（利 益 剰 余 金） のれん償却額	（＊）	4,500	（の れ ん）	4,500

（＊）45,000千円÷10年＝4,500千円

(2) 当期純利益の振替え

（単位：千円）

（利 益 剰 余 金） 非支配株主に帰属する当期純利益	（＊）	6,000	（非支配株主持分）	6,000

（＊）60,000千円×10%〈一部売却前の非支配株主持分割合〉＝6,000千円

(3) 配当金の修正

（単位：千円）

（利 益 剰 余 金） 受取配当金	（＊1）	18,000	（利 益 剰 余 金）	20,000
（非支配株主持分）	（＊2）	2,000		

（＊1）20,000千円×90%〈一部売却前のP社持分割合〉＝18,000千円
（＊2）20,000千円×10%〈一部売却前の非支配株主持分割合〉＝2,000千円

(4) S社その他有価証券評価差額金の増加額の振替え

（単位：千円）

（その他有価証券評価差額金）	（＊）	1,000	（非支配株主持分）	1,000

（＊）(35,000千円－25,000千円)×10%〈一部売却前の非支配株主持分割合〉＝1,000千円

(5) S社株式の一部売却の修正

① 売却持分の処理

子会社株式を一部売却した場合には，売却による親会社持分の減少額（売却持分）と売却価額の差額を「資本剰余金」として処理する。なお，売却持分には，子会社に係るその他の包括利益累計額（支配獲得後の増減額）は含まれない。

（単位：千円）

（S 社 株 式）	（＊1）	70,000	（非支配株主持分）	（＊3）	74,000
（利 益 剰 余 金） S社株式売却益	（＊2）	5,000	（資 本 剰 余 金）	（＊4）	1,000

（＊1）630,000千円×$\frac{10\%}{90\%}$＝70,000千円〈個別会計上の売却株式の原価〉
（＊2）75,000千円〈売却額〉－70,000千円＝5,000千円〈個別会計上の売却益〉
（＊3）290,000千円－200,000千円＝90,000千円〈支配獲得時後のS社利益剰余金の増加額〉
　(650,000千円〈支配獲得時S社資本〉＋90,000千円)×10%〈売却割合〉＝74,000千円〈売却持分〉
（＊4）75,000千円－74,000千円＝1,000千円

② 支配獲得後に増加したその他有価証券評価差額金のうち売却分に対応する部分の処理

（単位：千円）

（その他有価証券評価差額金）	（＊5）	1,500	（非支配株主持分）	1,500

（＊5）(35,000千円〈20×4年度末〉－20,000千円〈支配獲得日〉)×10%〈売却割合〉＝1,500千円

③ まとめ

（単位：千円）

（その他有価証券評価差額金）	（＊5）	1,500	（非支配株主持分）	（＊6）	75,500
（S 社 株 式）	（＊1）	70,000	（資 本 剰 余 金）	（＊4）	1,000
（利 益 剰 余 金） S社株式売却益	（＊2）	5,000			

（＊6）755,000千円×10%〈売却割合〉＝75,500千円

Ⅲ　連結精算表

(単位：千円)

表示科目	個別貸借対照表			連結修正仕訳		連結貸借対照表
	P社	S社	合計			
現金預金	310,000	225,000	535,000			535,000
売掛金	320,000	180,000	500,000			500,000
棚卸資産	210,000	120,000	330,000			330,000
有形固定資産	700,000	250,000	950,000	30,000		980,000
のれん	――	――	――	45,000	4,500 4,500	36,000
S社株式	560,000	――	560,000	70,000	630,000	――
投資有価証券	200,000	175,000	375,000			375,000
合計	2,300,000	950,000	3,250,000	145,000	639,000	2,756,000
買掛金	140,000	95,000	235,000			235,000
長期借入金	300,000	130,000	430,000			430,000
資本金	1,200,000	300,000	1,500,000	300,000		1,200,000
資本剰余金	200,000	100,000	300,000	100,000	1,000	201,000
利益剰余金	420,000	290,000	710,000	200,000 4,500 5,000 4,500 6,000 18,000 5,000	20,000	487,000
その他有価証券評価差額金	40,000	35,000	75,000	20,000 500 1,000 1,500		52,000
評価差額	――	――	――	30,000	30,000	――
非支配株主持分	――	――	――	2,000	65,000 5,000 500 6,000 1,000 75,500	151,000
合計	2,300,000	950,000	3,250,000	698,000	204,000	2,756,000

(注) 利益剰余金は修正が多いため，他の科目を集計した後の貸借差額で求めると簡単である。

問題7-4

		(1) 個別財務諸表	(2) 連結財務諸表
損益計算書	退職給付費用	15,450円	15,450円
	法人税等調整額	△2,115円	△2,115円
包括利益計算書	退職給付に係る調整額	――	△　945円
貸借対照表	退職給付引当金 (退職給付に係る負債)	97,050円	98,400円
	繰延税金資産	29,115円	29,520円
	退職給付に係る調整累計額	――	△　945円

(注) 法人税等調整額が貸方の場合または退職給付に係る調整額および同累計額が借方の場合には，金額の前に△印を付すこと。

解答への道

(1) 個別財務諸表

① ×1年度期首の状態

個別B/S退職給付引当金：120,000円〈期首債務〉－30,000円〈期首資産〉＝90,000円

個別B/S繰延税金資産：90,000円×30%＝27,000円

② ×1年度期首の見積りによる退職給付費用の計上

(退職給付費用)(＊1)	15,300	(退職給付引当金)	15,300
(繰延税金資産)(＊2)	4,590	(法人税等調整額)	4,590

(＊1) 12,000円〈勤務費用〉＋6,000円〈利息費用〉－2,700円〈期待運用収益〉＝15,300円

(＊2) 15,300円×30%＝4,590円

③ 年金掛金と退職一時金の支給

(退職給付引当金)(＊1)	8,400	(現金預金)	8,400
(法人税等調整額)(＊2)	2,520	(繰延税金資産)	2,520

(＊1) 3,000円〈年金掛金〉＋5,400円〈一時金〉＝8,400円

(＊2) 8,400円×30%＝2,520円

(注) 年金基金からの支給は仕訳不要である。

④ 数理計算上の差異の費用処理

(退職給付費用)(＊1)	150	(退職給付引当金)	150
(繰延税金資産)(＊2)	45	(法人税等調整額)	45

(＊1) 1,500円〈数理差異〉÷10年＝150円

(＊2) 150円×30%＝45円

⑤ ×1年度期末の状態（個別財務諸表上の金額）

P／L退職給付費用：15, 300円＋150円＝15, 450円

P／L法人税等調整額：4, 590円－2, 520円＋45円＝2, 115円〈貸方〉

B／S退職給付引当金：90, 000円〈期首〉＋15, 300円－8, 400円＋150円＝97, 050円

B／S繰延税金資産：27, 000円＋4, 590円－2, 520円＋45円＝29, 115円

または　97, 050円×30%＝29, 115円

∴　×1年度期末の退職給付債務129, 000円から年金資産30, 600円を控除したあるべき退職給付引当金は98, 400円であるが，未認識の数理計算上の差異1, 350円（1, 500円－150円）が反映されていないため，実際の退職給付引当金は97, 050円となる。

(2) 連結財務諸表

① 科目の振替え

（退 職 給 付 引 当 金）	97, 050	（退職給付に係る負債）	97, 050

② 数理計算上の差異の計上

連結財務諸表においては，数理計算上の差異は発生時に即時認識し，退職給付に係る負債を計上するとともに，その他の包括利益をとおして純資産の部に計上する。

（繰 延 税 金 資 産）（＊1）	450	（退職給付に係る負債）	1, 500
（退職給付に係る調整額）（＊2） 連結包括利益計算書	1, 050		
（退職給付に係る調整累計額 当 期 変 動 額） 連結株主資本等変動計算書	1, 050	（退職給付に係る調整額）	1, 050

（＊1）1, 500円×30%＝450円

（＊2）1, 500円－450円＝1, 050円

（注）「退職給付に係る調整額」は連結包括利益計算書のその他の包括利益に記載され，その残額は連結貸借対照表の純資産の部のその他の包括利益累計額に「退職給付に係る調整累計額」として記載される。なお，「退職給付に係る調整累計額」は連結貸借対照表の純資産の部の科目であるため，連結株主資本等変動計算書にも記載される。したがって，当期の変動額は，最初から連結株主資本等変動計算書の科目である「退職給付に係る調整累計額・当期変動額」を使って仕訳することも考えられる。ただし，「退職給付に関する会計基準の適用指針」における設例では，連結包括利益計算書の科目である「退職給付に係る調整額」を使って仕訳しているため，本書では，連結包括利益計算書の科目である「退職給付に係る調整額」で処理した後，連結株主資本等変動計算書の科目である「退職給付に係る調整累計額・当期変動額」に振替える形で仕訳を示しておく。

③ 数理計算上の差異の費用処理

連結財務諸表においては，数理計算上の差異は発生時に即時認識し，退職給付に係る負債を計上済みなので，費用処理による計上額を減額する。

（退職給付に係る負債）	150	（繰 延 税 金 資 産）（＊1）	45
		（退職給付に係る調整額）（＊2） 連結包括利益計算書	105
（退職給付に係る調整額）	105	（退職給付に係る調整累計額 当 期 変 動 額） 連結株主資本等変動計算書	105

（＊1）150円×30%＝45円

（＊2）150円－45円＝105円

④ ×1年度期末の状態（連結財務諸表上の金額）

連結P／L退職給付費用：15, 450円←個別P／Lと同じ

連結P／L法人税等調整額：2, 115円〈貸方〉←個別P／Lと同じ

連結C／I退職給付に係る調整額：1, 050円－105円＝945円〈借方〉

連結B／S退職給付に係る負債：97, 050円〈個別B／S〉＋1, 500円－150円＝98, 400円

または　129, 000円〈期末債務〉－30, 600円〈期末資産〉＝98, 400円

連結B／S繰延税金資産：29, 115円〈個別B／S〉＋450円－45円＝29, 520円

または　98, 400円×30%＝29, 520円

連結B／S退職給付に係る調整累計額：1, 050円－105円＝945円〈借方〉

∴　数理計算上の差異が即時認識されるため，×1年度期末の退職給付債務129, 000円から年金資産30, 600円を控除したあるべき退職給付に係る負債98, 400円が，実際の退職給付に係る負債として計上される。

問題7-5

(1)	8,000
(2)	26,700
(3)	21,900
(4)	3,360

解答への道

1．個別財務諸表上の金額

(1) 当期首の状況

当期首の退職給付債務80,000千円から年金資産60,000千円を控除したあるべき引当金残高20,000千円と実際残高とのズレの原因は，当期首の未認識過去勤務費用5,400千円（引当超過）である。

年金資産	60,000	退職給付債務	80,000
退職給付引当金(期首)	25,400	あるべき引当金	20,000
		未認識過去勤務費用(超過)	5,400

(2) 退職給付費用の計上（期首時点の見積数値による）

（単位：千円）

（退職給付費用）(＊)	8,600	（退職給付引当金）	8,600

(＊) 80,000千円×４％＝3,200千円〈利息費用〉
60,000千円×３％＝1,800千円〈期待運用収益〉
7,200千円〈勤務費用〉＋3,200千円〈利息費用〉－1,800千円〈期待運用収益〉＝8,600千円

(3) 年金掛金の拠出

（単位：千円）

（退職給付引当金）	6,700	（現金預金）	6,700

(4) 年金の支給

（単位：千円）

仕　訳　な　し

(5) 期首未認識過去勤務費用（引当超過）の費用処理（償却）

（単位：千円）

（退職給付引当金）(＊)	600	（退職給付費用）	600

(＊) 5,400千円÷９年＝600千円

（注）前期より10年で費用処理しているため，残り９年で計算する。

(6) まとめ

退職給付費用

勤務費用	7,200	期待運用収益	1,800
利息費用	3,200	過去勤務費用償却	600
		P/L退職給付費用	8,000

退職給付引当金

年金掛金拠出	6,700	期首残高	25,400
B/S退職給付引当金	26,700	P/L退職給付費用	8,000

2．連結財務諸表上の金額

解答上，区別する必要がないため，前期末までの開始仕訳と当期の仕訳をまとめて当期末の未認識過去勤務費用の金額で仕訳しておく。なお，連結貸借対照表においては，「退職給付引当金」は「退職給付に係る負債」となる。

（単位：千円）

（退職給付に係る負債）(＊１)	4,800	（繰延税金負債）(＊２)	1,440
		（退職給付に係る調整累計額）(＊３)	3,360

(＊１) 5,400千円－600千円＝4,800千円〈当期末の未認識過去勤務費用〉
(＊２) 4,800千円×30％＝1,440千円
(＊３) 4,800千円－1,440千円＝3,360千円
∴　退職給付に係る負債：26,700千円－4,800千円＝21,900千円

Theme 08 連結会計(Ⅵ)

問題8-1

〔問１〕

(1) 連結財務諸表作成のための連結修正仕訳

(単位：円)

×2年３月31日		仕　訳　な　し		
×3年３月31日	(持分法による投資損益)	4, 200	(Ａ　社　株　式)	4, 200
	(Ａ　社　株　式)	112, 000	(持分法による投資損益)	112, 000
	(受　取　配　当　金)	92, 000	(Ａ　社　株　式)	92, 000

(注) 仕訳がない場合は「仕訳なし」と記入すること。

(2) 連結財務諸表に記載される各金額

Ａ　社　株　式		565, 800円
持分法による投資損益	(益)	107, 800円

(注) (　　) 内には益または損と記入すること。

〔問２〕

Ａ社株式売却損益	(益)	8, 550円

(注) (　　) 内には益または損と記入すること。

解答への道

〔問１〕

1．タイム・テーブル

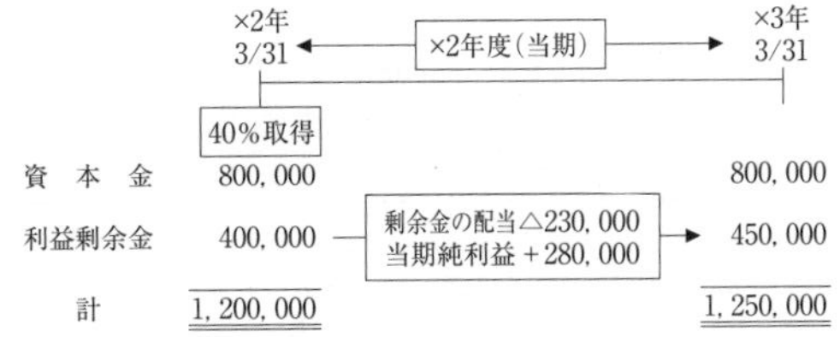

2．連結修正仕訳

(1) 投資時（×2年３月31日）

① のれんの計算

100, 000円〈評価益〉×40％〈Ｐ社取得割合〉×(100％－30％〈実効税率〉)

＝28, 000円〈取得分に対する評価差額〉

(800, 000円＋400, 000円)×40％〈Ｐ社取得割合〉＋28, 000円＝508, 000円〈Ｐ社持分〉

550, 000円－508, 000円＝42, 000円〈のれん〉

② 連結修正仕訳

のれん（投資差額）については，翌年度から償却するため「仕訳なし」となる。

(単位：円)

仕訳なし

(2) 当期の期中仕訳（×2年４月１日から×3年３月31日まで）

① のれんの償却

(単位：円)

(持分法による投資損益)(＊)	4, 200	(Ａ　社　株　式)	4, 200

(＊) 42, 000円÷10年＝4, 200円

② Ａ社当期純利益の計上

(単位：円)

(Ａ　社　株　式)(＊)	112, 000	(持分法による投資損益)	112, 000

(＊) 280, 000円×40％＝112, 000円

③ Ａ社配当金の修正

(単位：円)

(受　取　配　当　金)(＊)	92, 000	(Ａ　社　株　式)	92, 000

(＊) 230, 000円×40％＝92, 000円

3．Ａ社株式と持分法による投資損益

Ａ　社　株　式

借方	貸方
取得原価　550, 000	のれん償却　4, 200
	配　当　金　92, 000
当期純利益　112, 000	連結B/S　565, 800

持分法による投資損益

借方	貸方
のれん償却　4, 200	当期純利益　112, 000
連結P/L　107, 800	

〔問２〕

		個別会計上			持分法上
売却株式の売価		150,000			150,000
売却株式の原価	（＊１）	△137,500		（＊２）	△141,450
株式の売却益		12,500	─（＊３）△3,950→		8,550

（＊１）550,000円〈取得原価〉× $\frac{1}{4}$ = 137,500円
（＊２）565,800円〈持分法評価額〉× $\frac{1}{4}$ = 141,450円
（＊３）8,550円 − 12,500円 = △3,950円〈売却損益の修正額〉

（単位：円）

個別会計上の仕訳				持分法適用上あるべき仕訳			
（現　　金）	150,000	（A 社 株 式）	137,500	（現　　金）	150,000	（A 社 株 式）	141,450
		（A社株式売却益）	12,500			（A社株式売却益）	8,550
連結修正仕訳							
（A 社 株 式 売 却 益）（＊３）	3,950			（A　社　株　式）			3,950

∴　連結Ｐ/Ｌ　A社株式売却益：8,550円

問題8-2

(1)　連結財務諸表作成のための連結修正仕訳

（単位：円）

×1年３月31日	仕　訳　な　し			
×2年３月31日	（利益剰余金当期首残高）	2,480	（A　社　株　式）	2,480
	（A　社　株　式）	8,000	（利益剰余金当期首残高）	8,000
×3年３月31日	（持分法による投資損益）	2,480	（A　社　株　式）	2,480
	（A　社　株　式）	28,000	（持分法による投資損益）	28,000
	（受　取　配　当　金）	12,000	（A　社　株　式）	12,000

（注）仕訳がない場合には「仕訳なし」と記入すること。

(2)　連結財務諸表に記載される各金額

A　社　株　式		199,040円
持分法による投資損益	（益）	25,520円

（注）（　　）内には益または損と記入すること。

解答への道

1．タイム・テーブル

	×1年 3/31		×2年 3/31		×3年 3/31
	40％取得				
資　本　金	200,000		200,000		200,000
利益剰余金	160,000	─（増加額＋20,000）→	180,000	剰余金の配当△30,000 当期純利益＋70,000 →	220,000
計	360,000		380,000		420,000

2．連結修正仕訳

(1)　投資時（×1年３月31日）

①　のれんの計算

40,000円〈評価益〉×40％〈Ｐ社取得割合〉×（100％−30％〈実効税率〉）
＝11,200円〈取得分に対する評価差額〉
（200,000円＋160,000円）×40％〈Ｐ社取得割合〉＋11,200円＝155,200円〈Ｐ社持分〉
180,000円−155,200円＝24,800円〈のれん〉

②　連結修正仕訳

のれん（投資差額）については，翌年度から償却するため「仕訳なし」となる。

（単位：円）

仕訳なし

(2) 前期の期中仕訳（×1年4月1日から×2年3月31日まで）

① のれんの償却

（単位：円）

(利益剰余金 当期首残高)(＊)	2,480	(A 社 株 式)	2,480

(＊) 24,800円 ÷ 10年 = 2,480円

② A社利益剰余金の増加額の計上

（単位：円）

(A 社 株 式)(＊)	8,000	(利益剰余金 当期首残高)	8,000

(＊) 20,000円 × 40% = 8,000円

(3) 当期の期中仕訳（×2年4月1日から×3年3月31日まで）

① のれんの償却

（単位：円）

(持分法による投資損益)(＊)	2,480	(A 社 株 式)	2,480

(＊) 24,800円 ÷ 10年 = 2,480円

② A社当期純利益の計上

（単位：円）

(A 社 株 式)(＊)	28,000	(持分法による投資損益)	28,000

(＊) 70,000円 × 40% = 28,000円

③ A社配当金の修正

（単位：円）

(受 取 配 当 金)(＊)	12,000	(A 社 株 式)	12,000

(＊) 30,000円 × 40% = 12,000円

3．A社株式残高と持分法による投資損益

A 社 株 式

取 得 原 価	180,000	のれん償却	2,480
		のれん償却	2,480
		剰余金の配当	12,000
増加剰余金	8,000	連結B/S	199,040
当期純利益	28,000		

持分法による投資損益

のれん償却	2,480	当期純利益	28,000
連結P/L	25,520		

問題8-3

(1) 第1年度末の非支配株主持分 4,480 万円

(2) 第1年度末ののれん 1,280 万円

(3) 第2年度末の非支配株主持分 2,440 万円

(4) 第2年度末ののれん 1,152 万円

(5) 第2年度の持分法による投資損益 362 万円

(6) 第2年度末のA社株式 4,242 万円

解答への道

1．S社に対する連結手続

(1) タイム・テーブル

	第1年度末 ←	第2年度(当期)	→ 第2年度末
	60%取得		20%取得
資 本 金	6,000		6,000
利益剰余金	3,800	剰余金の配当△1,100 当期純利益＋2,100 →	4,800
評 価 差 額	1,400		1,400
計	11,200		12,200

(2) 開始仕訳（第1年度末）

① S社資産の評価替え

（単位：万円）

(諸 資 産)(＊1)	2,000	(繰延税金負債)(＊2)	600
		(評 価 差 額)(＊3)	1,400

(＊1) 17,000万円 − 15,000万円 = 2,000万円
(＊2) 2,000万円 × 30%〈実効税率〉= 600万円
(＊3) 2,000万円 ×（100% − 30%〈実効税率〉）= 1,400万円

② 投資と資本の相殺消去

（単位：万円）

(資 本 金 当期首残高)	6,000	(S 社 株 式)	8,000
(利益剰余金 当期首残高)	3,800	(非支配株主持分 当期首残高)(＊2)	4,480
(評 価 差 額)	1,400		
(の れ ん)(＊1)	1,280		

(＊1) (6,000万円 + 3,800万円 + 1,400万円) × 60% = 6,720万円
8,000万円 − 6,720万円 = 1,280万円
(＊2) (6,000万円 + 3,800万円 + 1,400万円) × 40% = 4,480万円

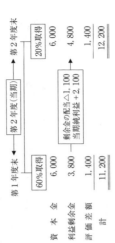

(3) 当期の期中仕訳（第２年度）

① のれんの償却

（単位：万円）

（のれん償却額）（＊）	128	（の　れ　ん）	128

（＊）1, 280万円〈第１年度末ののれん〉÷10年＝128万円

② Ｓ社当期純利益の振替え

（単位：万円）

（非支配株主に帰属する当期純利益）	840	（非支配株主持分当期変動額）（＊）	840

（＊）{4, 800万円〈第２年度末利益剰余金〉－(3, 800万円〈第１年度末利益剰余金〉－1, 100万円〈配当金〉)}×40%＝840万円
2, 100万円〈当期純利益〉

③ Ｓ社配当金の修正

（単位：万円）

（受取配当金）（＊１）	660	（利益剰余金　剰余金の配当）	1, 100
（非支配株主持分当期変動額）（＊２）	440		

（＊１）1, 100万円×60%＝660万円

（＊２）1, 100万円×40%＝440万円

④ 追加投資額と追加取得持分の相殺消去

（単位：万円）

（非支配株主持分当期変動額）（＊１）	2, 440	（Ｓ社株式）	2, 400
		（資本剰余金持分変動）（＊２）	40

（＊１）$(4,480万円 + 840万円 - 440万円) \times \frac{20\%}{40\%} = 2,440万円$

または，(6, 000万円＋4, 800万円＋1, 400万円)×20%＝2, 440万円
12, 200万円〈追加取得時Ｓ社資本〉

（＊２）貸借差額

∴ 第２年度末の非支配株主持分：4, 480万円＋840万円－440万円－2, 440万円＝2, 440万円

第２年度末ののれん：1, 280万円－128万円＝1, 152万円

2．Ａ社株式に対する持分法

(1) タイム・テーブル

第１年度末 ← ×2年度（当期） → 第２年度末

30%取得

	第１年度末		第２年度末
資本金	5, 000		5, 000
利益剰余金	5, 000	剰余金の配当△ 400 当期純利益＋1, 400	6, 000
計	10, 000		11, 000

(2) 投資時（第１年度末）

① 連結修正仕訳

（単位：万円）

仕訳なし

② のれんの計算

(22, 000万円－20, 000万円)×30%〈Ｐ社取得割合〉×(100%－30%〈実効税率〉)

＝420万円〈取得分に対する評価差額〉

(5, 000万円＋5, 000万円)×30%＋420万円＝3, 420万円〈Ｐ社持分〉

4, 000万円－3, 420万円＝580万円

(3) 当期の期中仕訳（第２年度）

① のれんの償却

（単位：万円）

（持分法による投資損益）（＊）	58	（Ａ社株式）	58

（＊）580万円÷10年＝58万円

② Ａ社当期純利益の計上

（単位：万円）

（Ａ社株式）（＊）	420	（持分法による投資損益）	420

（＊）{6, 000万円〈第２年度末利益剰余金〉－(5, 000万円〈第１年度末利益剰余金〉－400万円〈配当金〉)}×30%＝420万円〈Ｐ社持分の増加〉
1, 400万円〈当期純利益〉

③ Ａ社配当金の修正

（単位：万円）

（受取配当金）（＊）	120	（Ａ社株式）	120

（＊）400万円×30%＝120万円

∴ 第２年度の持分法による投資損益：△58万円＋420万円＝362万円

第２年度末のＡ社株式：4, 000万円－58万円＋420万円－120万円＝4, 242万円

問題8-4

〔問１〕

Ａ　　社　　株　　式	55,000　千円
持分法による投資損益（ 損失 ・(利益)）	1,160　千円

（注）損失または利益のいずれかに○を付すこと。

〔問２〕

連 結 貸 借 対 照 表　　（単位：千円）

流 動 資 産	（ 269,000 ）	流 動 負 債	（ 70,000 ）
有形固定資産	（ 334,000 ）	固 定 負 債	（ 119,000 ）
の れ ん	（ 2,520 ）	資 本 金	（ 250,000 ）
		利 益 剰 余 金	（ 124,520 ）
		非支配株主持分	（ 42,000 ）
	（ 605,520 ）		（ 605,520 ）

解答への道

1．タイム・テーブル（20×2年度から20×4年度は持分法適用，20×4年度末から連結法適用）

	20×2年度末		20×3年度末		20×4年度末		20×5年度末
	40％取得				30％追加		
資 本 金	80,000		80,000		80,000		80,000
利益剰余金	47,000	利益 3,400 配当 △400 →	50,000	2,000 →	52,000	4,000 →	56,000
評価差額	―		―		4,000		4,000
	127,000		130,000		136,000		140,000

2．20×2年度（持分法）

20×2年度末（投資時）

のれんの計算：

(25,000千円－22,000千円)×40％〈原始取得割合〉＝1,200千円〈取得分に対する評価差額〉

54,000千円－{(80,000千円＋47,000千円)×40％〈原始取得割合〉＋1,200千円}＝2,000千円〈のれん〉
　　　　52,000千円〈Ｐ社持分〉

のれん（投資差額）については，翌年度から償却するため，連結修正仕訳はない。

3．20X3年度（持分法）

(1) のれんの償却

（単位：千円）

（利 益 剰 余 金）（＊） 持分法による投資損益	200	（Ａ　社　株　式）	200

（＊）2,000千円÷10年＝200千円

(2) 当期純利益の計上

（単位：千円）

（Ａ　社　株　式）（＊）	1,360	（利 益 剰 余 金） 持分法による投資損益	1,360

（＊）50,000千円〈20×3年度末利益剰余金〉－(47,000千円〈20×2年度末利益剰余金〉－400千円〈剰余金の配当〉)
＝3,400千円〈当期純利益〉
3,400千円×40％〈原始取得割合〉＝1,360千円

(3) 配当金の修正

（単位：千円）

（利 益 剰 余 金）（＊） 受取配当金	160	（Ａ　社　株　式）	160

（＊）400千円×40％〈原始取得割合〉＝160千円

∴　20×3年度末におけるＡ社株式：54,000千円〈取得原価〉－200千円＋1,360千円－160千円
＝55,000千円

∴　20×3年度末における持分法による投資損益：△200千円＋1,360千円＝1,160千円〈利益〉

4．20×4年度（持分法から連結法）

(1) のれんの償却

（単位：千円）

（利 益 剰 余 金）（＊） 持分法による投資損益	200	（Ａ　社　株　式）	200

（＊）2,000千円÷10年＝200千円

(2) 利益剰余金増加額の振替え

本問において，20×4年度以降における当期純利益，配当金に関する資料がないが，問２の連結貸借対照表の作成においてＰ/Ｌ科目は利益剰余金に置換えるので，利益剰余金の純増減額の振替えを行えばよい。

（単位：千円）

（Ａ　社　株　式）（＊）	800	（利 益 剰 余 金）	800

（＊）52,000千円〈20×4年度末利益剰余金〉－50,000千円〈20×3年度末利益剰余金〉＝2,000千円〈増加額〉
2,000千円×40％〈原始取得割合〉＝800千円

∴　20×4年度末におけるＡ社株式の持分法上の評価額：
54,000千円－200千円＋1,360千円－160千円－200千円＋800千円＝55,600千円

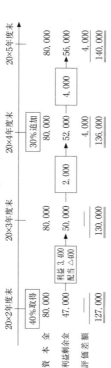

(3) 20×4年度末（追加取得による支配の獲得～連結法）

① 原始取得株式の時価評価

（単位：千円）

（A　社　株　式）（＊）	400	（利　益　剰　余　金） 段階取得に係る差益	400

（＊）42, 000千円〈追加取得分の取得原価＝追加取得分30％の時価〉× $\frac{40\%}{30\%}$

＝56, 000千円〈原始取得分40％の時価〉

56, 000千円－55, 600千円＝400千円〈差益〉

② 土地の時価評価

支配獲得時の時価にもとづいて時価評価をやり直し，評価差額を計上する。したがって，持分法適用時に把握していた評価差額は引き継がない。

（単位：千円）

（有 形 固 定 資 産）（＊）	4, 000	（評　価　差　額）	4, 000

（＊）26, 000千円〈土地の時価〉－22, 000千円〈土地の簿価〉＝4, 000千円〈評価差額〉

③ 投資と資本の相殺消去

（単位：千円）

（資　本　金）	80, 000	（A　社　株　式）（＊1）	98, 000
（利 益 剰 余 金）	52, 000	（非支配株主持分）（＊3）	40, 800
（評　価　差　額）	4, 000		
（の　れ　ん）（＊2）	2, 800		

（＊1）（56, 000千円〈原始取得分〉＋42, 000千円〈追加取得分〉＝98, 000千円

（＊2）80, 000千円＋52, 000千円＋4, 000千円＝136, 000千円〈支配獲得時のA社資本（評価替後）〉

136, 000千円×70％〈追加取得後持分割合〉＝95, 200千円〈P社持分〉

98, 000千円－95, 200千円＝2, 800千円〈のれん〉

（＊3）136, 000千円×30％〈非支配株主持分割合〉＝40, 800千円〈非支配株主持分〉

5．20×5年度（連結法）

(1) のれんの償却

（単位：千円）

（利　益　剰　余　金）（＊） のれん償却額	280	（の　れ　ん）	280

（＊）2, 800千円÷10年＝280千円

(2) 利益剰余金増加額の振替え

（単位：千円）

（利　益　剰　余　金）（＊）	1, 200	（非 支 配 株 主 持 分）	1, 200

（＊）56, 000千円〈20×5年度末利益剰余金〉－52, 000千円〈20×4年度末利益剰余金〉＝4, 000千円〈増加額〉

4, 000千円×30％〈非支配株主持分割合〉＝1, 200千円

6．20×5年度末における連結貸借対照表

（単位：千円）

表示科目	個別貸借対照表			連結修正仕訳		連結貸借対照表
	P　社	A　社	合　計			
流　動　資　産	194, 000	75, 000	269, 000			269, 000
有 形 固 定 資 産	210, 000	120, 000	330, 000	4, 000		334, 000
の　れ　ん	―	―	―	2, 800	280	2, 520
A　社　株　式	96, 000	―	96, 000	1, 360 800 400	200 160 200 98, 000	―
合　計	500, 000	195, 000	695, 000	9, 360	98, 840	605, 520
流　動　負　債	50, 000	20, 000	70, 000			70, 000
固　定　負　債	80, 000	39, 000	119, 000			119, 000
資　本　金	250, 000	80, 000	330, 000	80, 000		250, 000
利 益 剰 余 金	120, 000	56, 000	176, 000	200 160 200 52, 000 280 1, 200	1, 360 800 400	124, 520
非支配株主持分	―	―	―		40, 800 1, 200	42, 000
評　価　差　額	―	―	―	4, 000	4, 000	―
合　計	500, 000	195, 000	695, 000	138, 040	48, 560	605, 520

（注）利益剰余金は修正が多いため，他の科目を集計した後の貸借差額で求めると簡単である。

問題8-5

1．

（単位：円）

（持分法による投資損益）	（＊1）　400	（商　　　品）	400
（A　社　株　式）	（＊2）　120	（持分法による投資損益）	120

2．

（単位：円）

（売　　上　　高）	（＊3）　400	（B　社　株　式）	400
（繰延税金資産）	（＊4）　120	（法人税等調整額）	120

3．

（単位：円）

（売　　上　　高）	（＊5）　1,000	（C　社　株　式）	1,000
（繰延税金資産）	（＊6）　300	（法人税等調整額）	300

解答への道

1．関連会社（A社）から投資会社（P社）への販売（アップ・ストリーム）

⇨投資会社持分相当額消去方式

（＊1）（5,000円－4,000円）×40％＝400円
（＊2）400円×30％〈実効税率〉＝120円
（注）利害関係者の判断を著しく誤らせない場合には，未実現利益の額を被投資会社に対する投資の額から減額することができる。

（単位：円）

（持分法による投資損益）	400	（A　社　株　式）	400
（A　社　株　式）	120	（持分法による投資損益）	120

2．投資会社（P社）から関連会社（B社）に対する販売（ダウン・ストリーム）

⇨投資会社持分相当額消去方式

（＊3）（5,000円－4,000円）×40％＝400円
（＊4）400円×30％〈実効税率〉＝120円

3．投資会社（P社）から非連結子会社（C社）に対する販売（ダウン・ストリーム）

⇨全額消去・親会社負担方式

（＊5）5,000円－4,000円＝1,000円
（＊6）1,000円×30％〈実効税率〉＝300円

問題8-6

①	取得時におけるA社株式取得額に含まれるのれんの金額		5,040　千円
②	×2年3月末の連結貸借対照表上のA社株式の金額		185,544　千円
③	×1年度の連結損益計算書上の持分法による投資損益の金額	借・(貸)	72　千円
④	×2年度においてP社とA社との取引により売上高に加減する金額	借・(貸)	6　千円

（注）③，④の解答にあたっては，借または貸のいずれかに○を付すこと

解答への道

1．×1年度（×1年4月1日～×2年3月31日）の処理

(1)　のれんの償却

（単位：千円）

（持分法による投資損益）（＊）	504	（A　社　株　式）	504

（＊）420,000千円＋6,000千円＋18,000千円＝444,000千円〈評価替前のA社資本〉
12,000千円×（100％－30％〈実効税率〉）×40％＝3,360千円〈土地の評価差額（P社分）〉
444,000千円〈A社資本〉×40％＋3,360千円＝180,960千円〈P社持分〉
186,000千円〈A社株式取得額〉－180,960千円〈P社持分〉＝5,040千円〈のれん〉
5,040千円〈のれん〉÷10年＝504千円〈のれん償却額＝持分法による投資損益〉

(2)　当期純利益の計上

（単位：千円）

（A　社　株　式）（＊）	576	（持分法による投資損益）	576

（＊）1,440千円〈当期純利益〉×40％＝576千円

(3)　配当金の修正

（単位：千円）

（受　取　配　当　金）（＊）	432	（A　社　株　式）	432

（＊）1,080千円〈支払配当金〉×40％＝432千円

(4)　期末商品に含まれる未実現利益の消去（ダウン・ストリーム）

（単位：千円）

（売　　上　　高）（＊1）	96	（A　社　株　式）	96
（繰延税金資産）（＊2）	29	（法人税等調整額）	29

（＊1）800千円〈P社からの仕入分〉×30％〈利益率〉×40％＝96千円
（＊2）96千円×30〈実効税率〉≒29千円

∴　×2年3月末のA社株式

A 社 株 式　　（単位：千円）

取得原価	186,000	×1年度のれん償却額	504
×1年度当期純利益	576	×1年度配当金	432
		×1年度未実現利益	96
		185,544	

∴　×1年度の持分法による投資損益：576千円－504千円＝72千円〈貸方〉

2．×2年度（×2年４月１日～×3年３月31日）の処理
未実現利益の消去に関する開始仕訳以外は，省略する。

(1)　のれんの償却

（単位：千円）

（持分法による投資損益）	504	（A　社　株　式）	504

(2)　当期純利益の計上

（単位：千円）

（A　社　株　式）（＊）	864	（持分法による投資損益）	864

（＊）2,160千円〈当期純利益〉×40%＝864千円

(3)　配当金の修正

（単位：千円）

（受　取　配　当　金）（＊）	480	（A　社　株　式）	480

（＊）1,200千円〈支払配当金〉×40%＝480千円

(4)　期首商品に含まれる未実現利益の消去（ダウンストリーム）

①　開始仕訳

（単位：千円）

（利益剰余金期首残高）	96	（A　社　株　式）	96
（繰　延　税　金　資　産）	29	（利益剰余金期首残高）	29

②　実現仕訳

（単位：千円）

（A　社　株　式）	96	（売　上　高）	96
（法　人　税　等　調　整　額）	29	（繰　延　税　金　資　産）	29

(5)　期末商品に含まれる未実現利益の消去（ダウンストリーム）

（単位：千円）

（売　上　高）（＊1）	90	（A　社　株　式）	90
（繰　延　税　金　資　産）（＊2）	27	（法　人　税　等　調　整　額）	27

（＊1）750千円〈P社からの仕入分〉×30%〈利益率〉×40%＝90千円
（＊2）90千円×30〈実効税率〉＝27千円

∴　×2年度の売上高に加減する額：96千円－90千円＝6千円〈貸方〉

Theme 09 株式交換・会社の分割など

問題9-1

(1)　P社の仕訳

（単位：円）

（子　会　社　株　式）	200,000	（資　本　金）	100,000
		（資　本　準　備　金）	100,000

(2)　のれんの金額　25,000　円

解答への道

(1)　P社の仕訳

（単位：円）

（子　会　社　株　式）（＊1）	200,000	（資　本　金）（＊2）	100,000
		（資　本　準　備　金）（＊2）	100,000

（＊1）@200円〈P社株式の時価〉×1,000株＝200,000円〈取得原価＝増加する株主資本〉
（＊2）200,000円〈増加する株主資本〉×$\frac{1}{2}$＝100,000円〈資本金・資本準備金〉

(2)　のれんの金額

①　S社諸資産の時価評価

（単位：円）

（諸　資　産）	5,000	（評　価　差　額）	5,000

②　投資と資本の相殺消去

（単位：円）

（資　本　金　な　ど）	170,000	（子　会　社　株　式）	200,000
（評　価　差　額）	5,000		
（の　れ　ん）（＊）	25,000		

（＊）200,000円－(170,000円＋5,000円)＝25,000円

問題9-2

（単位：円）

（子　会　社　株　式）	180,000	（資　本　金）	90,000
		（資　本　準　備　金）	90,000
（子　会　社　株　式）	19,000	（その他有価証券）	19,000

解答への道

(単位：円)

(子　会　社　株　式)(＊1)	180,000	(資　　本　　金)(＊2)	90,000
		(資　本　準　備　金)(＊2)	90,000
(子　会　社　株　式)	19,000	(その他有価証券)	19,000

(＊1) @200円〈P社株式の時価〉× 900株 = 180,000円〈取得原価＝増加する株主資本〉

(＊2) 180,000円〈増加する株主資本〉× $\frac{1}{2}$ = 90,000円〈資本金・資本準備金〉

問題9-3

(単位：円)

(子　会　社　株　式)	200,000	(自　己　株　式)	36,000
		(資　本　金)	82,000
		(資　本　準　備　金)	82,000

解答への道

(単位：円)

(子　会　社　株　式)(＊1)	200,000	(自　己　株　式)(＊2)	36,000
		(資　　本　　金)(＊3)	82,000
		(資　本　準　備　金)(＊3)	82,000

(＊1) @200円〈P社株式の時価〉× 1,000株 = 200,000円〈取得原価＝増加する株主資本〉
(＊2) @180円〈自己株式の帳簿価額〉× 200株 = 36,000円〈自己株式の帳簿価額〉
(＊3) 200,000円 − 36,000円〈自己株式の帳簿価額〉= 164,000円〈増加する払込資本〉
　164,000円〈増加する払込資本〉× $\frac{1}{2}$ = 82,000円〈資本金・資本準備金〉

問題9-4

	設　　問	
1	B社の純資産と収益還元価値の平均額	26,928　千円
2	A社の1株当たり企業評価額	15,300　　円
3	A社株式の1株当たりのB社株式交換比率	0.88　　株
4	A社の新株発行に伴う資本金の増加額	28,160　千円
5	「のれん」の計上額	3,680　千円

解答への道

1．純資産と収益還元価値の平均額
(1)　A社　純資産(時価)：300,000千円 − 130,000千円 = 170,000千円
　収益還元価値：170,000千円 × 4％ ÷ 5％ = 136,000千円
　平　均　額：(170,000千円 + 136,000千円) ÷ 2 = 153,000千円
(2)　B社　純資産(時価)：55,000千円 + $\underbrace{(3,480千円 - 3,000千円)}_{480千円}$ + $\underbrace{(4,500千円 - 2,500千円)}_{2,000千円}$ − 33,000千円
　= 24,480千円
　収益還元価値：24,480千円 × 6％ ÷ 5％ = 29,376千円
　平　均　額：(24,480千円 + 29,376千円) ÷ 2 = 26,928千円

2．1株当たり企業評価額
(1)　A社　153,000千円 ÷ 10,000株 = @15,300円
(2)　B社　26,928千円 ÷ 2,000株 = @13,464円

3．株式交換比率　@13,464円 ÷ @15,300円 = 0.88

4．資本金の増加額　2,000株 × 0.88 = 1,760株〈交付するA社株式〉
　@16,000円 × 1,760株 = 28,160千円〈取得原価＝増加する払込資本〉
　なお，A社の個別会計上の処理は，次のとおりである。

(単位：千円)

(B　社　株　式)	28,160	(資　　本　　金)	28,160

5．「のれん」の計上額(連結財務諸表の場合)
　28,160千円〈取得原価〉− 24,480千円〈B社純資産(時価)〉= 3,680千円
　なお，A社の連結会計上の修正消去仕訳は，次のとおりである。

(単位：千円)

(諸　　資　　産)(＊)	2,480	(評　価　差　額)	2,480
(資　　本　　金)	12,000	(B　社　株　式)	28,160
(資　本　剰　余　金)	2,000		
(利　益　剰　余　金)	8,000		
(評　価　差　額)	2,480		
(の　　れ　　ん)	3,680		

(＊) 480千円 + 2,000千円 = 2,480千円

問題9-5

①	40,000
②	逆取得
③	81,000
④	1,000

解答への道

1．個別会計

逆取得に該当するため，Ｂ社株式を「Ｂ社の帳簿価額による株主資本相当額」により計上する。

∴　15,000千円〈Ｂ社資本金〉＋25,000千円〈Ｂ社利益剰余金〉＝40,000千円〈子会社株式の取得原価〉

2．連結会計（Ｂ社が親会社，Ａ社が子会社と考える）

(1)　諸資産（③）

Ｂ社（取得企業）の諸資産は時価評価せず，Ａ社（被取得企業）の諸資産を時価評価する。

∴　21,000千円〈Ａ社諸資産時価〉＋60,000千円〈Ｂ社諸資産簿価〉＝81,000千円〈連結Ｂ/Ｓの諸資産〉

(2)　のれん（④）

Ｂ社（取得企業）がＡ社（被取得企業）の企業価値と同額のＢ社株式を交付したものと考えて，のれんを計算する。

48,000千円÷400株＝@120千円〈Ａ社株式の１株あたりの時価〉

100株〈Ａ社発行済株式総数〉×@120千円＝12,000千円〈Ａ社の企業価値＝取得原価〉

21,000千円〈Ａ社諸資産時価〉－20,000千円〈Ａ社諸資産簿価〉＝1,000千円〈評価差額〉

5,000千円〈Ａ社資本金〉＋5,000千円〈Ａ社利益剰余金〉＋1,000千円〈評価差額〉

＝11,000千円〈評価替後Ａ社資本〉

12,000千円－11,000千円＝1,000千円〈連結Ｂ/Ｓののれん〉

問題9-6

(1)　Ｐ社の仕訳

①　Ｓ１社株式（取得企業）

（単位：円）

（子　会　社　株　式）	520,000	（資　　本　　金）	260,000
		（資　本　準　備　金）	260,000

②　Ｓ２社株式（被取得企業）

（単位：円）

（子　会　社　株　式）	480,000	（資　　本　　金）	240,000
		（資　本　準　備　金）	240,000

(2)　のれんの金額　20,000　円

解答への道

(1)　Ｐ社の仕訳

①　Ｓ１社株式（取得企業）…適正な帳簿価額による純資産額で評価

（単位：円）

（子　会　社　株　式）（＊1）	520,000	（資　　本　　金）（＊2）	260,000
		（資　本　準　備　金）（＊2）	260,000

（＊1）520,000円〈Ｓ１社の適正な帳簿価額による株主資本の額＝取得原価＝増加する株主資本〉

（＊2）520,000円〈増加する株主資本〉×$\frac{1}{2}$＝260,000円〈資本金・資本準備金〉

②　Ｓ２社株式（被取得企業）

（単位：円）

（子　会　社　株　式）（＊1）	480,000	（資　　本　　金）（＊2）	240,000
		（資　本　準　備　金）（＊2）	240,000

（＊1）3,000株〈Ｓ２社株式〉×0.8＝2,400株〈交付するＰ社株式〉

@200円〈Ｓ１社株式の時価＝Ｐ社株式の時価〉×2,400株＝480,000円〈取得原価＝増加する株主資本〉

（＊2）480,000円〈増加する株主資本〉×$\frac{1}{2}$＝240,000円〈資本金・資本準備金〉

(2)　のれんの金額

①　Ｓ１社（取得企業）に係る連結修正仕訳

（単位：円）

（資　本　金　な　ど）	520,000	（子　会　社　株　式）	520,000

（注）Ｓ１社は取得企業なので，のれんは計上されない。

②　Ｓ２社（被取得企業）に係る連結修正仕訳

（単位：円）

（資　本　金　な　ど）	460,000	（子　会　社　株　式）	480,000
（の　　れ　　ん）（＊）	20,000		

（＊）480,000円－460,000円＝20,000円

問題9-7

問１

	Ａ　社　株　主	Ｂ　社　株　主
Ｐ社に対する議決権比率	62.5　％	37.5　％

問２

取　得　企　業　名	Ａ　社

問３

Ｐ社個別財務諸表における金額	
Ａ　社　株　式	17,000　千円
Ｂ　社　株　式	18,000　千円

問４

Ｐ社連結財務諸表における金額	
資　　本　　金	17,500　千円
資　本　剰　余　金	15,500　千円
の　　れ　　ん	2,000　千円

解答への道

問1　議決権比率

1．交付株式数

A社株主に交付するP社株式数：20,000株〈A社の発行済株式総数〉×1.0〈交換比率〉＝20,000株

B社株主に交付するP社株式数：15,000株〈B社の発行済株式総数〉×0.8〈交換比率〉＝12,000株

2．議決権比率

旧A社株主の議決権比率：20,000株÷(20,000株＋12,000株)＝62.5%

旧B社株主の議決権比率：12,000株÷(20,000株＋12,000株)＝37.5%

問2　取得企業の決定

旧A社株主の議決権比率62.5% ＞ 旧B社株主の議決権比率37.5%　　∴　A社

問3　P社個別財務諸表におけるA社株式とB社株式の金額

1．A社株式（取得企業株式）の取得原価 … A社の適正な帳簿価額による株主資本の額

（単位：千円）

（A　社　株　式）（＊1）	17,000	（資　　本　　金）（＊2）	8,500
		（資 本 剰 余 金）（＊2）	8,500

（＊1）12,000千円〈資本金〉＋3,000千円〈資本剰余金〉＋2,000千円〈利益剰余金〉
　　＝17,000千円〈A社株式の取得原価〉

（＊2）17,000千円×$\frac{1}{2}$＝8,500千円

2．B社株式（被取得企業株式）の取得原価 … 交付するP社株式の時価＝A社株式の時価

（単位：千円）

（B　社　株　式）（＊1）	18,000	（資　　本　　金）（＊2）	9,000
		（資 本 剰 余 金）（＊2）	9,000

（＊1）1,500円〈A社株式の時価〉×12,000株〈交付株式数〉＝18,000千円〈B社株式の取得原価〉

（＊2）18,000千円×$\frac{1}{2}$＝9,000千円

3．株式移転後のP社個別財務諸表（貸借対照表）

P社個別貸借対照表　　（単位：千円）

A　社　株　式	17,000	資　本　金	17,500
B　社　株　式	18,000	資本剰余金	17,500
	35,000		35,000

問4　P社連結財務諸表上の金額

1．A社（取得企業）に対する連結修正仕訳

A社は取得企業であるため，諸資産・諸負債の評価替えは行わない。

(1)　投資と資本の相殺消去

（単位：千円）

（資　　本　　金）	12,000	（A　社　株　式）	17,000
（資 本 剰 余 金）	3,000		
（利 益 剰 余 金）	2,000		

(2)　利益剰余金の引継ぎ … 連結会計上，A社の利益剰余金は引き継ぐ。

（単位：千円）

（資 本 剰 余 金）	2,000	（利 益 剰 余 金）	2,000

2．B社（被取得企業）に対する連結修正仕訳

(1)　諸資産・諸負債の評価替え

（単位：千円）

（土　　　　地）（＊）	3,500	（評　価　差　額）	3,500

（＊）7,500千円〈土地の時価〉－4,000千円〈土地の帳簿価額〉＝3,500千円

(2)　投資と資本の相殺消去

（単位：千円）

（資　　本　　金）	9,000	（B　社　株　式）	18,000
（資 本 剰 余 金）	2,100		
（利 益 剰 余 金）	1,400		
（評　価　差　額）	3,500		
（の　　れ　　ん）（＊）	2,000		

（＊）貸借差額

3．連結精算表

（単位：千円）

表示科目	個別貸借対照表 P社	個別貸借対照表 A社	個別貸借対照表 B社	連結修正仕訳	連結修正仕訳	連結貸借対照表
諸　資　産		30,000	22,000			52,000
土　　　地		5,000	4,000	3,500		12,500
A　社　株　式	17,000				17,000	0
B　社　株　式	18,000				18,000	0
の　れ　ん				2,000		2,000
合　　計	35,000	35,000	26,000	5,500	35,000	66,500
諸　負　債		18,000	13,500			31,500
資　本　金	17,500	12,000	9,000	12,000 9,000		17,500
資本剰余金	17,500	3,000	2,100	3,000 2,000 2,100		15,500
利益剰余金		2,000	1,400	2,000 1,400	2,000	2,000
評価差額				3,500	3,500	0
合　　計	35,000	35,000	26,000	35,000	5,500	66,500

問題9-8

〔問１〕Ａ社の仕訳

(1)　Ｂ社が子会社になる場合

(単位：円)

(甲 事 業 用 負 債)	80,000	(甲 事 業 用 資 産)	300,000
(子 会 社 株 式)	220,000		

(2)　Ｂ社が子会社または関連会社にならない場合

(単位：円)

(甲 事 業 用 負 債)	80,000	(甲 事 業 用 資 産)	300,000
(その他有価証券)	255,000	(事 業 移 転 利 益)	35,000

〔問２〕Ｂ社の仕訳

(1)　Ｂ社が取得企業となる場合

(単位：円)

(甲 事 業 用 資 産)	350,000	(甲 事 業 用 負 債)	100,000
(の　れ　ん)	5,000	(資　本　金)	127,500
		(資 本 準 備 金)	127,500

(2)　Ａ社が取得企業となる場合（逆取得の場合）

(単位：円)

(甲 事 業 用 資 産)	300,000	(甲 事 業 用 負 債)	80,000
		(資　本　金)	110,000
		(資 本 準 備 金)	110,000

解答への道

〔問１〕Ａ社の仕訳

(1)　Ｂ社が子会社になる場合…帳簿価額で評価する

(単位：円)

(甲 事 業 用 負 債)	80,000	(甲 事 業 用 資 産)	300,000
(子 会 社 株 式)(＊)	220,000		

(＊) 300,000円－80,000円＝220,000円〈帳簿価額による株主資本相当額〉

(2)　Ｂ社が子会社または関連会社にならない場合…時価で評価し，移転損益を認識する

(単位：円)

(甲 事 業 用 負 債)	80,000	(甲 事 業 用 資 産)	300,000
(その他有価証券)(＊1)	255,000	(事 業 移 転 利 益)(＊2)	35,000

(＊1) @170円×1,500株＝255,000円〈Ｂ社株式の時価〉

(＊2) 255,000円－(300,000円〈甲事業用資産〉－80,000円〈甲事業用負債〉)＝35,000円〈事業移転利益〉
220,000円〈帳簿価額による株主資本相当額〉

〔問２〕Ｂ社の仕訳

(1)　Ｂ社が取得企業となる場合

(単位：円)

(甲 事 業 用 資 産)(＊1)	350,000	(甲 事 業 用 負 債)(＊1)	100,000
(の　れ　ん)(＊2)	5,000	(資　本　金)(＊3)	127,500
		(資 本 準 備 金)(＊3)	127,500

(＊1) 時価で引き継ぐ。

(＊2) @170円×1,500株＝255,000円〈取得原価＝増加する株主資本〉
350,000円－100,000円＝250,000円〈配分された純額〉
255,000円－250,000円＝5,000円〈のれん〉

(＊3) 255,000円×$\frac{1}{2}$＝127,500円〈資本金・資本準備金〉

(2)　Ａ社が取得企業となる場合（逆取得の場合）

(単位：円)

(甲 事 業 用 資 産)(＊1)	300,000	(甲 事 業 用 負 債)(＊1)	80,000
		(資　本　金)(＊2)	110,000
		(資 本 準 備 金)(＊2)	110,000

(＊1) 簿価で引き継ぐ。

(＊2) 300,000円－80,000円＝220,000円〈株主資本相当額〉
220,000円×$\frac{1}{2}$＝110,000円〈資本金・資本準備金〉

問題9-9

連 結 貸 借 対 照 表

×1年３月31日現在　(単位：円)

資　産	金　額	負債・純資産	金　額
諸 資 産	236,000	諸 負 債	142,000
Ａ事業用資産	70,000	Ａ事業用負債	20,000
の れ ん	3,600	資 本 金	50,000
		資本剰余金	24,000
		利益剰余金	40,000
		非支配株主持分	33,600
	309,600		309,600

解答への道

1．個別会計上の処理

(1)　Ｐ社（分離元企業）～会社分割後は親会社
Ｓ社が子会社となったため移転損益は認識しない。

(単位：円)

(Ａ 事 業 用 負 債)	20,000	(Ａ 事 業 用 資 産)	70,000
(Ｓ 社 株 式)(＊)	50,000		

(＊) 貸借差額＝Ａ事業の株主資本相当額

(2) S社（分離先企業）～会社分割後は子会社
逆取得のためP社の帳簿価額で引き継ぐ。

(単位：円)

(A 事 業 用 資 産)	70,000	(A 事 業 用 負 債)	20,000
		(資　本　金)(＊)	50,000

(＊) 貸借差額＝A事業の株主資本相当額
∴　会社分割後のS社資本金：20,000円＋50,000円＝70,000円

2．連結会計上の処理

(1) S社資産・負債の評価

(単位：円)

(諸　資　産)(＊1)	6,000	(諸　負　債)(＊2)	4,000
		(評 価 差 額)(＊3)	2,000

(＊1) 106,000円－100,000円＝6,000円
(＊2) 72,000円－68,000円＝4,000円
(＊3) 貸借差額
∴　A事業を除く評価替後のS社資本：20,000円＋12,000円＋2,000円＝34,000円

(2) 投資と資本の相殺消去

S社に対するP社持分の増加額（下記④20,400円）と移転したA事業に係るP社持分の減少額（下記①20,000円）との差額400円は，P社の持分変動による差額＝資本剰余金（下記（＊2）4,000円）とのれん（下記（＊3）3,600円）とに区分して処理する。

(単位：円)

(資　本　金)	70,000	(S 社 株 式)	50,000
(利 益 剰 余 金)	12,000	(非支配株主持分)(＊1)	33,600
(評 価 差 額)	2,000	(資 本 剰 余 金)(＊2)	4,000
(の れ ん)(＊3)	3,600		

(＊1) (70,000円＋12,000円＋2,000円)×40％＝33,600円
(＊2) ① 50,000円〈A事業の株主資本相当額〉×40％＝20,000円〈P社持分の減少額〉
② 60,000円〈A事業の価値〉×40％＝24,000円〈譲渡したものの価値〉
③ 40,000円〈S社の企業の価値〉×60％＝24,000円〈取得したものの価値〉
②＝③24,000円－①20,000円＝4,000円〈持分変動による差額＝資本剰余金〉
(＊3) ④ (20,000円＋12,000円＋2,000円)×60％＝20,400円〈P社持分の増加額〉
②＝③24,000円－④20,400円＝3,600円〈のれん〉

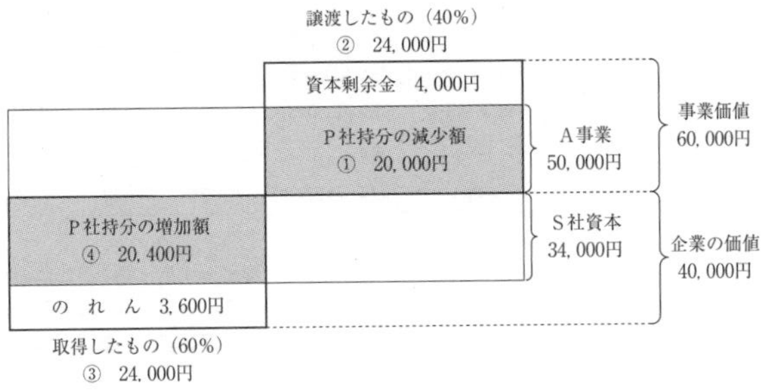

(3) 連結精算表

個別貸借対照表上の金額は，上記1．個別会計上の処理を行った後の金額になっている。

連 結 精 算 表　(単位：円)

科　目	個別貸借対照表 P社	個別貸借対照表 S社	個別貸借対照表 合計	連結修正仕訳 借方	連結修正仕訳 貸方	連結貸借対照表
諸　資　産	130,000	100,000	230,000	6,000		236,000
A事業用資産	――	70,000	70,000			70,000
の れ ん	――	――	――	3,600		3,600
S 社 株 式	50,000	――	50,000		50,000	0
合　計	180,000	170,000	350,000	9,600	50,000	309,600
諸　負　債	70,000	68,000	138,000		4,000	142,000
A事業用負債	――	20,000	20,000			20,000
資　本　金	50,000	70,000	120,000	70,000		50,000
資本剰余金	20,000	――	20,000		4,000	24,000
利益剰余金	40,000	12,000	52,000	12,000		40,000
評 価 差 額	――	――	――	2,000	2,000	0
非支配株主持分	――	――	――		33,600	33,600
合　計	180,000	170,000	350,000	84,000	43,600	309,600

問題9-10

A社の個別財務諸表におけるC社株式の金額：　950,000　千円

B社の個別財務諸表におけるC社株式の金額：　700,000　千円

C社の開始貸借対照表　(単位：千円)

資　産	金　額	負債・純資産	金　額
諸　資　産	3,250,000	諸　負　債	1,500,000
の れ ん	100,000	株 主 資 本	1,850,000
	3,350,000		3,350,000

解答への道

C社はA社（5,500株÷10,000株＝55％所有）の子会社となり，B社（4,500株÷10,000株＝45％所有）の関連会社となる。

1．A社（分離元企業）の個別会計上の処理

C社が子会社となるため，事業移転損益を認識せず，A社が取得したC社株式の取得原価は，移転したa事業に係る株主資本相当額（簿価による純資産額）とする。

(単位：千円)

(諸　負　債)	700,000	(諸　資　産)	1,650,000
(C 社 株 式)(＊)	950,000		

(＊) 1,650,000千円－700,000千円＝950,000千円〈a事業株主資本相当額（簿価による純資産額）〉
∴　A社の個別財務諸表におけるC社株式の金額：950,000千円

2．B社（分離元企業）の個別会計上の処理

C社が関連会社となるため，事業移転損益を認識せず，B社が取得したC社株式の取得原価は，移転したｂ事業に係る株主資本相当額（簿価による純資産額）とする。

（単位：千円）

（諸　負　債）	800,000	（諸　資　産）	1,500,000
（C　社　株　式）（*）	700,000		

（*）1,500,000千円－800,000千円＝700,000千円〈ｂ事業株主資本相当額（簿価による純資産額）〉

∴　B社の個別財務諸表におけるC社株式の金額：700,000千円

3．C社（分離先企業）の個別会計上の処理

(1)　ａ事業の受入れ

A社が取得企業となるため，C社にとってはａ事業の受入れは逆取得に該当する。よって，ａ事業に係る資産・負債はA社の帳簿価額のまま引継ぎ，ａ事業に係る株主資本相当額（簿価による純資産額）をC社の株主資本（資本金等）とする。

（単位：千円）

（諸　資　産）	1,650,000	（諸　負　債）	700,000
		（株　主　資　本）（*）	950,000

（*）1,650,000千円－700,000千円＝950,000千円〈ａ事業株主資本相当額（簿価による純資産額）〉

(2)　ｂ事業の受入れ

A社が取得企業となるため，C社にとってはｂ事業の受入れは通常の取得に該当する。よって，ｂ事業に係る資産・負債は時価で引継ぎ，C社の株主資本（資本金等）は交付したC社株式の時価で計上し，差額を「のれん」とする。

（単位：千円）

（諸　資　産）	1,600,000	（諸　負　債）	800,000
（の　れ　ん）（*2）	100,000	（株　主　資　本）（*1）	900,000

（*1）@200千円〈C社株式の時価〉×4,500株＝900,000千円

（*2）1,600,000千円－800,000千円＝800,000千円〈ｂ事業時価純資産額〉

900,000千円－800,000千円〈ｂ事業時価純資産額〉＝100,000千円

(3)　まとめ（(1)＋(2)）

（単位：千円）

（諸　資　産）	3,250,000	（諸　負　債）	1,500,000
（の　れ　ん）	100,000	（株　主　資　本）	1,850,000

〔参考〕A社（分離元企業）連結財務諸表上の処理

1．持分変動差額＝資本剰余金とのれんの計算

連結会計上は，ａ事業に対するA社持分45％を譲渡し，ｂ事業に対する持分55％を取得したと考える。ａ事業に対するA社持分の減少額427,500千円とｂ事業に対するA社持分の増加額440,000千円との差額12,500千円は，A社の持分変動差額＝資本剰余金67,500千円とのれん55,000千円とに区分して処理する。なお，譲渡したものの価値495,000千円と取得したものの価値495,000千円はイコールとなる。

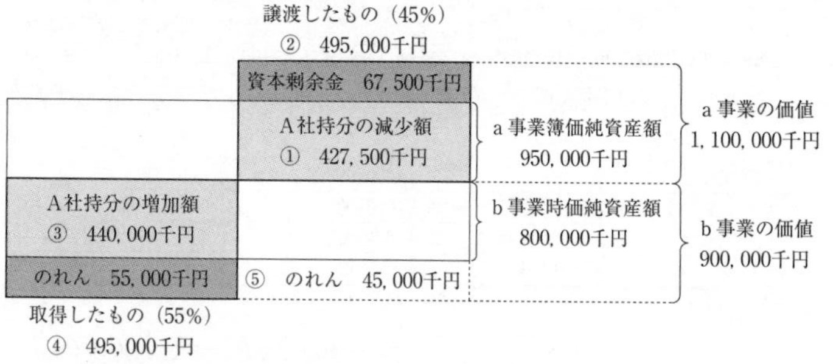

①　950,000千円〈ａ事業簿価純資産額〉×45％＝427,500千円〈A社持分の減少額〉

②　1,100,000千円〈ａ事業の価値〉×45％＝495,000千円〈譲渡したものの価値〉

②495,000千円－①427,500千円＝67,500千円〈持分変動差額＝資本剰余金〉

③　800,000千円〈ｂ事業時価純資産額〉×55％＝440,000千円〈A社持分の増加額〉

④　900,000千円〈ｂ事業の価値〉×55％＝495,000千円〈取得したものの価値〉

④495,000千円－③440,000千円＝55,000千円

⑤　（900,000千円〈ｂ事業の価値〉－800,000千円〈ｂ事業時価純資産額〉）×45％

＝45,000千円〈非支配株主に係るのれん〉

2．投資と資本の相殺消去

（単位：千円）

（株　主　資　本）	1,850,000	（C　社　株　式）	950,000
		（非支配株主持分）（*）	832,500
		（資　本　剰　余　金）	67,500

（*）1,850,000千円〈C社株主資本〉×45％〈B社の議決権比率＝非支配株主持分比率〉＝832,500千円

3．のれんの修正

C社個別貸借対照表に計上されている「のれん」には非支配株主に係るものが含まれているため，のれんを減額し，非支配株主持分を減額する。

（単位：千円）

（非支配株主持分）	45,000	（の　れ　ん）	45,000

∴　C社に係るのれん：100,000千円〈個別財務諸表の金額〉－45,000千円＝55,000千円

∴　非支配株主持分：832,500千円－45,000千円＝787,500千円

（注）個別財務諸表に計上されているのれんをそのまま計上する方法による場合には，C社に係るのれんが100,000千円，非支配株主持分が832,500千円となる。

問題9-11

	(1) 個別財務諸表	(2) 連結財務諸表
① A社の所有するC社株式	240,000 円	264,000 円
② B社の所有するC社株式	150,000 円	180,000 円

解答への道

(1) 個別会計上の処理

① A社（共同支配投資企業）の会計処理…C社株式の取得原価はａ事業の簿価

（単位：円）

（C　社　株　式）	240,000	（ａ 事 業 用 資 産）	240,000

② B社（共同支配投資企業）の会計処理…C社株式の取得原価はｂ事業の簿価

（単位：円）

（C　社　株　式）	150,000	（ｂ 事 業 用 資 産）	150,000

(2) 連結会計上の処理（持分法の適用）

① A社の連結会計上の処理

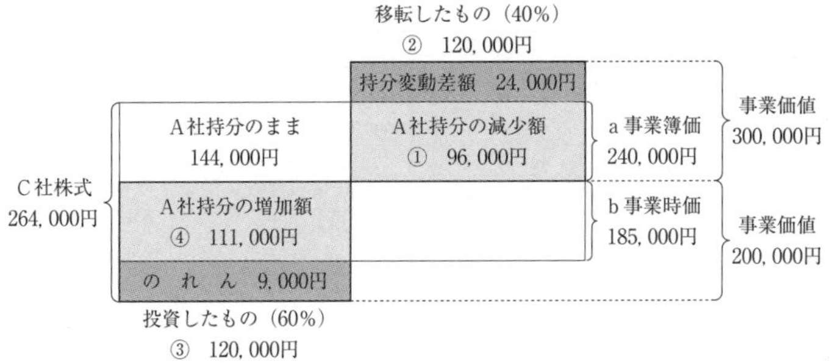

① 240,000円〈ａ事業の簿価〉×40%＝96,000円〈A社持分の減少額〉
② 300,000円〈ａ事業の価値〉×40%＝120,000円〈移転したとみなされる額〉
②120,000円－①96,000円＝24,000円〈持分変動差額〉
∴ A社連結B/SのC社株式：240,000円＋24,000円＝264,000円
③ 200,000円〈ｂ事業の価値〉×60%＝120,000円〈投資したとみなされる額〉
④ 185,000円〈ｂ事業の時価〉×60%＝111,000円〈A社持分の増加額〉
③120,000円－④111,000円＝9,000円〈のれん〉

（単位：円）

（C　社　株　式）(＊)	24,000	（持 分 変 動 差 額）	24,000

(＊) 持分変動差額

② B社の連結会計上の処理

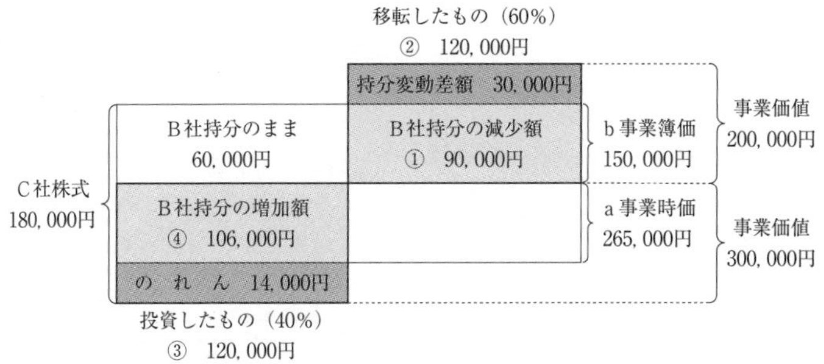

① 150,000円〈ｂ事業の簿価〉×60%＝90,000円〈B社持分の減少額〉
② 200,000円〈ｂ事業の価値〉×60%＝120,000円〈移転したとみなされる額〉
②120,000円－①90,000円＝30,000円〈持分変動差額〉
∴ B社連結B/SのC社株式：150,000円＋30,000円＝180,000円
③ 300,000円〈ａ事業の価値〉×40%＝120,000円〈投資したとみなされる額〉
④ 265,000円〈ａ事業の時価〉×40%＝106,000円〈B社持分の増加額〉
③120,000円－④106,000円＝14,000円〈のれん〉

（単位：円）

（C　社　株　式）(＊)	30,000	（持 分 変 動 差 額）	30,000

(＊) 持分変動差額

Theme 10 外貨建財務諸表項目

問題10-1

貸借対照表

×1年12月31日現在　(単位：円)

資産	金額	負債・純資産	金額
現金	117,900	買掛金	27,000
売掛金	45,000	長期借入金	54,000
商品	62,100	本店	465,000
短期貸付金	54,000	当期純利益	8,500
建物	285,000		
減価償却累計額	△ 9,500		
	554,500		554,500

損益計算書

自×1年1月1日　至×1年12月31日　(単位：円)

借方科目	金額	貸方科目	金額
売上原価	119,600	売上高	173,900
商品評価損	2,300	その他の収益	13,200
減価償却費	9,500		
その他の費用	43,120		
為替差損	4,080		
当期純利益	8,500		
	187,100		187,100

解答への道

貸借対照表と損益計算書の円換算

科目	円換算前(単位：ドル)		換算レート	円換算後(単位：円)	
	借方	貸方		借方	貸方
(貸借対照表)					
現金	1,310		90円(CR)	117,900	
売掛金	500		90円(CR)	45,000	
商品	690		(注1)	62,100	
短期貸付金	600		90円(CR)	54,000	
建物	3,000		95円(HR)	285,000	
減価償却累計額	△ 100		95円(HR)	△ 9,500	
買掛金		300	90円(CR)		27,000
長期借入金		600	90円(CR)		54,000
本店		5,000	本店の支店勘定より		465,000
当期純利益		100	貸借差額		8,500
計	6,000	6,000		554,500	554,500
(損益計算書)					
売上高		1,850	94円(HR)		173,900
その他の収益		150	88円(AR)		13,200
売上原価	1,300		92円(HR)	119,600	
商品評価損	10		(注2)	2,300	
減価償却費	100		95円(HR)	9,500	
その他の費用	490		88円(AR)	43,120	
為替差損			貸借差額	4,080	
当期純利益	100		B/Sより	8,500	
計	2,000	2,000		187,100	187,100

(注1) (690ドル＋10ドル)×92円〈HR〉＝64,400円 ＞ 690ドル〈CC〉×90円〈CR〉＝62,100円
　　　HC

　∴ 62,100円〈B/S価額〉

(注2) 64,400円－62,100円＝2,300円〈商品評価損〉

問題10-2

貸借対照表価額	8, 500, 000円

解答への道

1．単価計算

	取得原価		数　量		単　価
期首棚卸高	48, 000ドル	÷	600個	=	@80ドル
第１回仕入	114, 800ドル	÷	1, 400個	=	@82ドル
第２回仕入	102, 000ドル	÷	1, 200個	=	@85ドル
第３回仕入	67, 200ドル	÷	800個	=	@84ドル

2．期末帳簿棚卸高の計算⇨先入先出法

(期　　首)　@80ドル×　600個 ─→	(期　　首)　@80ドル×　600個	売上原価
(第１回仕入)　@82ドル×1, 400個 ─→	(第１回仕入)　@82ドル×1, 400個	売上原価
(第２回仕入)　@85ドル×1, 200個 ─→	(第２回仕入)　@85ドル×1, 000個	売上原価
	(第２回仕入)　@85ドル×　200個	期末棚卸高（外貨額）
(第３回仕入)　@84ドル×　800個 ─→	(第３回仕入)　@84ドル×　800個	期末棚卸高（外貨額）

よって，期末帳簿棚卸高は次のようになる。

@85ドル〈HC〉×@104円〈HR〉×200個＝ 1, 768, 000円
@84ドル〈HC〉×@102円〈HR〉×800個＝ 6, 854, 400円
8, 622, 400円

3．貸借対照表価額の計算

期末帳簿棚卸高と時価の円換算額とを比較して，いずれか低い方を貸借対照表価額とする。

時価の円換算額⇨@85ドル〈CC〉×@100円〈CR〉×1, 000個＝8, 500, 000円

期末帳簿棚卸高＞時価の円換算額　∴ 8, 500, 000円〈B/S価額〉

問題10-3

本支店合併損益計算書
自×1年４月１日　至×2年３月31日　（単位：千円）

Ⅰ 売　上　高		（ 647, 000 ）
Ⅱ 売 上 原 価		
1．期首商品棚卸高	（ 32, 460 ）	
2．当期商品仕入高	（ 357, 200 ）	
合　計	（ 389, 660 ）	
3．期末商品棚卸高	（ 47, 700 ）	（ 341, 960 ）
売 上 総 利 益		（ 305, 040 ）
Ⅲ 販売費及び一般管理費		
1．販売費・管理費	（ 128, 361 ）	
2．貸倒引当金繰入	（ 1, 840 ）	
3．減 価 償 却 費	（ 17, 119 ）	
4．(退 職 給 付 費 用)	（ 23, 890 ）	（ 171, 210 ）
営　業　利　益		（ 133, 830 ）
Ⅳ 営 業 外 収 益		
1．受取利息配当金	（ 3, 600 ）	
2．有 価 証 券 利 息	（ 1, 010 ）	
3．有価証券運用益	（ 11, 020 ）	
4．(為　替　差　益)	（ 13, 790 ）	（ 29, 420 ）
Ⅴ 営 業 外 費 用		
1．社　債　利　息		（ 1, 200 ）
経　常　利　益		（ 162, 050 ）
Ⅵ 特　別　損　失		
1．(子会社株式評価損)		（ 10, 400 ）
当 期 純 利 益		（ 151, 650 ）

本支店合併貸借対照表

×2年３月31日現在　(単位：千円)

現金預金	(286,889)	買掛金	(86,990)
受取手形	60,000	未払費用	(300)
売掛金	72,000	退職給付引当金	(86,890)
貸倒引当金	(△ 2,640)	資産除去債務	(923)
有価証券	(83,520)	資本金	(530,000)
商品	(47,700)	資本準備金	(60,000)
前払費用	(600)	利益準備金	51,000
未収収益	(1,600)	繰越利益剰余金	(199,650)
短期貸付金	26,250		
建物	70,000		
減価償却累計額	(△ 40,250)		
備品	(103,000)		
減価償却累計額	(△ 32,120)		
機械	(10,905)		
減価償却累計額	(△ 2,181)		
土地	(300,000)		
投資有価証券	(20,880)		
子会社株式	(9,600)		
合計	(1,015,753)	合計	(1,015,753)

解答への道

1．ハワイ支店の財務諸表項目の換算

科目	円換算前（単位：千ドル）		換算レート	円換算後（単位：千円）	
	借方	貸方		借方	貸方
〔貸借対照表〕					
現金預金	1,400		116円〈CR〉	162,400	
商品	230		（＊3）	25,300	
備品	600		105円〈HR〉	63,000	
減価償却累計額	△ 120		105円〈HR〉	△ 12,600	
買掛金		240	116円〈CR〉		27,840
本店		1,000	（＊5）		95,000
当期純利益		870	貸借差額		115,260
計	2,110	2,110		238,100	238,100
〔損益計算書〕					
売上		2,200	110円〈AR〉		242,000
本店売上		750	（＊6）		84,000
売上原価	1,520		（＊4）	169,000	
販売費・管理費	500		110円〈AR〉	55,000	
減価償却費	60		105円〈HR〉	6,300	
当期純利益	870		B/Sより	115,260	
為替差益			貸借差額		19,560
計	2,950	2,950		345,560	345,560

∴　B/S現金預金：124,489千円〈本店〉＋162,400千円〈支店〉＝286,889千円

原価ボックス（支店）

期首商品棚卸高　（＊1）　18,300	売上原価　（＊4）　169,000
当期商品仕入高　（＊2）　176,000	期末商品棚卸高　（＊3）　25,300

（＊1）150千ドル〈期首商品〉×122円〈HR〉＝18,300千円
（＊2）1,600千ドル〈当期仕入〉×110円〈AR〉＝176,000千円
（＊3）230千ドル〈商品〉×110円〈AR〉＝25,300千円
（＊4）貸借差額
（＊5）T/B支店より
（＊6）T/B支店仕入より

2．商品売買（売上高と売上原価の計算）

原価ボックス

本店T/B繰越商品	16,000	P/L売上原価（＊2）	341,960
支店期首商品	18,300		
本店T/B繰延内部利益	△1,840		
P/L期首商品棚卸高	32,460		
本店T/B仕入	181,200	本店期末商品	24,200
支店当期仕入高	176,000	支店期末商品	25,300
P/L当期商品仕入高	357,200	期末内部利益（＊1）	△1,800
		P/L期末商品棚卸高（B/S商品）	47,700

本店T/B売上 405,000
支店外部売上 242,000
P/L売上高 647,000

（＊1）10,800千円〈本店期末商品のうち支店仕入分〉× $\frac{0.2}{1+0.2}$ ＝1,800千円

（＊2）貸借差額

3．貸倒引当金

（単位：千円）

（貸倒引当金繰入）（＊）	1,840	（貸倒引当金）	1,840

（＊）（60,000千円〈B/S受取手形〉＋72,000千円〈B/S売掛金〉）× 2％＝2,640千円〈B/S貸倒引当金〉
2,640千円－800千円〈T/B貸倒引当金〉＝1,840千円〈繰入額〉

4．有価証券

(1) 売買目的有価証券

① A社株式（時価評価）

（単位：千円）

（有価証券運用損益）（＊）	560	（有価証券）	560

（＊）440千ドル〈CC〉×116円〈CR〉＝51,040千円〈円貨による時価〉
430千ドル〈HC〉×120円〈HR(期首)〉＝51,600千円〈円貨による原価〉
51,040千円－51,600千円＝△560千円〈評価損〉

② B社株式（時価評価）

（単位：千円）

（有価証券）（＊）	10,880	（有価証券運用損益）	10,880

（＊）280千ドル〈CC〉×116円〈CR〉＝32,480千円〈円貨による時価〉
180千ドル〈HC〉×120円〈HR(期首)〉＝21,600千円〈円貨による原価〉
32,480千円－21,600千円＝10,880千円〈評価益〉

∴ B/S有価証券：51,040千円〈A社株式時価〉＋32,480千円〈B社株式時価〉＝83,520千円
P/L有価証券運用益：700千円〈T/B〉－560千円〈A社株式〉＋10,880千円〈B社株式〉
＝11,020千円

(2) 子会社株式（C社株式）

① 科目の振替え

（単位：千円）

（子会社株式）	20,000	（有価証券）	20,000

② 実価法の適用

（単位：千円）

（子会社株式評価損）（＊）	10,400	（子会社株式）	10,400

（＊）16,000千円×60％＝9,600千円〈実質価額(B/S子会社株式)〉
9,600千円〈実質価額〉－20,000千円〈取得原価〉＝△10,400千円〈評価損〉

(3) 満期保有目的債券（D社社債）

① 科目の振替え

（単位：千円）

（投資有価証券）（＊）	21,000	（有価証券）	21,000

（＊）175千ドル〈HC〉×120円〈HR(期首)〉＝21,000千円〈円貨による原価〉

② 償却原価法（定額法）の適用と換算替え

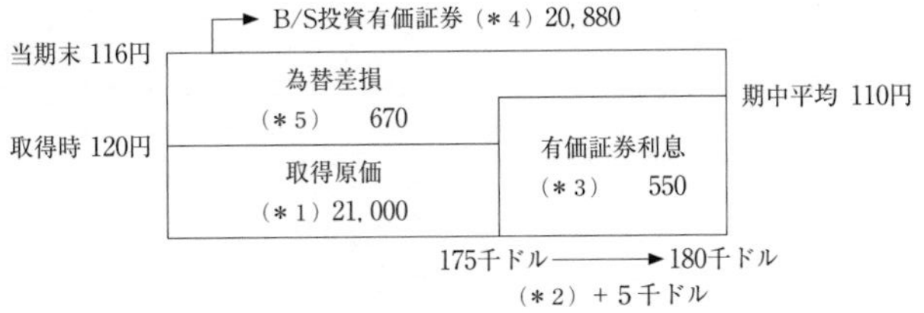

（＊1）175千ドル〈HC〉×120円〈HR(期首)〉＝21,000千円〈円貨による原価〉
（＊2）(200千ドル〈額面総額〉－175千ドル〈HC〉)÷5年＝5千ドル〈外貨による償却額〉
（＊3） 5千ドル×110円〈AR〉＝550千円〈円貨による償却額〉
（＊4）175千ドル〈HC〉＋5千ドル＝180千ドル〈外貨による償却原価〉
180千ドル×116円〈CR〉＝20,880千円〈B/S投資有価証券〉
（＊5）20,880千円－(21,000千円＋550千円)＝△670千円〈為替差損〉

（単位：千円）

（投資有価証券）（＊3）	550	（有価証券利息）	550
（為替差損益）（＊5）	670	（投資有価証券）	670

∴ P/L有価証券利息：460千円〈T/B〉＋550千円＝1,010千円

5．買掛金（換算替え）

（単位：千円）

（為替差損益）（＊）	2,100	（買掛金）	2,100

（＊）300千ドル×116円〈CR〉－32,700千円＝2,100千円〈買掛金の増加額（為替差損）〉

∴ B/S買掛金：57,050千円〈T/B〉＋2,100千円＋27,840千円〈支店〉＝86,990千円
P/L為替差益：△3,000千円〈T/B〉－670千円〈D社社債〉－2,100千円＋19,560千円〈支店〉
＝13,790千円

6．固定資産

(1) 建物（減価償却費の計上）

（単位：千円）

（減　価　償　却　費）(＊)	3,500	（建物減価償却累計額）	3,500

(＊) 70,000千円〈T/B建物〉÷20年＝3,500千円

∴　B/S減価償却累計額（建物）：36,750千円〈T/B〉＋3,500千円＝40,250千円

(2) 備品（減価償却費の計上）

（単位：千円）

（減　価　償　却　費）(＊)	5,120	（備品減価償却累計額）	5,120

(＊) (40,000千円〈T/B備品〉－14,400千円〈T/B備品減価償却累計額〉)×0.2＝5,120千円

∴　B/S備品：40,000千円〈本店〉＋63,000千円〈支店〉＝103,000千円

B/S減価償却累計額（備品）：14,400千円〈T/B〉＋5,120千円＋12,600千円〈支店〉＝32,120千円

(3) 機　械

① 資産除去債務の計上

（単位：千円）

（機　　　　　械）(＊)	905	（資　産　除　去　債　務）	905

(＊) 1,000千円×0.905＝905千円

② 時の経過による資産除去債務の調整額（利息費用）の計上

（単位：千円）

（減　価　償　却　費）(＊)	18	（資　産　除　去　債　務）	18

(＊) 905千円×2％≒18千円〈利息費用〉

③ 減価償却費の計上

（単位：千円）

（減　価　償　却　費）(＊)	2,181	（機械減価償却累計額）	2,181

(＊) (10,000千円＋905千円)÷5年＝2,181千円

∴　B/S機械：10,000千円〈T/B〉＋905千円＝10,905千円

B/S資産除去債務：905千円＋18千円＝923千円

P/L減価償却費：3,500千円＋5,120千円＋18千円＋2,181千円＋6,300千円〈支店〉＝17,119千円

7．転換社債型新株予約権付社債（転換請求）

転換社債型であるため，代用払込の請求があったものとみなして処理する。

（単位：千円）

（社　　　　　債）	60,000	（資　　本　　金）(＊)	30,000
		（資　本　準　備　金）(＊)	30,000

(＊) 60,000千円×$\frac{1}{2}$＝30,000千円

∴　B/S資本金：500,000千円〈T/B〉＋30,000千円＝530,000千円

B/S資本準備金：30,000千円〈T/B〉＋30,000千円＝60,000千円

8．退職給付引当金

(1) T/B退職給付引当金の推定

T/Bに退職給付費用がなく，かつ，年金拠出額と退職一時金を退職給付勘定で処理しているため，T/B退職給付引当金は，前期末残高のままであることが推定できる。

なお，期首未認識数理計算上の差異は，問題資料に「割引率の引き下げによって生じたもの」である旨の記載があり，引下後の割引率で退職給付債務を計算しなおすと，金額が増えることになるため，不足額であると判断する。

また，T/B退職給付引当金の推定後，T/Bの貸借差額により，T/B土地の金額が判明する。

∴　T/B退職給付引当金：295,000千円〈前期末債務〉－167,000千円〈前期末資産〉

－36,000千円〈前期末差異（不足）〉＝92,000千円

T/B土地：1,300,000千円〈T/B貸方合計〉－1,000,000千円〈土地を除くT/B借方合計〉

＝300,000千円〈B/S土地〉

(2) 年金拠出額と退職一時金の修正

（単位：千円）

（退　職　給　付　引　当　金）	29,000	（退　　職　　給　　付）	29,000

(3) 退職給付費用の計上

（単位：千円）

（退　職　給　付　費　用）(＊)	23,890	（退　職　給　付　引　当　金）	23,890

(＊) 295,000千円×2％＝5,900千円〈利息費用〉

167,000千円×3％＝5,010千円〈期待運用収益〉

36,000千円÷（10年－1年〈経過年数〉）＝4,000千円〈差異の費用処理額〉

19,000〈勤務費用〉＋5,900千円－5,010千円＋4,000千円＝23,890千円

∴　B/S退職給付引当金：92,000千円〈T/B〉－29,000千円＋23,890千円＝86,890千円

9．経過勘定の計上

（単位：千円）

（前　　払　　費　　用）	600	（販　売　費・管　理　費）	600
（販　売　費・管　理　費）	300	（未　　払　　費　　用）	300
（未　　収　　収　　益）	1,600	（受　取　利　息　配　当　金）	1,600

∴　P/L販売費・管理費：73,661千円〈T/B〉－600千円＋300千円＋55,000千円〈支店〉＝128,361千円

P/L受取利息配当金：2,000千円〈T/B〉＋1,600千円＝3,600千円

10．繰越利益剰余金の計算

B/S繰越利益剰余金：48,000千円〈T/B〉＋151,650千円〈P/L当期純利益〉＝199,650千円

問題10-4

貸借対照表

×5年3月31日現在　(単位：円)

資産	金額	負債・純資産	金額
現金預金	2,354,000	買掛金	3,103,000
売掛金	5,029,000	長期借入金	4,280,000
商品	6,420,000	資本金	14,300,000
建物	10,700,000	利益剰余金	2,632,000
減価償却累計額	△ 642,000	為替換算調整勘定	△ 454,000
	23,861,000		23,861,000

損益計算書

自×4年4月1日　至×5年3月31日(単位：円)

科目	金額
売上高	13,080,000
売上原価	8,164,000
売上総利益	4,916,000
減価償却費	654,000
その他の費用	1,962,000
為替差損	120,000
当期純利益	2,180,000

株主資本等変動計算書（利益剰余金のみ）

自×4年4月1日　至×5年3月31日　(単位：円)

借方科目	金額	貸方科目	金額
剰余金の配当	648,000	利益剰余金当期首残高	1,100,000
利益剰余金当期末残高	2,632,000	当期純利益	2,180,000
	3,280,000		3,280,000

解答への道

1．損益計算書項目

勘定科目	換算前		換算レート	換算後	
	借方	貸方		借方	貸方
売上高		120,000ドル	109円(AR)		13,080,000円
売上原価	76,000ドル		(＊)	8,164,000円	
減価償却費	6,000		109円(AR)	654,000	
その他の費用	18,000		109円(AR)	1,962,000	
為替差損			貸借差額	120,000	
当期純利益	20,000		109円(AR)	2,180,000	
計	120,000ドル	120,000ドル		13,080,000円	13,080,000円

(＊) 親会社仕入分　40,000ドル×@106円〈HR〉＝4,240,000円
　　その他仕入分　36,000ドル×@109円〈AR〉＝3,924,000円　} 8,164,000円

2．株主資本等変動計算書(利益剰余金のみ)

勘定科目	換算前		換算レート	換算後	
	借方	貸方		借方	貸方
利益剰余金当期首残高		10,000ドル	110円(HR)		1,100,000円
剰余金の配当	6,000ドル		108円(HR)	648,000円	
当期純利益		20,000	109円(AR)		2,180,000
利益剰余金当期末残高	24,000		貸借差額	2,632,000	
計	30,000ドル	30,000ドル		3,280,000円	3,280,000円

3．貸借対照表項目

勘定科目	換算前		換算レート	換算後	
	借方	貸方		借方	貸方
現金預金	22,000ドル		107円(CR)	2,354,000円	
売掛金	47,000		107円(CR)	5,029,000	
商品	60,000		107円(CR)	6,420,000	
建物	100,000		107円(CR)	10,700,000	
減価償却累計額	△ 6,000		107円(CR)	△ 642,000	
買掛金		29,000ドル	107円(CR)		3,103,000円
長期借入金		40,000	107円(CR)		4,280,000
資本金		130,000	110円(HR)		14,300,000
利益剰余金		24,000	S/Sより		2,632,000
為替換算調整勘定			貸借差額	454,000	
計	223,000ドル	223,000ドル		24,315,000円	24,315,000円

問題10-5

〔問1〕

貸借対照表

×2年3月31日現在

(単位：円)

資産	金額	負債・純資産	金額
諸資産	100,000	諸負債	30,000
		資本金	60,000
		利益剰余金	10,000
	100,000		100,000

〔問2〕

(1) のれんの額	17,100円
(2) のれんの換算に伴って生じる為替換算調整勘定の額	△ 940円

(注) 為替換算調整勘定が借方の場合には金額の前に△印を付すこと。

解答への道

〔問1〕

貸借対照表の換算(×2年3月31日)

諸資産：1,000ドル×@100円〈CR〉=100,000円

諸負債：300ドル×@100円〈CR〉=30,000円

資本金：600ドル×@100円〈HR=CR〉=60,000円

利益剰余金：100ドル×@100円〈HR=CR〉=10,000円

［参考］

貸借対照表の換算を行う場合に，「のれんをS社修正仕訳で計上する方法」で処理した場合の貸借対照表は以下のようになる。

1．のれんの計上

(単位：ドル)

(のれん)(*)	200	(のれん評価勘定)	200

(*) 900ドル〈S社株式〉−(600ドル〈資本金〉+100ドル〈利益剰余金〉)=200ドル

2．×1年度における貸借対照表

貸借対照表

×2年3月31日現在

(単位：円)

資産	金額	負債・純資産	金額
諸資産	100,000	諸負債	30,000
のれん	(*) 20,000	資本金	60,000
		利益剰余金	10,000
		のれん評価勘定	(*) 20,000
	120,000		120,000

(*) 200ドル×@100円〈HR=CR〉=20,000円

〔問2〕

1．円貨による投資と資本の相殺消去(開始仕訳)

(単位：円)

(資本金当期首残高)(*2)	60,000	(S社株式)(*1)	90,000
(利益剰余金当期首残高)(*3)	10,000		
(のれん)(*4)	20,000		

(*1) 900ドル×@100円〈HR〉=90,000円

(*2) 600ドル×@100円〈HR〉=60,000円

(*3) 100ドル×@100円〈HR〉=10,000円

(*4) 200ドル×@100円〈HR〉=20,000円

(注) 前述した参考の方法によりS社の貸借対照表に「のれん」および「のれん評価勘定」が計上されている場合には，投資と資本の相殺消去のときには，「のれん」の計上に替えて，「のれん評価勘定」を取り消す。

2．のれんの償却

(単位：円)

(のれん償却額)(*)	1,960	(のれん)	1,960

(*) 200ドル〈のれん〉÷10年×@98円〈AR〉=1,960円

3．為替換算調整勘定の計上

(単位：円)

(為替換算調整勘定当期変動額)(*)	940	(のれん)	940

(*) 200ドル−20ドル=180ドル〈外貨による未償却残高〉

180ドル〈外貨による未償却残高〉×@95円〈CR〉=17,100円〈円貨による未償却残高〉

17,100円−(20,000円−1,960円)=△940円〈のれんの減少額=借方の為替換算調整勘定〉

18,040円

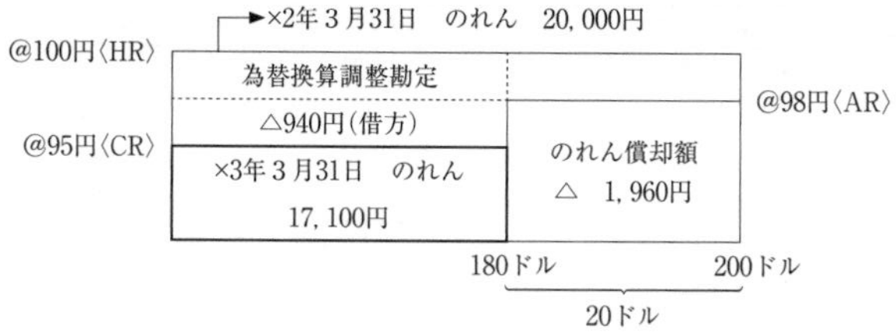

問題10-6

問1	(1)	当期純利益	66,000 千円
	(2)	為替差損益	△ 4,400 千円
	(3)	為替換算調整勘定	15,600 千円
問2	(1)	のれん償却額	330 千円
	(2)	のれん	6,384 千円
	(3)	為替換算調整勘定	10,914 千円

(注) 為替差損益および為替換算調整勘定が借方に生じた場合には，金額の前に△印を付すこと。

解答への道

問1　在外子会社等の×5年度における財務諸表項目の換算

1．財務諸表項目の換算

(1) 前期末（×4年度末）の貸借対照表（諸資産の評価替前）

科目	円換算前(単位：千ドル)		換算レート	円換算後(単位：千円)	
	借方	貸方		借方	貸方
〔貸借対照表〕					
諸資産	8,000		CR@107円(前期末)	856,000	
諸負債		5,000	CR@107円(前期末)		535,000
資本金		2,000	HR@107円(前期末)		214,000
利益剰余金		1,000	HR@107円(前期末)		107,000
計	8,000	8,000		856,000	856,000

(2) 当期（×5年度）の損益計算書

収益・費用および当期純利益は，原則として，期中平均相場により換算する。ただし，P社からの仕入分については，P社が換算に用いた為替相場により換算する。

科目	円換算前(単位：千ドル)		換算レート	円換算後(単位：千円)	
	借方	貸方		借方	貸方
〔損益計算書〕					
売上高		12,400	110円（AR）		1,364,000
その他収益		600	110円（AR）		66,000
売上原価	8,600		（＊）	941,600	
その他費用	3,800		110円（AR）	418,000	
当期純利益	600		110円（AR）	66,000	
為替差損			貸借差額	4,400	
計	13,000	13,000		1,430,000	1,430,000

（＊）8,600千ドル〈売上原価〉－2,200千ドル〈P社からの仕入分〉＝6,400千ドル〈外部からの仕入分〉
6,400千ドル×110円〈AR〉＝704,000千円
704,000千円＋237,600千円〈P社からの仕入分〉＝941,600千円

(3) 当期末（×5年度末）の貸借対照表（諸資産の評価替後）

資産および負債は，決算時の為替相場により換算するが，株式取得時における純資産に属する項目は，株式取得時（×4年度期末）の為替相場により換算し，株式取得後に生じた純資産に属する項目（利益剰余金の増減額など）は，当該項目の発生時の為替相場（配当金の支払時など）により換算する。また，為替換算調整勘定は，円換算後の貸借対照表の貸借差額で計算する。

科目	円換算前(単位：千ドル)		換算レート	円換算後(単位：千円)	
	借方	貸方		借方	貸方
〔貸借対照表〕					
諸資産	9,500		112円（CR）	1,064,000	
諸負債		6,100	112円（CR）		683,200
資本金		2,000	107円(×4年度期末)		214,000
利益剰余金		1,400	（＊）		151,200
為替換算調整勘定			貸借差額		15,600
計	9,500	9,500		1,064,000	1,064,000

（＊）利益剰余金の換算については，下記を参照のこと。

項目	円換算前(単位：千ドル)	換算レート	円換算後(単位：千円)
利益剰余金当期首残高	1,000	107円（×4年度期末）	107,000
剰余金の配当	△ 200	109円（配当時）	△ 21,800
当期純利益	＋ 600	110円（AR）	＋ 66,000
利益剰余金当期末残高	1,400		151,200

問2　在外子会社の連結手続き

1．×4年度期末（支配獲得日）

(1) 諸資産の時価評価

① 外貨による時価評価

(単位：千ドル)

(諸資産)（＊1）	600	(繰延税金負債)（＊2）	180
		(評価差額)（＊3）	420

（＊1）8,600千ドル－8,000千ドル＝600千ドル
（＊2）600千ドル×30%〈実効税率〉＝180千ドル
（＊3）600千ドル－180千ドル＝420千ドル

② 円貨による時価評価（実際の連結修正仕訳）

(単位：千円)

(諸資産)（＊）	64,200	(繰延税金負債)（＊）	19,260
		(評価差額)（＊）	44,940

（＊）すべて×4年度期末の為替相場@107円で換算する。

(2) 外貨によるのれんの把握

(単位：千ドル)

(資　本　金)	2,000	(S　社　株　式)	2,112
(利益剰余金)	1,000	(非支配株主持分)(＊2)	1,368
(評　価　差　額)	420		
(の　れ　ん)(＊1)	60		

(＊1) (2,000千ドル＋1,000千ドル＋420千ドル)×60%＝2,052千ドル〈P社持分〉
2,112千ドル－2,052千ドル＝60千ドル
(＊2) (2,000千ドル＋1,000千ドル＋420千ドル)×40%＝1,368千ドル〈非支配株主持分〉

(3) 円貨による投資と資本の相殺消去（実際の連結修正仕訳）

(単位：千円)

(資　本　金)(＊)	214,000	(S　社　株　式)(＊)	225,984
(利益剰余金)(＊)	107,000	(非支配株主持分)(＊)	146,376
(評　価　差　額)(＊)	44,940		
(の　れ　ん)(＊)	6,420		

(＊) すべて×4年度期末の為替相場@107円で換算する。

2．×5年度期末（支配獲得から1年後）

支配獲得後には，外貨による「のれん」の未償却残高および「のれん償却額」を把握し，外貨による「のれん」の未償却残高は，他の資産と同様に決算時（×5年度期末）の為替相場@112円で換算し，「のれん償却額」は，他の費用と同様に，原則である期中平均相場@110円で換算する。なお，換算する為替相場が異なることにより生じた差額は，「為替換算調整勘定」とする。

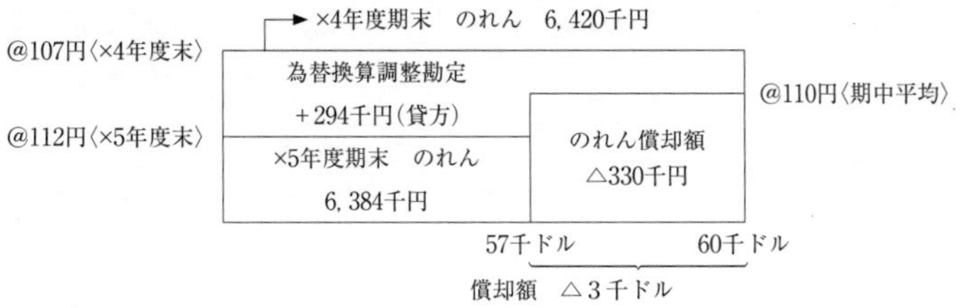

(1) 開始仕訳

① 円貨による時価評価

(単位：千円)

(諸　資　産)	64,200	(繰延税金負債)	19,260
		(評　価　差　額)	44,940

② 円貨による投資と資本の相殺消去（開始仕訳）

(単位：千円)

(資本金 当期首残高)	214,000	(S　社　株　式)	225,984
(利益剰余金 当期首残高)	107,000	(非支配株主持分 当期首残高)	146,376
(評　価　差　額)	44,940		
(の　れ　ん)	6,420		

(2) 期中仕訳

① 諸資産の時価評価の修正

子会社の資産および負債の時価評価は「支配獲得時」に行われる。なお，評価差額は資本の項目に該当するため「支配獲得時の為替相場」で換算した額で固定される。しかし，資産および負債は各期のＣＲで換算するため，各期に修正を行う。

(単位：千円)

(諸　資　産)(＊1)	3,000	(繰延税金負債)(＊2)	900
		(為替換算調整勘定 当期変動額)(＊3)	2,100

(＊1) (@112円〈×5年度期末〉－@107円〈×4年度期末〉)×600千ドル＝3,000千円〈修正額〉
(＊2) (@112円〈×5年度期末〉－@107円〈×4年度期末〉)×180千ドル＝900千円〈修正額〉
(＊3) 3,000千円－900千円＝2,100千円

② のれんの当期償却額

(単位：千円)

(のれん償却額)(＊)	330	(の　れ　ん)	330

(＊) 60千ドル〈外貨によるのれん〉÷20年＝3千ドル〈外貨による償却額〉
3千ドル〈外貨による償却額〉×@110円〈期中平均〉＝330千円〈円貨によるのれん償却額〉

③ 為替換算調整勘定の計上

のれんの未償却残高は，決算時（×5年度期末）の為替相場@112円で換算される。したがって，計上時（×4年度期末）の為替相場および償却時の為替相場（×5年度期中平均）との差額を為替換算調整勘定として計上する。

(単位：千円)

(の　れ　ん)(＊)	294	(為替換算調整勘定 当期変動額)	294

(＊) 60千ドル－3千ドル＝57千ドル〈外貨による未償却残高〉
57千ドル〈外貨による未償却残高〉×@112円〈×5年度期末〉＝6,384千円〈円貨によるのれん〉
6,384千円－(6,420千円－330千円)＝＋294千円〈のれんの増加額＝貸方の為替換算調整勘定〉
6,090千円

④ 当期純利益の振替え

(単位：千円)

(非支配株主に帰属する 当期純利益)(＊)	26,400	(非支配株主持分 当期変動額)	26,400

(＊) 66,000千円〈S社当期純利益〉×40%＝26,400千円

⑤　配当金の修正

（単位：千円）

（受取配当金）	（＊1）	13,080	（利益剰余金 剰余金の配当）	21,800
（非支配株主持分 当期変動額）	（＊2）	8,720		

（＊1）21,800千円〈S社剰余金の配当〉×60％＝13,080千円
（＊2）21,800千円〈S社剰余金の配当〉×40％＝8,720千円

⑥　為替換算調整勘定の振替え

在外子会社等の財務諸表項目の換算替えにより生じた為替換算調整勘定は子会社等の資本とする。したがって，財務諸表項目の換算替えにより当期に生じた為替換算調整勘定15,600千円と時価評価の修正により生じた為替換算調整勘定2,100千円の合計額17,700千円のうち40％分を非支配株主持分に振り替える。ただし，のれんの換算により生じた為替換算調整勘定は，すべて親会社に帰属するため振り替えないことに注意すること。

（単位：千円）

（為替換算調整勘定 当期変動額）	（＊）	7,080	（非支配株主持分 当期変動額）	7,080

（＊）17,700千円×40％＝7,080千円
∴　連結財務諸表に記載される為替換算調整勘定：17,700千円－7,080千円＋294千円＝10,914千円

⑦　内部取引の相殺

（単位：千円）

（売上高）	237,600	（売上原価）	237,600

問題10-7

	○または×	理由
1	○	
2	×	原則として期中平均相場により換算するが，決算時の為替相場により換算することも認められる。
3	○	
4	×	為替換算調整勘定については，連結貸借対照表の純資産の部に記載する。

解答への道

1．在外支店における収益・費用の換算については，原則として取引発生時の為替相場によるが，期中平均相場によることも認められる。
2．在外子会社における収益・費用の換算については，原則として期中平均相場によるが，決算時の為替相場によることも認められる。
3．在外子会社における資産・負債の換算については，決算時の為替相場による。
4．在外子会社の換算によって生じた換算差額については，為替換算調整勘定として，連結貸借対照表の純資産の部（その他の包括利益累計額）に記載する。

Theme 11 キャッシュ・フロー計算書

問題11-1

〈直接法〉

		(単位：円)
Ⅰ	営業活動によるキャッシュ・フロー	
	営業収入	(263,900)
	商品の仕入支出	(△172,000)
	人件費の支出	(△ 26,200)
	その他の営業支出	(△ 5,200)
	小計	(60,500)
	利息及び配当金の受取額	(2,000)
	利息の支払額	(△ 2,800)
	法人税等の支払額	(△ 16,000)
	営業活動によるキャッシュ・フロー	(43,700)
Ⅱ	投資活動によるキャッシュ・フロー	
	有価証券の取得による支出	(△ 4,000)
	有価証券の売却による収入	(14,000)
	有形固定資産の取得による支出	(△ 60,000)
	有形固定資産の売却による収入	(36,000)
	貸付けによる支出	(△ 1,200)
	貸付金の回収による収入	(3,200)
	投資活動によるキャッシュ・フロー	(△ 12,000)
Ⅲ	財務活動によるキャッシュ・フロー	
	借入れによる収入	(8,000)
	借入金の返済による支出	(△ 16,000)
	株式の発行による収入	(4,000)
	配当金の支払額	(△ 12,000)
	財務活動によるキャッシュ・フロー	(△ 16,000)
Ⅳ	現金及び現金同等物に係る換算差額	(△ 1,200)
Ⅴ	現金及び現金同等物の増加額	(14,500)
Ⅵ	現金及び現金同等物の期首残高	(54,000)
Ⅶ	現金及び現金同等物の期末残高	(68,500)

〈間接法〉

		(単位：円)
Ⅰ	営業活動によるキャッシュ・フロー	
	税引前当期純利益	(41,900)
	減価償却費	(16,400)
	貸倒引当金の増加額	(100)
	退職給付引当金の増加額	(800)
	受取利息・配当金	(△ 1,600)
	支払利息	(2,400)
	有価証券売却益	(△ 2,000)
	有価証券評価損	(800)
	為替差損	(1,200)
	固定資産売却損	(3,600)
	売上債権の増加額	(△ 7,900)
	棚卸資産の減少額	(9,000)
	前払費用の増加額	(△ 400)
	仕入債務の減少額	(△ 4,000)
	未払費用の増加額	(200)
	小計	(60,500)

解答への道

1．直接法

(1) 営業収入

(単位：円)

(受取手形・売掛金)	272,000	(売上)	272,000
(貸倒引当金)	300	(受取手形・売掛金)	300
(貸倒損失)	100	(受取手形・売掛金)	100
(現金預金) 営業収入	263,900	(受取手形・売掛金)	263,700
		(償却債権取立益)	200
(貸倒引当金繰入)	400	(貸倒引当金)	400

受取手形・売掛金

期首 受取手形	20,000	営業収入 貸借差額	263,700
期首 売掛金	28,000		
P/L売上高	272,000	貸倒れ(前期)	300
		貸倒れ(当期)	100
		期末 受取手形	24,000
		期末 売掛金	31,900

貸倒引当金

取崩額	300	期首残高	800
期末残高	900	繰入額	400

貸倒引当金繰入

繰入額	400	P/L繰入額	400

(2) 商品の仕入支出

(単位：円)

(仕入) 売上原価	168,000	(支払手形・買掛金)	168,000
(支払手形・買掛金)	172,000	(現金預金) 商品の仕入支出	172,000
(仕入) 売上原価	24,000	(繰越商品) 期首商品	24,000
(繰越商品) 期末商品	16,000	(仕入) 売上原価	16,000
(棚卸減耗損)	1,000	(繰越商品)	1,000

支払手形・買掛金

商品の仕入支出 172,000（貸借差額）	期首 支払手形 20,000
	期首 買掛金 12,000
期末 支払手形 12,000	仕入 168,000
期末 買掛金 16,000	

仕　入（売上原価）

期首商品 24,000	P/L売上原価 176,000
仕入 168,000（貸借差額）	期末商品 16,000

(3) 人件費の支出

① 給料・賞与手当

(単位：円)

(未払給料) 前期末残高	400	(給料・賞与手当) 再振替仕訳	400
(給料・賞与手当)	23,800	(現金預金) 人件費の支出	23,800
(給料・賞与手当)	600	(未払給料) 当期末残高	600

給料・賞与手当

人件費の支出 23,800（貸借差額）	期首未払給料 400
期末未払給料 600	P/L 24,000

② 退職給付引当金

(単位：円)

(退職給付引当金)	2,400	(現金預金) 人件費の支出	2,400
(退職給付費用) 非資金損益項目	3,200	(退職給付引当金)	3,200

退職給付引当金

取崩額 2,400	期首残高 35,600
期末残高 36,400	退職給付費用 3,200

23,800円＋2,400円＝26,200円〈人件費の支出〉

(4) その他の営業支出

(単位：円)

(その他の営業費) 再振替仕訳	400	(前払営業費) 前期末残高	400
(その他の営業費)	5,200	(現金預金) その他の営業支出	5,200
(前払営業費) 当期末残高	800	(その他の営業費)	800

その他の営業費

期首前払営業費 400	期末前払営業費 800
その他の営業支出 5,200（貸借差額）	P/L 4,800

(5) 利息及び配当金の受取額

(単位：円)

(受取利息・配当金) 再振替仕訳	800	(未収利息) 前期末残高	800
(現金預金) 利息及び配当金の受取額	2,000	(受取利息・配当金)	2,000
(未収利息) 当期末残高	400	(受取利息・配当金)	400

受取利息・配当金

期首未収利息 800	利息及び配当金の受取額 2,000（貸借差額）
P/L 1,600	期末未収利息 400

(6) 利息の支払額

(単位：円)

(未払利息) 前期末残高	1,200	(支払利息) 再振替仕訳	1,200
(支払利息)	2,800	(現金預金) 利息の支払額	2,800
(支払利息)	800	(未払利息) 当期末残高	800

支払利息

借方		貸方	
利息の支払額（貸借差額）	2,800	期首未払利息	1,200
期末未払利息	800	P/L	2,400

(7) 法人税等の支払額

（単位：円）

（未払法人税等）前期末残高	8,000	（現金預金）法人税等の支払額	8,000
（法人税等）	18,000	（現金預金）法人税等の支払額	8,000
		（未払法人税等）当期末残高	10,000

未払法人税等

借方		貸方	
法人税等の支払額（貸借差額）	8,000	期首残高	8,000
期末残高	10,000	期末残高	10,000

法人税等

借方		貸方	
法人税等の支払額（貸借差額）	8,000	P/L	18,000
未払法人税等（当期末残高）	10,000		

8,000円＋8,000円＝16,000円〈法人税等の支払額〉

(8) 有価証券

（単位：円）

（有価証券）	4,000	（現金預金）取得による支出	4,000
（現金預金）売却による収入	14,000	（有価証券）	12,000
		（有価証券売却益）	2,000
（有価証券評価損）	800	（有価証券）	800

有価証券

借方		貸方	
期首残高	16,000	売却	12,000
		評価損	800
取得による支出（貸借差額）	4,000	期末残高	7,200

(9) 有形固定資産

（単位：円）

（減価償却累計額）	8,000	（有形固定資産）	48,000
（減価償却費）（＊1）非資金損益項目	400		
（現金預金）売却による収入	36,000		
（固定資産売却損）	3,600		
（有形固定資産）	60,000	（現金預金）（＊2）取得による支出	60,000
（減価償却費）非資金損益項目	16,000	（減価償却累計額）（＊3）	16,000

（＊1）貸借差額
（＊2）有形固定資産勘定参照
（＊3）減価償却累計額勘定参照

有形固定資産

借方		貸方	
期首残高	120,000	売却	48,000
取得による支出（貸借差額）（＊2）	60,000	期末残高	132,000

減価償却累計額

借方		貸方	
売却分	8,000	期首残高	40,000
期末残高	48,000	売却分以外（貸借差額）（＊3）	16,000

減価償却費

借方		貸方	
売却分（＊1）	400	P/L	16,400
売却分以外（貸借差額）（＊3）	16,000		

(10) 貸付金

（単位：円）

（貸付金）	1,200	（現金預金）貸付けによる支出	1,200
（現金預金）回収による収入	3,200	（貸付金）	3,200

貸付金

借方		貸方	
期首残高	4,000	回収による収入	3,200
貸付けによる支出（貸借差額）	1,200	期末残高	2,000

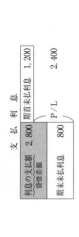

⑾ 借入金

(単位：円)

(現　金　預　金) 借入れによる収入	8,000	(借　　入　　金)	8,000
(借　　入　　金)	16,000	(現　金　預　金) 返済による支出	16,000

借　入　金

返済による支出	16,000	期 首 残 高	28,000
期末残高	20,000	借入れによる収入 貸借差額	8,000

⑿ 株式の発行による収入

(単位：円)

(現　金　預　金) 株式の発行による収入	4,000	(資　　本　　金)	4,000

資　本　金

期末残高	84,000	期 首 残 高	80,000
		株式の発行による収入 貸借差額	4,000

⒀ 配当金の支払額

(単位：円)

(繰 越 利 益 剰 余 金)	12,000	(未　払　配　当　金)	12,000
(未　払　配　当　金)	12,000	(現　金　預　金) 配当金の支払額	12,000

⒁ 為替差損

外貨預金の「為替差損益」については，「現金及び現金同等物」の増減額の調整項目である「現金及び現金同等物に係る換算差額」に計上する。

(単位：円)

(為　替　差　損)	1,200	(現　金　預　金) 現金及び現金同等物に係る換算差額	1,200

2．間接法

減　価　償　却　費	16,400円	⇦ P/Lより
貸倒引当金の増加額	100円	⇦ 900円〈当期末残高〉－800円〈前期末残高〉
退職給付引当金の増加額	800円	⇦ 36,400円〈当期末残高〉－35,600円〈前期末残高〉
受取利息・配当金	△ 1,600円	⇦ P/Lより
支　払　利　息	2,400円	⇦ P/Lより
有価証券売却益	△ 2,000円	⇦ P/Lより
有価証券評価損	800円	⇦ P/Lより
為　替　差　損	1,200円	⇦ P/Lより
固定資産売却損	3,600円	⇦ P/Lより
売上債権の増加額	△ 7,900円	⇦ (24,000円＋31,900円)－(20,000円＋28,000円) 55,900円〈当期末残高〉　48,000円〈前期末残高〉
棚卸資産の減少額	9,000円	⇦ 15,000円〈当期末残高〉－24,000円〈前期末残高〉
前払費用の増加額	△ 400円	⇦ 800円〈当期末残高〉－400円〈前期末残高〉
仕入債務の減少額	△ 4,000円	⇦ (12,000円＋16,000円)－(20,000円＋12,000円) 28,000円〈当期末残高〉　32,000円〈前期末残高〉
未払費用の増加額	200円	⇦ 600円〈未払給料当期末残高〉－400円〈未払給料前期末残高〉

問題11-2

(1)	営業活動によるキャッシュ・フロー	39,450 円
(2)	投資活動によるキャッシュ・フロー	△ 29,650 円
(3)	財務活動によるキャッシュ・フロー	1,200 円
(4)	現金及び現金同等物の当期増減額	11,000 円

解答への道

キャッシュ・フロー計算書（間接法）（単位：円）

Ⅰ 営業活動によるキャッシュ・フロー			
税引前当期純利益		65,560	⇦ 20,000円〈P/L 法人税等〉＋45,560円〈P/L 当期純利益〉
減価償却費		5,000	⇦ P/Lより
貸倒引当金の増加額		1,350	⇦ 10,650円〈当期末残高〉－9,300円〈前期末残高〉
受取利息	△	90	⇦ P/Lより
有価証券売却益	△	100	⇦ P/Lより
支払利息		1,000	⇦ P/Lより
有価証券評価損		150	⇦ P/Lより
固定資産売却損		3,000	⇦ P/Lより
受取手形の増加額	△	10,950	⇦ 72,500円〈当期末残高〉－61,550円〈前期末残高〉
売掛金の増加額	△	16,100	⇦ 140,500円〈当期末残高〉－124,400円〈前期末残高〉
商品の増加額	△	3,000	⇦ 21,000円〈当期末残高〉－18,000円〈前期末残高〉
支払手形の増加額		6,200	⇦ 48,500円〈当期末残高〉－42,300円〈前期末残高〉
買掛金の増加額		6,500	⇦ 62,000円〈当期末残高〉－55,500円〈前期末残高〉
小計		58,520	
利息の受取額		80	⇦（＊1）
利息の支払額	△	1,150	⇦（＊2）
法人税等の支払額	△	18,000	⇦（＊3）
営業活動によるキャッシュ・フロー		39,450	
Ⅱ 投資活動によるキャッシュ・フロー			
有価証券の取得による支出	△	1,000	⇦（＊4）
有価証券の売却による収入		1,350	⇦（＊5）
有形固定資産の取得による支出	△	50,000	⇦（＊6）
有形固定資産の売却による収入		20,000	⇦（＊7）
投資活動によるキャッシュ・フロー	△	29,650	
Ⅲ 財務活動によるキャッシュ・フロー			
短期借入れによる収入		4,200	⇦（＊8）
短期借入金の返済による支出	△	4,000	⇦（＊9）
長期借入れによる収入		7,500	⇦（＊10）
長期借入金の返済による支出	△	500	⇦（＊11）
配当金の支払額	△	6,000	⇦（資料）8．より
財務活動によるキャッシュ・フロー		1,200	
Ⅳ 現金及び現金同等物の増加額		11,000	⇦ 131,000円〈当期末残高〉－120,000円〈前期末残高〉
Ⅴ 現金及び現金同等物の期首残高		120,000	⇦ B/S 現金預金〈前期末残高〉
Ⅵ 現金及び現金同等物の期末残高		131,000	⇦ B/S 現金預金〈当期末残高〉

受取利息

期首未収収益	50	現金預金（＊1） 貸借差額	80
P/L	90	期末未収収益	60

支払利息

支払額（＊2） 貸借差額	1,150	期首未払費用	450
期末未払費用	300	P/L	1,000

未払法人税等

支払額（＊3）	8,000	期首残高	8,000
期末残高	10,000	法人税等	10,000

法人税等

支払額（仮払）（＊3） 貸借差額	10,000	P/L	20,000
未払法人税等	10,000		

（＊3）8,000円＋10,000円＝18,000円〈法人税等の支払額〉

有価証券

期首残高	3,500	売却	1,250
		評価損	150
当期購入（＊4） 貸借差額	1,000	期末残高	3,100

・有価証券の売却の仕訳

（現金預金）（＊5）	1,350	（有価証券）	1,250
		（有価証券売却益）	100

有形固定資産

期首残高	204,000	売却	25,000
当期購入（＊6） 貸借差額	50,000	期末残高	229,000

・有形固定資産の売却の仕訳

（減価償却累計額）	2,000	（有形固定資産）	25,000
（固定資産売却損）	3,000		
（現金預金）（＊7）	20,000 ←貸借差額		

短期借入金

返済（＊9）	4,000	期首残高	4,000
期末残高	4,200	借入れ（＊8）	4,200

長期借入金

返済（＊11）	500	期首残高	23,000
期末残高	30,000	借入れ（＊10） 貸借差額	7,500

[参考] 営業活動によるキャッシュ・フローの算定

営業活動によるキャッシュ・フローの金額は，本解説のようにキャッシュ・フロー計算書を作成して計算するが，本問では，キャッシュ・フロー計算書のそれぞれの区分ごとの金額が解答要求されているので，(2)〜(4)を解答した後に，差額で(1)営業活動によるキャッシュ・フローの金額を求めると，速く計算することができる。

キャッシュ・フロー計算書（間接法）(単位：円)

Ⅰ　営業活動によるキャッシュ・フロー	
営業活動によるキャッシュ・フロー	?
Ⅱ　投資活動によるキャッシュ・フロー	
投資活動によるキャッシュ・フロー	△ 29, 650
Ⅲ　財務活動によるキャッシュ・フロー	
財務活動によるキャッシュ・フロー	1, 200
Ⅳ　現金及び現金同等物の増加額	11, 000
Ⅴ　現金及び現金同等物の期首残高	120, 000
Ⅵ　現金及び現金同等物の期末残高	131, 000

各区分の合計金額が，現金及び現金同等物の増加額の金額になる。

〈解答手順〉

① 現金及び現金同等物の増加額は，貸借対照表の現金預金の差額により求める。

② 投資活動および財務活動によるキャッシュ・フローの金額は，本解説のように勘定分析により求める。

③ 営業活動によるキャッシュ・フローの金額は差額により求める。

11, 000円－1, 200円＋29, 650円＝39, 450円〈営業活動によるキャッシュ・フロー〉

問題11-3

連結キャッシュ・フロー計算書　(単位：円)

Ⅰ　営業活動によるキャッシュ・フロー	
営業収入	190, 000
商品の仕入支出	△117, 000
人件費の支出	△ 25, 000
その他の営業支出	△ 8, 000
小計	40, 000
利息及び配当金の受取額	1, 050
利息の支払額	△ 2, 950
法人税等の支払額	△ 11, 000
営業活動によるキャッシュ・フロー	27, 100
Ⅱ　投資活動によるキャッシュ・フロー	
有価証券の取得による支出	△ 3, 000
有価証券の売却による収入	11, 000
有形固定資産の取得による支出	△ 36, 000
有形固定資産の売却による収入	24, 000
貸付けによる支出	△ 500
貸付金の回収による収入	2, 500
投資活動によるキャッシュ・フロー	△ 2, 000
Ⅲ　財務活動によるキャッシュ・フロー	
短期借入れによる収入	8, 000
短期借入金の返済による支出	△ 11, 000
株式の発行による収入	2, 000
配当金の支払額	△ 6, 000
非支配株主への配当金の支払額	△ 600
財務活動によるキャッシュ・フロー	△ 7, 600
Ⅳ　現金及び現金同等物に係る換算差額	500
Ⅴ　現金及び現金同等物の増加額	18, 000
Ⅵ　現金及び現金同等物の期首残高	47, 000
Ⅶ　現金及び現金同等物の期末残高	65, 000

解答への道

1．商品売買に関する修正仕訳

（単位：円）

（営　業　収　入）	20,000	（商品の仕入支出）	20,000

2．貸付金・借入金に関する修正仕訳

（単位：円）

（短期借入れによる収入）	1,000	（貸付けによる支出）	1,000
（貸付金の回収による収入）	500	（短期借入金の返済による支出）	500
（利息及び配当金の受取額）	50	（利息の支払額）	50

3．土地の売買に関する修正仕訳

（単位：円）

（有形固定資産の売却による収入）	6,000	（有形固定資産の取得による支出）	6,000

4．S社の配当金に関する修正仕訳

（単位：円）

（利息及び配当金の受取額）（＊1）	2,400	（配当金の支払額）	3,000
（非支配株主への配当金の支払額）（＊2）	600		

（＊1）3,000円×80%＝2,400円
（＊2）3,000円×20%＝600円

5．連結キャッシュ・フロー計算書

（単位：円）

摘　要	P　社	S　社	修正仕訳		金　額
Ⅰ 営業活動によるキャッシュ・フロー					
営業収入	130,000	80,000	20,000		190,000
商品の仕入支出	△ 87,000	△ 50,000		20,000	△117,000
人件費の支出	△ 15,000	△ 10,000			△ 25,000
その他の営業支出	△ 5,000	△ 3,000			△ 8,000
小計	23,000	17,000			40,000
利息及び配当金の受取額	3,000	500	50 2,400		1,050
利息の支払額	△ 2,000	△ 1,000		50	△ 2,950
法人税等の支払額	△ 7,000	△ 4,000			△ 11,000
営業活動によるキャッシュ・フロー	17,000	12,500			27,100
Ⅱ 投資活動によるキャッシュ・フロー					
有価証券の取得による支出	△ 2,000	△ 1,000			△ 3,000
有価証券の売却による収入	7,000	4,000			11,000
有形固定資産の取得による支出	△ 30,000	△ 12,000		6,000	△ 36,000
有形固定資産の売却による収入	20,000	10,000	6,000		24,000
貸付けによる支出	△ 1,000	△ 500		1,000	△ 500
貸付金の回収による収入	2,000	1,000	500		2,500
投資活動によるキャッシュ・フロー	△ 4,000	1,500			△ 2,000
Ⅲ 財務活動によるキャッシュ・フロー					
短期借入れによる収入	4,000	5,000	1,000		8,000
短期借入金の返済による支出	△ 8,000	△ 3,500		500	△ 11,000
株式の発行による収入	2,000	――			2,000
配当金の支払額	△ 6,000	△ 3,000		3,000	△ 6,000
非支配株主への配当金の支払額	――	――	600		△ 600
財務活動によるキャッシュ・フロー	△ 8,000	△ 1,500			△ 7,600
Ⅳ 現金及び現金同等物に係る換算差額	1,000	△ 500			500
Ⅴ 現金及び現金同等物の増加額	6,000	12,000			18,000
Ⅵ 現金及び現金同等物の期首残高	34,000	13,000			47,000
Ⅶ 現金及び現金同等物の期末残高	40,000	25,000	30,550	30,550	65,000

問題11-4

個別キャッシュ・フロー計算書

営業活動によるキャッシュ・フローを直接法で作成する場合

P社の営業収入の金額	585,000	円
S社の商品の仕入支出の金額	129,480	円
P社の営業活動によるキャッシュ・フローの金額	40,820	円

連結キャッシュ・フロー計算書

間接法による場合の税金等調整前当期純利益の金額	86,190	円
直接法による場合の商品の仕入支出の金額	456,690	円
営業活動によるキャッシュ・フローの金額	44,590	円

解答への道

1．個別キャッシュ・フロー計算書

(単位：円)

	P社	S社	
Ⅰ営業活動によるCF			
営業収入	585,000	193,700	
商品の仕入支出	△ 358,410	△ 129,480	
人件費の支出	△ 107,380	△ 36,660	←P/L給料
その他の営業支出	△ 57,590	△ 16,380	←P/Lその他の営業費
小計	61,620	11,180	
配当金の受取額	3,250	1,300	←P/L受取配当金
法人税等の支払額	△ 24,050	△ 6,760	
営業活動によるCF	40,820	5,720	

P社　売掛金

前期末	110,500	営業収入(貸借差額)	585,000
売上	604,500	当期末	130,000

S社　売掛金

前期末	32,500	営業収入(貸借差額)	193,700
売上	200,200	当期末	39,000

P社　売上原価

期首商品	18,200	売上原価	359,320
当期仕入(貸借差額)	361,660	期末商品	20,540

S社　売上原価

期首商品	11,050	売上原価	126,750
当期仕入(貸借差額)	128,310	期末商品	12,610

P社　買掛金

仕入支出(貸借差額)	358,410	前期末	60,840
当期末	64,090	当期仕入	361,660

S社　買掛金

仕入支出(貸借差額)	129,480	前期末	16,250
当期末	15,080	当期仕入	128,310

P社　法人税等

支払額(貸借差額)	24,050	期首未払	12,220
期末未払	16,250	法人税等	28,080

S社　法人税等

支払額(貸借差額)	6,760	期首未払	3,120
期末未払	3,640	法人税等	7,280

2．連結キャッシュ・フロー計算書

(1) 税金等調整前当期純利益

① 連結修正仕訳

(A) 売上高と売上原価の相殺

(単位：円)

(売上高)	31,200	(売上原価)	31,200

(B) 期首商品棚卸高

Ⓐ 開始仕訳

(単位：円)

(利益剰余金当期首残高)(＊)	520	(商品)	520

(＊) 3,120円 × $\frac{0.2}{1.2}$ = 520円

Ⓑ 実現仕訳

(単位：円)

(商品)	520	(売上原価)	520

Ⓒ ⒶとⒷの要約仕訳

(単位：円)

(利益剰余金当期首残高)	520	(売上原価)	520

(C) 期末商品棚卸高

(単位：円)

(売上原価)(＊)	780	(商品)	780

(＊) 4,680円 × $\frac{0.2}{1.2}$ = 780円

(D) 配当金の修正

(単位：円)

(受取配当金)	1,950	(利益剰余金 剰余金の配当)	1,950

② 連結損益計算書

	P　社	S　社	合　計	連結修正仕訳		連結P/L
売上高	604,500	200,200	804,700	31,200		773,500
受取配当金	3,250	1,300	4,550	1,950		2,600
売上原価	△359,320	△126,750	△486,070	780	31,200	△455,130
					520	
給料	△107,380	△ 36,660	△144,040			△144,040
その他の営業費	△ 57,590	△ 16,380	△ 73,970			△ 73,970
貸倒引当金繰入	△ 390	△ 130	△ 520			△ 520
減価償却費	△ 12,870	△ 3,380	△ 16,250			△ 16,250
税金等調整前当期純利益	70,200	18,200	88,400	33,930	31,720	86,190

(注) 税金等調整前当期純利益は次のように求めることもできる。
70,200円〈P社利益〉+18,200円〈S社利益〉+520円〈期首未実現利益〉−780円〈期末未実現利益〉−1,950円〈受取配当金〉=86,190円

(2) 商品の仕入支出
358,410円〈P社仕入支出〉+129,480円〈S社仕入支出〉−31,200円〈内部取引〉=456,690円

(3) 営業活動によるCF
40,820円〈P社営業CF〉+5,720円〈S社営業CF〉−1,950円〈S社からの配当金の受取額〉
=44,590円

問題11-5

連結キャッシュ・フロー計算書　(単位：千円)

Ⅰ 営業活動によるキャッシュ・フロー	
営業収入	(431,940)
商品の仕入による支出	(△ 279,080)
人件費の支出	(△ 62,760)
その他の営業支出	(△ 43,580)
小計	(46,520)
(利息及び配当金の)受取額	(1,360)
利息の(支払額)	(△ 960)
法人税等の(支払額)	(△ 8,900)
営業活動によるキャッシュ・フロー	(38,020)
Ⅱ 投資活動によるキャッシュ・フロー	
有価証券の(取得による支出)	(△ 7,000)
(有形固定資産の取得による支出)	(△ 9,200)
投資活動によるキャッシュ・フロー	(△ 16,200)
Ⅲ 財務活動によるキャッシュ・フロー	
短期借入れによる収入(純額)	(1,200)
配当金の支払額	(△ 14,000)
非支配株主への配当金の支払額	(△ 400)
財務活動によるキャッシュ・フロー	(△ 13,200)
Ⅳ 現金及び現金同等物の増加額	(8,620)
Ⅴ 現金及び現金同等物の期首残高	(31,210)
Ⅵ 現金及び現金同等物の期末残高	(39,830)

解答への道

I　営業活動によるキャッシュ・フロー

1．営業収入

解答用紙の小計欄下の（　）受取額は，利息及び配当金の受取額になる。手数料の受取額を記載する場所がないため，営業収入に含める（本業として手数料を受け取ったと考える）。

売　上　債　権

前　期　末	56,000	営 業 収 入	416,640
売　上　高	435,000	貸　倒　れ	360
		当　期　末	74,000

受 取 手 数 料

前期末未収	1,350	営 業 収 入	15,300
受取手数料	15,000	当期末未収	1,050

∴　416,640千円＋15,300千円＝431,940千円

貸 倒 引 当 金

取　崩　額	360	前　期　末	1,120
当　期　末	1,480	繰　入　額	720

2．商品の仕入による支出

仕　入　債　務

仕 入 支 出	279,080	前　期　末	32,700
当　期　末	53,820	当 期 仕 入	300,200

仕入（売上原価）

前期末商品	18,000	売 上 原 価	305,600
当 期 仕 入	300,200	当期末商品	12,600

3．人件費の支出

給　　料

人件費支出	62,760	前期末未払	960
当期末未払	1,200	給　　料	63,000

4．その他の営業支出

減価償却累計額

当　期　末	43,680	前　期　末	36,480
		減価償却費	7,200

その他営業費

その他の営業支出	43,580	その他の営業費	50,780
減価償却費	7,200		

5．利息及び配当金の受取額

受取利息配当金

前期末未収	240	受　取　額	1,360
受取利息配当金	1,300	当期末未収	180

6．利息の支払額

支　払　利　息

支　払　額	960	前期末未払	640
当期末未払	780	支 払 利 息	1,100

7．法人税等の支払額

法人税等

支　払　額	8,900	前期末未払	8,000
当期末未払	12,600	法 人 税 等	13,500

II　投資活動によるキャッシュ・フロー

1．投資有価証券の取得による支出

投資有価証券

前　期　末	20,000	当　期　末	27,000
取得による支出	7,000		

2．有形固定資産の取得による支出

有形固定資産

前　期　末	76,800	当　期　末	86,000
取得による支出	9,200		

III　財務活動によるキャッシュ・フロー

1．短期借入れによる収入（純額）

短 期 借 入 金

当　期　末	13,200	前　期　末	12,000
		借入れによる収入	1,200

2．配当金の支払額：14,000千円〈P社の配当金〉

3．非支配株主への配当金支払額：2,000千円〈S社の配当金〉×20%＝400千円

【参　考】　間接法による場合（小計まで）

I　営業活動によるキャッシュ・フロー	（単位：千円）	
税金等調整前当期純利益	（　29,600　）	← 16,100千円〈当期純利益〉＋13,500千円〈法人税等〉
減価償却費	（　7,200　）	
のれん償却	（　500　）	
貸倒引当金の増加額	（　360　）	
受取利息配当金	（　△ 1,300　）	
支払利息	（　1,100　）	
売上債権の増加額	（　△ 18,000　）	
未収手数料の減少額	（　300　）	
棚卸資産の減少額	（　5,400　）	
仕入債務の増加額	（　21,120　）	
未払給料の増加額	（　240　）	
小　　計	（　46,520　）	

問題11-6

連結キャッシュ・フロー計算書　(単位：円)

Ⅰ　営業活動によるキャッシュ・フロー	
税金等調整前当期純利益	11,000
減価償却費	500
貸倒引当金の(増加額)	10
のれん償却額	100
受取利息配当金	△　300
支払利息	500
持分法による投資利益	△　600
有形固定資産売却益	△1,530
損害賠償損失	300
売上債権の(増加額)	△　500
棚卸資産の(増加額)	△1,400
前払費用の(増加額)	△　30
仕入債務の(減少額)	△1,200
小計	6,850
利息及び配当金の受取額	400
利息の支払額	△　550
損害賠償金の支払額	△　300
法人税等の支払額	△3,750
営業活動によるキャッシュ・フロー	2,650

解答への道

連結キャッシュ・フロー計算書　(単位：円)

Ⅰ 営業活動によるキャッシュ・フロー		
税金等調整前当期純利益	11,000	⇦P／Lより
減価償却費	500	⇦P／Lより
貸倒引当金の(増加額)	10	⇦190円－180円
のれん償却額	100	⇦P／Lより
受取利息配当金	△　300	⇦P／Lより
支払利息	500	⇦P／Lより
持分法による投資利益	△　600	⇦P／Lより
有形固定資産売却益	△1,530	⇦P／Lより
損害賠償損失	300	⇦P／Lより
売上債権の(増加額)	△　500	⇦(3,200円＋6,300円)－(2,400円＋6,600円)
棚卸資産の(増加額)	△1,400	⇦7,900円－6,500円
前払費用の(増加額)	△　30	⇦80円－50円
仕入債務の(減少額)	△1,200	⇦(2,900円＋4,500円)－(4,200円＋4,400円)
小計	6,850	
利息及び配当金の受取額	400	⇦(注)
利息の支払額	△　550	⇦500円〈P/L〉＋100円〈期首未払〉－50円〈期末未払〉
損害賠償金の支払額	△　300	⇦(資料3)　3より
法人税等の支払額	△3,750	⇦3,950円〈P/L〉＋1,800円〈期首未払〉－2,000円〈期末未払〉
営業活動によるキャッシュ・フロー	2,650	

〈191〉

(注) 利息及び配当金の受取額の計算

1．個別会計上の利息及び配当金の受取額の計算

連結P／L上の受取利息配当金300円は，P社およびS社の個別P／L上の受取利息配当金を合計し，さらに連結会計上，次のような修正を行っている。

(1)　S社配当金の修正

(単位：円)

(受取利息配当金)(＊1)	600	(利益剰余金 剰余金の配当)	1,000
(非支配株主持分 当期変動額)(＊2)	400		

(＊1) 1,000円〈S社配当金〉×60％＝600円〈P社受取利息配当金〉
(＊2) 1,000円〈S社配当金〉×40％＝400円〈非支配株主持分〉

(2)　A社配当金の修正

(単位：円)

(受取利息配当金)(＊3)	100	(A社株式)	100

(＊3) 500円〈A社配当金〉×20％＝100円〈P社受取利息配当金〉

したがって，修正前の個別P/L上の受取利息配当金の合計は1,000円であり，利息及び配当金の受取額合計も1,000円となる。

受取利息配当金（P社とS社の合計）

個別P/L合計　1,000	S社配当金の修正	600	受取額合計　1,000
	A社配当金の修正	100	
	連結P／L	300	

2．連結C/F上の利息及び配当金の受取額の計算(S社配当金の修正)

(単位：円)

(利息及び配当金の受取額)	600	(配当金の支払額)	1,000
(非支配株主への配当金の支払額)	400		

∴　1,000円〈受取額合計〉－600円＝400円〈連結C/F上の受取額〉
(注) A社からの配当金の受取額は，相殺消去しない。

〈192〉

問題11-7

	○または×	理　　　由
1	×	キャッシュ・フロー計算書が対象とする資金の範囲は，現金及び現金同等物である。
2	○	
3	×	営業活動によるキャッシュ・フローの表示方法には，直接法と間接法の２つの方法が認められる。
4	×	直接法と間接法には，原則と例外はなく，継続適用を条件として選択適用が認められる。
5	×	受取利息・受取配当金を「投資活動によるキャッシュ・フロー」に，支払利息・支払配当金を「財務活動によるキャッシュ・フロー」に記載する方法もある。

解答への道

1．キャッシュ・フロー計算書が対象とする資金の範囲は，現金及び現金同等物である。

(1) 現金とは，手許現金および要求払預金をいう。

(2) 現金同等物とは，容易に換金可能であり，かつ，価値の変動について僅少なリスクしか負わない短期投資をいう。

2．キャッシュ・フロー計算書には，営業活動によるキャッシュ・フロー，投資活動によるキャッシュ・フロー，財務活動によるキャッシュ・フローの区分を設けなければならない。

(1) 営業活動によるキャッシュ・フローの区分には，営業損益計算の対象となった取引のほか，投資活動および財務活動以外の取引によるキャッシュ・フローを記載する。

(2) 投資活動によるキャッシュ・フローの区分には，固定資産の取得および売却，現金同等物に含まれない短期投資の取得および売却等によるキャッシュ・フローを記載する。

(3) 財務活動によるキャッシュ・フローの区分には，資金の調達および返済によるキャッシュ・フローを記載する。

3．営業活動によるキャッシュ・フローの表示方法では，主要な取引ごとにキャッシュ・フローを総額表示する方法（直接法）と税引前当期純利益または税金等調整前当期純利益に非資金損益項目，営業活動に係る資産および負債の増減，投資活動によるキャッシュ・フローおよび財務活動によるキャッシュ・フローの区分に含まれる損益項目を加減して表示する方法（間接法）の２つの方法が認められている。

4．営業活動によるキャッシュ・フローの表示方法は，直接法と間接法の２つの方法があるが，継続適用を条件として，選択適用が認められている。

5．受取利息，受取配当金，支払利息および支払配当金に係るキャッシュ・フローについては，以下のように２つの表示方法が認められている。

<table>
<tr><th></th><th>第　1　法</th><th>第　2　法</th></tr>
<tr><td>受 取 利 息</td><td rowspan="3">営業活動によるキャッシュ・フロー</td><td rowspan="2">投資活動によるキャッシュ・フロー</td></tr>
<tr><td>受取配当金</td></tr>
<tr><td>支 払 利 息</td><td rowspan="2">財務活動によるキャッシュ・フロー</td></tr>
<tr><td>支払配当金</td><td>財務活動によるキャッシュ・フロー</td></tr>
</table>

総合問題

総合問題1

本支店合併損益計算書

自×6年４月１日　至×7年３月31日　　　（単位：千円）

Ⅰ 売　上　高		(405,000)
Ⅱ 売 上 原 価		
1．期首商品棚卸高	(24,220)	
2．当期商品仕入高	(234,000)	
合　計	(258,220)	
3．期末商品棚卸高	(28,600)	
差　引	(229,620)	
4．棚 卸 減 耗 損	(1,600)	
5．商 品 評 価 損	(1,232)	(232,452)
売 上 総 利 益		(172,548)
Ⅲ 販売費及び一般管理費		
1．販売費及び一般管理費	(68,581)	
2．貸倒引当金繰入	(920)	
3．減 価 償 却 費	(9,500)	
4．ソフトウェア償却	(100)	
5．退職給付費用	(1,590)	
6．支払リース料	(1,200)	(81,891)
営 業 利 益		(90,657)
Ⅳ 営 業 外 収 益		
1．有価証券利息	(151)	
2．有価証券評価益	(800)	
3．有価証券売却益	(1,800)	
4．雑　収　入	(92)	(2,843)
Ⅴ 営 業 外 費 用		
1．支 払 利 息	(2,900)	
2．社 債 利 息	(1,600)	(4,500)
経 常 利 益		(89,000)
Ⅵ 特 別 利 益		
1．社 債 償 還 益		(1,000)
税引前当期純利益		(90,000)
法 人 税 等		(36,000)
当 期 純 利 益		(54,000)

解答への道

1．現金（本店側の整理）

（単位：千円）

（現　金　預　金）	200	（有 価 証 券 利 息）	108
		（雑　　収　　入）（＊）	92

（＊）貸借差額

2．売上原価の計算

(1)　本店の期末商品棚卸高

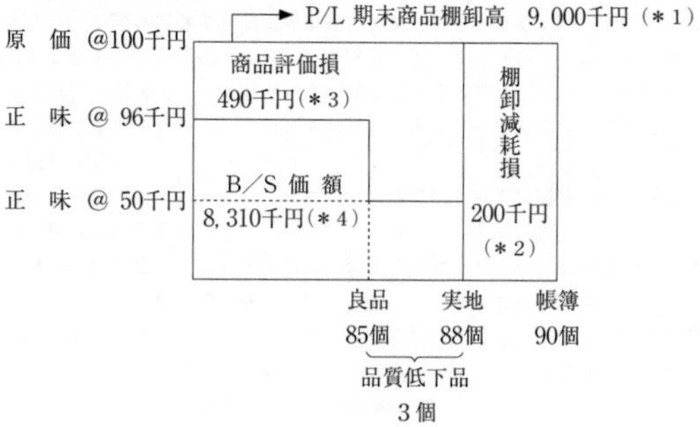

（＊1）@100千円×90個＝9, 000千円
（＊2）@100千円×(90個－88個)＝200千円
（＊3）(@100千円－@50千円)×3個＝150千円
　　　(@100千円－@96千円)×85個＝340千円
　　　150千円＋340千円＝490千円
（＊4）@96千円×85個＋@50千円×3個＝8, 310千円

(2)　支店の期末商品棚卸高

①　外部仕入分

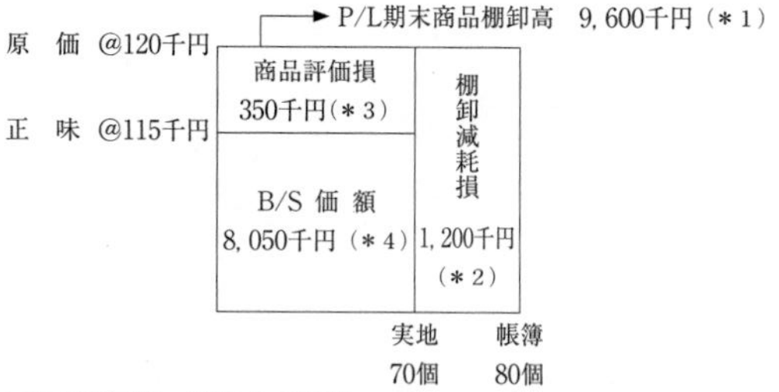

（＊1）@120千円×80個＝9, 600千円
（＊2）@120千円×(80個－70個)＝1, 200千円
（＊3）(@120千円－@115千円)×70個＝350千円
（＊4）@115千円×70個＝8, 050千円

②　本店仕入分

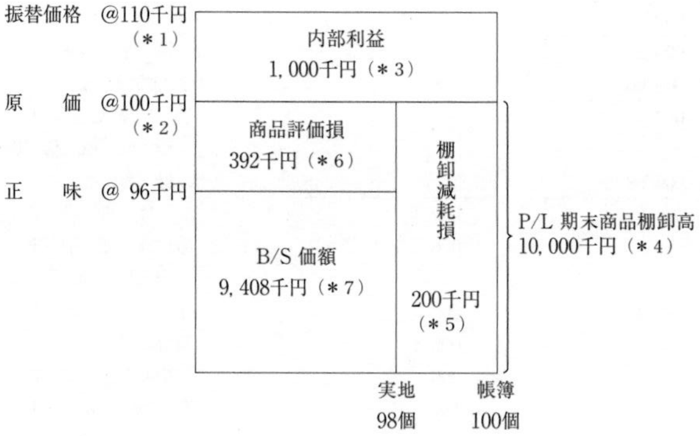

（＊1）(20, 600千円－9, 600千円〈外部仕入分〉)÷100個＝@110千円
（＊2）$@110千円\times\frac{100\%}{110\%}=@100千円$
（＊3）(@110千円－@100千円)×100個＝1, 000千円
（＊4）@100千円×100個＝10, 000千円
（＊5）@100千円×(100個－98個)＝200千円
（＊6）(@100千円－@96千円)×98個＝392千円
（＊7）@96千円×98個＝9, 408千円

∴　P／L商品評価損：490千円＋350千円＋392千円＝1, 232千円

∴　P／L棚卸減耗損：200千円＋1, 200千円＋200千円＝1, 600千円

(3)　まとめ（本支店合併損益計算書における売上原価の計算）

原 価 ボ ッ ク ス

P／L期首商品棚卸高		売上原価	
（本店）T／B繰 越 商 品	8, 000千円		
（支店）T／B繰 越 商 品	17, 200千円		
T／B繰延内部利益	△　980千円	貸借差額	229, 620千円
	24, 220千円		
P／L当期商品仕入高			
（本店）T／B仕　　　入	132, 000千円	P／L期末商品棚卸高	
（支店）T／B仕　　　入	102, 000千円	（本店）	9, 000千円
	234, 000千円	（支店）外 部 仕 入 分	9, 600千円
		本店より仕入分（内部利益控除後）	10, 000千円
			28, 600千円

3．有価証券（A社株式：売買目的有価証券）

(1) 売　却

① 期中仕訳

（単位：千円）

(現金預金)(＊)	9,000	(仮受金)	9,000

(＊) 6,000株× @1,500円＝ 9,000千円

② 正しい仕訳

（単位：千円）

(現金預金)(＊1)	9,000	(有価証券)(＊2)	7,200
		(有価証券売却益)(＊3)	1,800

(＊1) 6,000株×@1,500円＝9,000千円
(＊2) 6,000株×@1,200円＝7,200千円
(＊3) 貸借差額

③ 修正仕訳

（単位：千円）

(仮受金)(＊1)	9,000	(有価証券)(＊2)	7,200
		(有価証券売却益)(＊3)	1,800

(2) 評価替え

（単位：千円）

(有価証券)(＊)	800	(有価証券評価益)	800

(＊) (10,000株－6,000株)×(@1,400円－@1,200円)＝800千円

4．投資有価証券（B社社債：満期保有目的債券）

（単位：千円）

(投資有価証券)(＊)	43	(有価証券利息)	43

(＊) 2,513千円〈T／B投資有価証券〉×6％≒151千円
2,700千円〈額面〉×4％＝108千円〈クーポン利息〉
(注) クーポン利息の処理については解説2参照のこと。
151千円－108千円＝43千円

∴ P／L有価証券利息：108千円〈クーポン利息〉＋43千円＝151千円

5．減価償却

(1) 本店側の処理

① 建　物

（単位：千円）

(減価償却費)(＊)	2,500	(建物減価償却累計額)	2,500

(＊) 50,000千円〈T／B建物〉÷20年＝2,500千円

② 備　品

（単位：千円）

(減価償却費)(＊)	4,375	(備品減価償却累計額)	4,375

(＊) 1÷16年×2＝0.125〈償却率〉
(40,000千円〈T／B備品〉－5,000千円〈T／B備品減価償却累計額〉)×0.125＝4,375千円

(2) 支店側の処理（備品）

（単位：千円）

(減価償却費)(＊)	2,625	(備品減価償却累計額)	2,625

(＊) (24,000千円〈T／B備品〉－3,000千円〈T／B備品減価償却累計額〉)×0.125＝2,625千円

∴ P／L減価償却費：2,500千円＋4,375千円＋2,625千円＝9,500千円

6．オペレーティング・リース取引

（単位：千円）

(支払リース料)(＊)	1,200	(未払費用)	1,200

(＊) 2,400千円×3か月〈当期経過月数〉/6か月＝1,200千円

7．ソフトウェア

（単位：千円）

(ソフトウェア償却)(＊)	100	(ソフトウェア)	100

(＊) 400千円〈T／Bソフトウェア〉÷(5年－1年)＝100千円

8．貸倒引当金

(1) 本店側の処理

（単位：千円）

(貸倒引当金繰入)(＊)	500	(貸倒引当金)	500

(＊) (20,000千円〈T／B受取手形〉＋36,000千円〈T／B売掛金〉)×2％－620千円〈T／B貸倒引当金〉＝500千円

(2) 支店側の処理

（単位：千円）

(貸倒引当金繰入)(＊)	420	(貸倒引当金)	420

(＊) (14,000千円〈T／B受取手形〉＋16,000千円〈T／B売掛金〉)×2％－180千円〈T／B貸倒引当金〉＝420千円

∴ P／L貸倒引当金繰入：500千円＋420千円＝920千円

9．退職給付費用の計上

（単位：千円）

(退職給付費用)(＊)	1,590	(退職給付引当金)	1,590

(＊) 1,600千円〈勤務費用〉＋130千円〈利息費用〉－140千円〈期待運用収益〉＝1,590千円

10. 社　債

×5年 4/1		×6年 4/1		×6年 9/30		×7年 3/31
発行日	12か月	当期首	6か月	買入償還日	6か月	当期末

償還分(＊1) 18,400千円 →(＊2)＋400千円→ (＊3) 18,800千円 →(＊4)＋200千円→ (＊5)19,000千円

未償還分(＊6) 27,600千円 →(＊7)＋600千円→ (＊8) 28,200千円 →(＊9)＋600千円→ (＊10)28,800千円

合　計 46,000千円 → 47,000千円

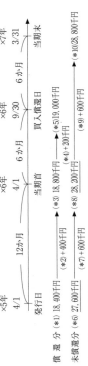

（＊1）50, 000千円〈額面総額〉×$\frac{2}{5}$＝20, 000千円〈償還分の額面金額〉

20, 000千円×$\frac{\text{46, 000千円〈払込総額〉}}{\text{50, 000千円〈額面総額〉}}$＝18, 400千円〈償還分の払込金額〉

（＊2）20, 000千円〈償還分の額面金額〉－18, 400千円〈償還分の払込金額〉＝1, 600千円〈償還分の金利調整差額〉

1, 600千円×$\frac{\text{12か月〈前期経過月数〉}}{\text{48か月〈償還期限〉}}$＝400千円〈償還分の前期償却額〉

（＊3）18, 400千円＋400千円＝18, 800千円〈償還分の当期首償却原価〉

（＊4）1, 600千円×$\frac{\text{6か月〈当期経過月数〉}}{\text{48か月〈償還期限〉}}$＝200千円〈償還分の当期償却額〉

（＊5）18, 800千円＋200千円＝19, 000千円〈償還分の買入償還時償却原価〉

（＊6）50, 000千円－20, 000千円＝30, 000千円〈未償還分の額面金額〉

30, 000千円×$\frac{\text{46, 000千円〈払込総額〉}}{\text{50, 000千円〈額面総額〉}}$＝27, 600千円〈未償還分の払込金額〉

（＊7）30, 000千円－27, 600千円＝2, 400千円〈未償還分の金利調整差額〉

2, 400千円×$\frac{\text{12か月〈前期経過月数〉}}{\text{48か月〈償還期限〉}}$＝600千円〈未償還分の前期償却額〉

（＊8）27, 600千円＋600千円＝28, 200千円〈未償還分の当期首償却原価〉

（＊9）2, 400千円×$\frac{\text{12か月〈当期経過月数〉}}{\text{48か月〈償還期限〉}}$＝600千円〈未償還分の当期償却額〉

（＊10）28, 200千円＋600千円＝28, 800千円〈未償還分の当期末償却原価〉

(1) 買入償還時

① 買入償還分の償却（定額法）

（単位：千円）

（社　債　利　息）（＊4）	200	（社　　　　債）	200

② 買入償還

（単位：千円）

（社　　　　債）（＊5）	19, 000	（現　金　預　金）	18, 000
		（社　債　償　還　益）（＊11）	1, 000

（＊11）貸借差額

(2) 期　末（未償還分の償却）

（単位：千円）

（社　債　利　息）（＊9）	600	（社　　　　債）	600

∴　P／L社債利息：800千円〈T／B〉＋200千円＋600千円＝1, 600千円

11. 支払利息の前払いの繰延べ（本店側の処理）

（単位：千円）

（前　払　費　用）	400	（支　払　利　息）	400

∴　P／L支払利息：3, 300千円〈T／B〉－400千円＝2, 900千円

12. 販売費及び一般管理費の未払いの見越し

(1) 本店側の処理

（単位：千円）

（販売費及び一般管理費）	1, 184	（未　払　費　用）	1, 184

本店の販売費及び一般管理費：37, 797千円〈T／B〉＋1, 184千円＝38, 981千円

(2) 支店側の処理

（単位：千円）

（販売費及び一般管理費）	800	（未　払　費　用）	800

支店の販売費及び一般管理費：28, 800千円〈T／B〉＋800千円＝29, 600千円

∴　P／L販売費及び一般管理費：38, 981千円＋29, 600千円＝68, 581千円

13. 法人税等の計上

（単位：千円）

（法　人　税　等）	36, 000	（仮 払 法 人 税 等）	16, 000
		（未 払 法 人 税 等）（＊）	20, 000

（＊）貸借差額

総合問題2

本支店合併損益計算書

自×6年4月1日　至×7年3月31日　　(単位：千円)

Ⅰ　売　上　高		(389,094)
Ⅱ　売　上　原　価		
1．期首商品棚卸高	(23,950)	
2．当期商品仕入高	(247,000)	
合　計	(270,950)	
3．期末商品棚卸高	(19,000)	
差　引	(251,950)	
4．棚 卸 減 耗 損	(1,450)	
5．商 品 評 価 損	(1,922)	(255,322)
売 上 総 利 益		(133,772)
Ⅲ　販売費及び一般管理費		
1．販売費及び一般管理費	(55,320)	
2．貸倒引当金繰入	(1,180)	
3．減 価 償 却 費	(10,750)	
4．ソフトウェア償却	(160)	
5．退職給付費用	(1,510)	
6．支払リース料	(1,800)	(70,720)
営　業　利　益		(63,052)
Ⅳ　営 業 外 収 益		
1．有価証券利息	(863)	
2．為　替　差　益	(3,610)	(4,473)
Ⅴ　営 業 外 費 用		
1．支　払　利　息	(2,900)	
2．社　債　利　息	(1,080)	
3．有価証券評価損	(245)	
4．雑　　損　　失	(300)	(4,525)
経　常　利　益		(63,000)
Ⅵ　特　別　損　失		
1．子会社株式評価損	(2,900)	
2．社 債 償 還 損	(100)	(3,000)
税引前当期純利益		(60,000)
法　人　税　等		(24,000)
当 期 純 利 益		(36,000)

解答への道

1．現金（本店）

(単位：千円)

(雑　　損　　失)	300	(現　金　預　金)	300

2．売上原価の計算

(1)　本店の期末商品棚卸高

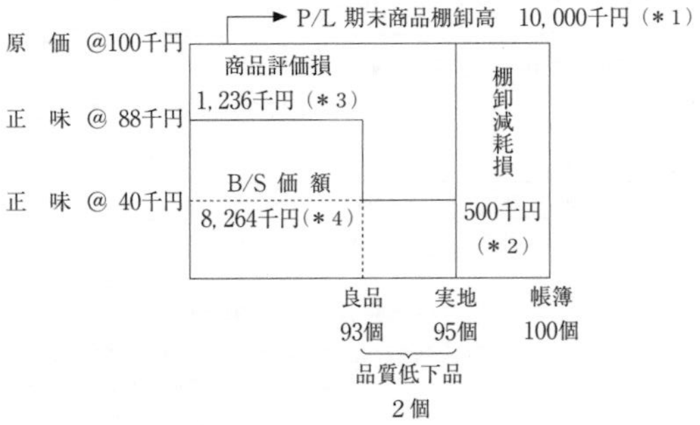

（＊1）@100千円×100個＝10,000千円

（＊2）@100千円×(100個－95個)＝500千円

（＊3）(@100千円－@40千円)× 2個＝120千円

　　　(@100千円－@88千円)×93個＝1,116千円

　　　120千円＋1,116千円＝1,236千円

（＊4）@88千円×93個＋@40千円×2個＝8,264千円

(2)　支店の期末商品棚卸高

①　外部仕入分

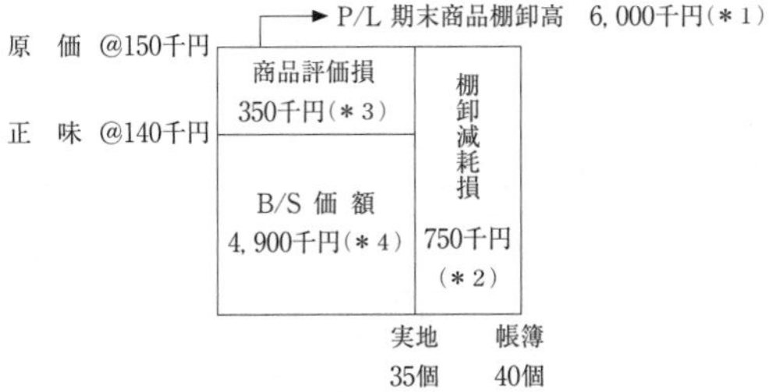

（＊1）@150千円×40個＝6,000千円

（＊2）@150千円×(40個－35個)＝750千円

（＊3）(@150千円－@140千円)×35個＝350千円

（＊4）@140千円×35個＝4,900千円

② 本店仕入分

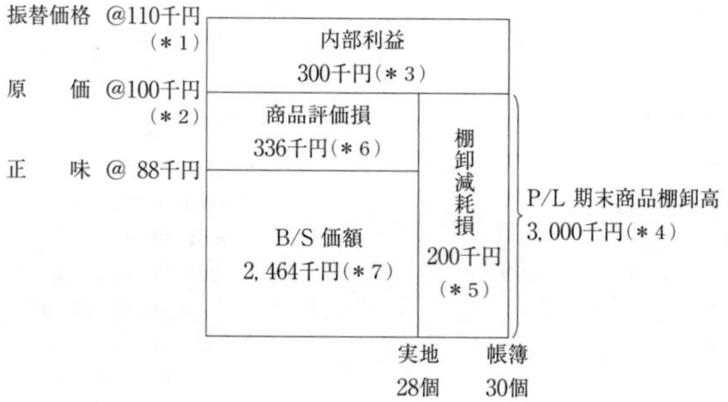

（＊1）（9, 300千円－6, 000千円〈外部仕入分〉）÷30個＝@110千円

（＊2）@110千円×$\frac{100\%}{110\%}$＝@100千円

（＊3）（@110千円－@100千円）×30個＝300千円

（＊4）@100千円×30個＝3, 000千円

（＊5）@100千円×（30個－28個）＝200千円

（＊6）（@100千円－@88千円）×28個＝336千円

（＊7）@88千円×28個＝2, 464千円

∴　P/L商品評価損：1, 236千円＋350千円＋336千円＝1, 922千円

∴　P/L棚卸減耗損：500千円＋750千円＋200千円＝1, 450千円

(3) まとめ（本支店合併損益計算書における売上原価の計算）

原価ボックス

P/L期首商品棚卸高		売上原価	
（本店）T/B 繰越商品	13, 200千円		
（支店）T/B 繰越商品	11, 000千円		
T/B 繰延内部利益	△　250千円	貸借差額	251, 950千円
	23, 950千円		
P/L当期商品仕入高		P/L期末商品棚卸高	
（本店）T/B 仕入	161, 000千円	（本店）	10, 000千円
（支店）T/B 仕入	86, 000千円	（支店）外部仕入分	6, 000千円
	247, 000千円	本店より仕入分（内部利益控除後）	3, 000千円
			19, 000千円

3．有価証券（本店）

(1) A社株式 → 売買目的有価証券（有価証券）

① 時価評価

（単位：千円）

（有価証券評価損益）（＊）	300	（有　価　証　券）	300

（＊）2, 800千円〈時価〉－3, 100千円〈取得原価〉＝△300千円〈評価損〉

(2) B社株式 → 売買目的有価証券（有価証券）

① 時価評価

（単位：千円）

（有　価　証　券）（＊）	55	（有価証券評価損益）	55

（＊）11千ドル〈CC〉×125円〈CR〉－12千ドル〈HC〉×110円〈HR（期首）〉＝55千円〈評価益〉
　　1, 375千円〈円貨による時価〉　1, 320千円〈円貨による取得原価〉

∴　P/L有価証券評価損：△300千円〈A社株式〉＋55千円〈B社株式〉＝△245千円

(3) C社株式→ 子会社株式

① 科目の振替え

（単位：千円）

（子　会　社　株　式）	5, 000	（有　価　証　券）	5, 000

② 実価法の適用

（単位：千円）

（子会社株式評価損）（＊）	2, 900	（子　会　社　株　式）	2, 900

（＊）3, 000千円×70%＝2, 100千円〈実質価額〉
　　2, 100千円－5, 000千円＝△2, 900千円〈評価損〉

(4) D社社債→ 満期保有目的債券（投資有価証券）

① 科目の振替え

（単位：千円）

（投資有価証券）（＊）	26, 400	（有　価　証　券）	26, 400

（＊）240千ドル〈HC〉×@110円〈HR（期首）〉＝26, 400千円

② 償却原価法（定額法）の適用と換算替え

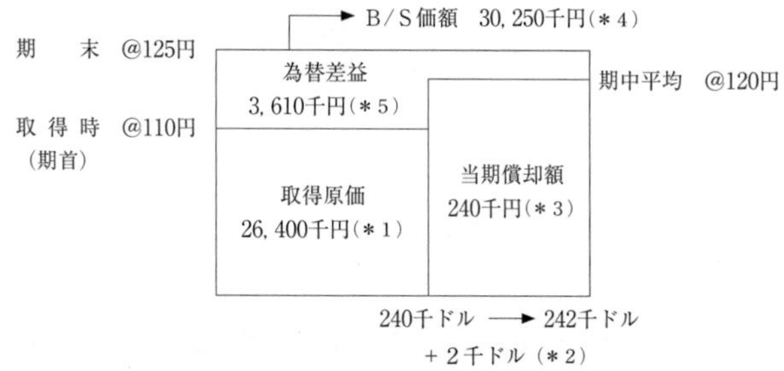

（＊1）240千ドル〈ＨＣ〉×@110円〈ＨＲ（期首）〉＝26,400千円〈取得原価〉
（＊2）（250千ドル〈額面総額〉－240千ドル〈ＨＣ〉）÷５年＝２千ドル〈当期償却額〉
（＊3）２千ドル〈当期償却額〉×@120円〈ＡＲ〉＝240千円〈当期償却額〉
（＊4）（240千ドル〈ＨＣ〉＋２千ドル〈当期償却額〉）×@125円〈ＣＲ〉＝30,250千円〈Ｂ／Ｓ価額〉
242千ドル〈当期末償却原価〉
（＊5）30,250千円〈Ｂ／Ｓ価額〉－（26,400千円〈取得原価〉＋240千円〈当期償却額〉）＝3,610千円〈為替差益〉

（単位：千円）

（投資有価証券）（＊3）	240	（有価証券利息）	240
（投資有価証券）（＊5）	3,610	（為替差損益）	3,610

∴　Ｐ／Ｌ有価証券利息：623千円〈Ｔ／Ｂ〉＋240千円＝863千円

4．減価償却

(1)　本店側の処理

①　建　物

（単位：千円）

（減価償却費）（＊）	2,500	（建物減価償却累計額）	2,500

（＊）100,000千円〈Ｔ／Ｂ建物〉÷40年＝2,500千円

②　備　品

（単位：千円）

（減価償却費）（＊）	5,625	（備品減価償却累計額）	5,625

（＊）１÷８年×２＝0.25〈償却率〉
（40,000千円〈Ｔ／Ｂ備品〉－17,500千円〈Ｔ／Ｂ備品減価償却累計額〉）×0.25＝5,625千円

(2)　支店側の処理（備品）

（単位：千円）

（減価償却費）（＊）	2,625	（備品減価償却累計額）	2,625

（＊）（14,000千円〈Ｔ／Ｂ備品〉－3,500千円〈Ｔ／Ｂ備品減価償却累計額〉）×0.25＝2,625千円

∴　Ｐ／Ｌ減価償却費：2,500千円＋5,625千円＋2,625千円＝10,750千円

5．オペレーティング・リース取引（本店）

（単位：千円）

（支払リース料）（＊）	600	（未払費用）	600

（＊）1,200千円×$\frac{3か月〈当期経過月数〉}{6か月}$＝600千円

∴　Ｐ／Ｌ支払リース料：1,200千円〈Ｔ／Ｂ〉＋600千円＝1,800千円

6．ソフトウェア（本店）

（単位：千円）

（ソフトウェア償却）（＊）	160	（ソフトウェア）	160

（＊）800千円〈Ｔ／Ｂソフトウェア〉÷５年＝160千円

7．貸倒引当金

(1)　本店側の処理

（単位：千円）

（貸倒引当金繰入）（＊）	600	（貸倒引当金）	600

（＊）（27,000千円〈Ｔ／Ｂ受取手形〉＋21,000千円〈Ｔ／Ｂ売掛金〉）×２％
－360千円〈Ｔ／Ｂ貸倒引当金〉＝600千円

(2)　支店側の処理

（単位：千円）

（貸倒引当金繰入）（＊）	580	（貸倒引当金）	580

（＊）（19,000千円〈Ｔ／Ｂ受取手形〉＋18,000千円〈Ｔ／Ｂ売掛金〉）×２％－160千円〈Ｔ／Ｂ貸倒引当金〉＝580千円

∴　Ｐ／Ｌ貸倒引当金繰入：600千円＋580千円＝1,180千円

8．退職給付引当金（本店）

（単位：千円）

（退職給付費用）（＊）	1,510	（退職給付引当金）	1,510

（＊）1,300千円〈勤務費用〉＋15,000千円×２％－3,000千円×３％＝1,510千円
300千円〈利息費用〉　90千円〈期待運用収益〉

9．社債（本店）

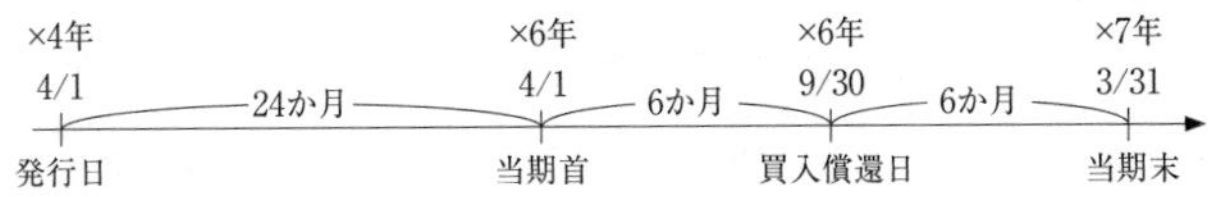

償還分	（＊1）5,400千円	（＊2）＋240千円 →	（＊3）5,640千円	（＊4）＋60千円 →	（＊5）5,700千円
未償還分	（＊6）21,600千円	（＊7）＋960千円 →	（＊8）22,560千円	（＊9）＋480千円 →	（＊10）23,040千円
合　計	27,000千円		28,200千円		

（＊1）30,000千円〈額面総額〉×$\frac{1}{5}$＝6,000千円〈償還分の額面金額〉
6,000千円×$\frac{27,000千円〈払込総額〉}{30,000千円〈額面総額〉}$＝5,400千円〈償還分の払込金額〉
（＊2）6,000千円〈償還分の額面金額〉－5,400千円〈償還分の払込金額〉＝600千円〈償還分の金利調整差額〉
600千円×$\frac{24か月〈経過月数〉}{60か月〈償還期限〉}$＝240千円〈償還分の前期以前償却額〉
（＊3）5,400千円＋240千円＝5,640千円〈償還分の当期首償却原価〉
（＊4）600千円×$\frac{6か月〈当期経過月数〉}{60か月〈償還期限〉}$＝60千円〈償還分の当期償却額〉
（＊5）5,640千円＋60千円＝5,700千円〈償還分の買入償還時償却原価〉
（＊6）30,000千円－6,000千円＝24,000千円〈未償還分の額面金額〉
24,000千円×$\frac{27,000千円〈払込総額〉}{30,000千円〈額面総額〉}$＝21,600千円〈未償還分の払込金額〉

（＊7）24,000千円－21,600千円＝2,400千円〈未償還分の金利調整差額〉

$$2,400千円 \times \frac{24か月〈経過月数〉}{60か月〈償還期限〉} = 960千円〈未償還分の前期以前償却額〉$$

（＊8）21,600千円＋960千円＝22,560千円〈未償還分の当期首償却原価〉

（＊9）$2,400千円 \times \frac{12か月〈当期経過月数〉}{60か月〈償還期限〉} = 480千円〈未償還分の当期償却額〉$

（＊10）22,560千円＋480千円＝23,040千円〈未償還分の当期末償却原価〉

(1) 買入償還時

① 買入償還分の償却（定額法）

（単位：千円）

（社債利息）（＊4）	60	（社債）	60

② 買入償還

（単位：千円）

（社債）（＊5）	5,700	（現金預金）	5,800
（社債償還損）（＊11）	100		

（＊11）貸借差額

(2) 期　末（未償還分の償却）

（単位：千円）

（社債利息）（＊9）	480	（社債）	480

∴　P/L社債利息：540千円〈T/B〉＋60千円＋480千円＝1,080千円

10. 支払利息の前払いの繰延べ（本店側の処理）

（単位：千円）

（前払費用）	200	（支払利息）	200

∴　P/L支払利息：3,100千円〈T/B〉－200千円＝2,900千円

11. 販売費及び一般管理費の未払いの見越し

(1) 本店側の処理

（単位：千円）

（販売費及び一般管理費）	600	（未払費用）	600

本店の販売費及び一般管理費：26,720千円〈T/B〉＋600千円＝27,320千円

(2) 支店側の処理

（単位：千円）

（販売費及び一般管理費）	500	（未払費用）	500

支店の販売費及び一般管理費：27,500千円〈T/B〉＋500千円＝28,000千円

∴　P/L販売費及び一般管理費：27,320千円＋28,000千円＝55,320千円

12. 法人税等（本店）

（単位：千円）

（法人税等）	24,000	（仮払法人税等）	13,000
		（未払法人税等）（＊）	11,000

（＊）貸借差額

総合問題3

連結貸借対照表

×3年3月31日現在　　（単位：千円）

資産の部		負債の部	
Ⅰ 流動資産		Ⅰ 流動負債	
現金預金	（ 2,895,000 ）	支払手形	（ 45,000 ）
受取手形	（ 300,000 ）	買掛金	（ 120,500 ）
売掛金	（ 600,000 ）	未払法人税等	（ 80,000 ）
貸倒引当金	（△ 18,000 ）	その他の流動負債	（ 130,000 ）
商品	（ 172,500 ）	流動負債合計	（ 375,500 ）
その他の流動資産	（ 137,500 ）	Ⅱ 固定負債	
流動資産合計	（ 4,087,000 ）	繰延税金負債	（ 7,500 ）
Ⅱ 固定資産		固定負債	（ 70,000 ）
建物	（ 2,500,000 ）	固定負債合計	（ 77,500 ）
減価償却累計額	（△1,035,000 ）	負債合計	（ 453,000 ）
土地	（ 1,200,000 ）	純資産の部	
のれん	（ 100,800 ）	Ⅰ 株主資本	
繰延税金資産	（ 9,000 ）	資本金	（ 5,000,000 ）
その他の固定資産	（ 180,000 ）	資本剰余金	（ 200,000 ）
固定資産合計	（ 2,954,800 ）	利益剰余金	（ 452,200 ）
		株主資本合計	（ 5,652,200 ）
		Ⅱ 非支配株主持分	（ 936,600 ）
		純資産合計	（ 6,588,800 ）
資産合計	（ 7,041,800 ）	負債・純資産合計	（ 7,041,800 ）

連結損益計算書

自×2年4月1日　至×3年3月31日　(単位：千円)

Ⅰ 売上高		(5,500,000)
Ⅱ 売上原価		(4,285,000)
売上総利益		(1,215,000)
Ⅲ 販売費及び一般管理費		
1. 販売費及び一般管理費	(790,000)	
2. 貸倒引当金繰入額	(5,000)	
3. のれん償却額	(5,600)	(800,600)
営業利益		(414,400)
Ⅳ 営業外収益		(162,000)
Ⅴ 営業外費用		(85,000)
経常利益		(491,400)
Ⅵ 特別利益		(61,500)
Ⅶ 特別損失		(30,000)
税金等調整前当期純利益		(522,900)
法人税等	(177,000)	
法人税等調整額	(△ 7,200)	(169,800)
当期純利益		(353,100)
非支配株主に帰属する当期純利益		(36,880)
親会社株主に帰属する当期純利益		(316,220)

解答への道

本問では連結株主資本等変動計算書を作成しないため，以下の仕訳では「当期首残高」および「当期変動額」を省略している。

1. タイムテーブル（資本勘定の推移，単位：千円）

	×1年 3/31 (60%取得)		×2年 3/31	×2年度（当期）	×3年 3/31
資本金	2,000,000		2,000,000		2,000,000
資本剰余金	100,000		100,000	利益 ⊕ 95,000	100,000
利益剰余金	95,000	⊕50,000 →	145,000	配当 △ 30,000 →	210,000
評価差額	35,000		35,000	⊕ 65,000	35,000
計	2,230,000		2,280,000		2,345,000

2. 開始仕訳

(1) 支配獲得日（×1年3月31日）の連結修正仕訳

① 土地の時価評価

(単位：千円)

(土地)(＊1)	50,000	(繰延税金負債)(＊2)	15,000
		S社	
		(評価差額)(＊3)	35,000

(＊1) 450,000千円〈時価〉－400,000千円〈簿価〉＝50,000千円
(＊2) 50,000千円×30%〈実効税率〉＝15,000千円
(＊3) 貸借差額

② 投資と資本の相殺消去

(単位：千円)

(資本金)	2,000,000	(S社株式)	1,450,000
(資本剰余金)	100,000	(非支配株主持分)(＊2)	892,000
(利益剰余金)	95,000		
(評価差額)	35,000		
(のれん)(＊1)	112,000		

(＊1) (2,000,000千円＋100,000千円＋95,000千円＋35,000千円)×60%＝1,338,000千円〈P社持分〉
2,230,000千円〈S社資本〉
1,450,000千円〈S社株式〉－1,338,000千円〈P社持分〉＝112,000千円〈のれん〉
(＊2) (2,000,000千円＋100,000千円＋95,000千円＋35,000千円)×40%＝892,000千円〈非支配株主持分〉
2,230,000千円〈S社資本〉

(2) ×1年度の連結修正仕訳

① のれんの償却

(単位：千円)

(利益剰余金)(＊)	5,600	(のれん)	5,600

(＊) 112,000千円÷20年＝5,600千円

② 増加剰余金の非支配株主持分への振替え

(単位：千円)

(利益剰余金)(＊)	20,000	(非支配株主持分)	20,000

(＊) (145,000千円〈×2年3/31利益剰余金〉－95,000千円〈×1年3/31利益剰余金〉)×40%＝20,000千円

(3) 開始仕訳のまとめ（(1)+(2)）

(単位：千円)

(土地)	50,000	(繰延税金負債)	15,000
(資本金)	2,000,000	S社	
(資本剰余金)	100,000	(S社株式)	1,450,000
(利益剰余金)	120,600	(非支配株主持分)	912,000
(のれん)	106,400		

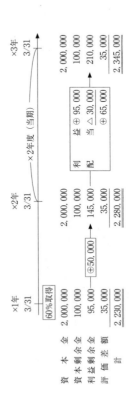

3．期中仕訳（×2年度の連結修正仕訳）

(1) のれんの償却

（単位：千円）

（のれん償却額）	（＊）	5,600	（のれん）	5,600

（＊）112,000千円÷20年＝5,600千円

(2) 当期純利益の非支配株主持分への振替え

（単位：千円）

（非支配株主に帰属する当期純利益）	（＊）	38,000	（非支配株主持分）	38,000

（＊）95,000千円〈当期純利益〉×40％＝38,000千円

(3) 配当金の修正

（単位：千円）

（営業外収益） 受取配当金	（＊1）	18,000	（利益剰余金） 剰余金の配当	30,000
（非支配株主持分）	（＊2）	12,000		

（＊1）30,000千円〈配当金〉×60％＝18,000千円
（＊2）30,000千円〈配当金〉×40％＝12,000千円

(4) 未達取引の整理

（単位：千円）

（商品）	5,500	（買掛金）	5,500

(5) 売上高と売上原価の相殺消去

（単位：千円）

（売上高）	1,320,000	（売上原価）	1,320,000

(6) 期首商品棚卸高および期末商品棚卸高に含まれる未実現利益の調整（アップ・ストリーム）

① 期首商品棚卸高に含まれる未実現利益

(a) 開始仕訳

（単位：千円）

（利益剰余金） 売上原価	（＊1）	3,000	（商品）	3,000
（繰延税金資産） S社	（＊2）	900	（利益剰余金） 法人税等調整額	900
（非支配株主持分）	（＊3）	840	（利益剰余金） 非支配株主に帰属する当期純利益	840

（＊1）33,000千円×$\frac{0.1}{1.1}$＝3,000千円〈未実現利益〉

（＊2）3,000千円×30％〈実効税率〉＝900千円
（＊3）（3,000千円－900千円）×40％＝840千円

(b) 実現仕訳

（単位：千円）

（商品）	3,000	（売上原価）	3,000
（法人税等調整額）	900	（繰延税金資産） S社	900
（非支配株主に帰属する当期純利益）	840	（非支配株主持分）	840

② 期末商品棚卸高に含まれる未実現利益

（単位：千円）

（売上原価）	（＊1）	8,000	（商品）	8,000
（繰延税金資産） S社	（＊2）	2,400	（法人税等調整額）	2,400
（非支配株主持分）	（＊3）	2,240	（非支配株主に帰属する当期純利益）	2,240

（＊1）（82,500千円＋5,500千円〈未達〉）×$\frac{0.1}{1.1}$＝8,000千円〈未実現利益〉

（＊2）8,000千円×30％〈実効税率〉＝2,400千円
（＊3）（8,000千円－2,400千円）×40％＝2,240千円

③ まとめ（①＋②）

期首・期末商品の未実現利益の消去がある場合には，次の2つのまとめ方がある。なお，後述の税効果会計の処理および精算表は，2の差額補充法的な処理による。

（単位：千円）

<table>
<tr><th></th><th>1．洗替法的な処理</th><th>2．差額補充法的な処理</th></tr>
<tr><td>①(a)</td><td rowspan="2">（利益剰余金）1,260（売上原価）3,000
（法人税等調整額）900
（非支配株主に帰属する当期純利益）840</td><td>（利益剰余金）3,000（商品）3,000
（繰延税金資産）900（利益剰余金）900
（非支配株主持分）840（利益剰余金）840</td></tr>
<tr><td>①(b)</td><td rowspan="2">（売上原価）5,000（商品）5,000
（繰延税金資産）1,500（法人税等調整額）1,500
（非支配株主持分）1,400（非支配株主に帰属する当期純利益）1,400</td></tr>
<tr><td>②</td><td>（売上原価）8,000（商品）8,000
（繰延税金資産）2,400（法人税等調整額）2,400
（非支配株主持分）2,240（非支配株主に帰属する当期純利益）2,240</td></tr>
</table>

(7) 債権債務の相殺消去

（単位：千円）

（支払手形）	50,000	（受取手形）	50,000
（買掛金）	100,000	（売掛金）	100,000

(8) 期首貸倒引当金および期末貸倒引当金の調整（アップ・ストリーム）

① 期首貸倒引当金の調整

(a) 開始仕訳

（単位：千円）

（貸倒引当金）	（＊1）	2,000	（利益剰余金） 貸倒引当金繰入額	2,000
（利益剰余金） 法人税等調整額	（＊2）	600	（繰延税金負債） S 社	600
（利益剰余金） 非支配株主に帰属する当期純利益	（＊3）	560	（非支配株主持分）	560

（＊1）（30,000千円＋70,000千円）×2％＝2,000千円
（＊2）2,000千円×30％〈実効税率〉＝600千円
（＊3）（2,000千円－600千円）×40％＝560千円

(b) 貸倒引当金繰入額（戻入額）の修正

（単位：千円）

（貸倒引当金繰入額）	2,000	（貸倒引当金）	2,000
（繰延税金負債） S 社	600	（法人税等調整額）	600
（非支配株主持分）	560	（非支配株主に帰属する当期純利益）	560

② 期末貸倒引当金の調整

（単位：千円）

（貸倒引当金）	（＊1）	3,000	（貸倒引当金繰入額）	3,000
（法人税等調整額）	（＊2）	900	（繰延税金負債） S 社	900
（非支配株主に帰属する当期純利益）	（＊3）	840	（非支配株主持分）	840

（＊1）（50,000千円＋100,000千円）×2％＝3,000千円
（＊2）3,000千円×30％〈実効税率〉＝900千円
（＊3）（3,000千円－900千円）×40％＝840千円

③ まとめ（①＋②）

期首・期末の貸倒引当金の減額修正がある場合には，次の2つのまとめ方がある。なお，後述の税効果会計の処理および精算表は，2の差額補充法的な処理による。

（単位：千円）

	1．洗替法的な処理	2．差額補充法的な処理
①(a) ①(b)	（貸倒引当金繰入額） 2,000 （利益剰余金） 840 （法人税等調整額） 600 （非支配株主に帰属する当期純利益） 560	（貸倒引当金） 2,000 （利益剰余金） 2,000 （利益剰余金） 600 （繰延税金負債） 600 （利益剰余金） 560 （非支配株主持分） 560
②	（貸倒引当金） 3,000 （貸倒引当金繰入額） 3,000 （法人税等調整額） 900 （繰延税金負債） 900 （非支配株主に帰属する当期純利益） 840 （非支配株主持分） 840	（貸倒引当金） 1,000 （貸倒引当金繰入額） 1,000 （法人税等調整額） 300 （繰延税金負債） 300 （非支配株主に帰属する当期純利益） 280 （非支配株主持分） 280

(9) 土地売却益の修正（ダウン・ストリーム）

（単位：千円）

（特別利益）	（＊1）	5,000	（土地）	5,000
（繰延税金資産） P 社	（＊2）	1,500	（法人税等調整額）	1,500

（＊1）105,000千円－100,000千円＝5,000千円
（＊2）5,000千円×30％〈実効税率〉＝1,500千円

(10) 繰延税金資産と繰延税金負債の相殺

（単位：千円）

（繰延税金負債） S 社	（＊）	8,400	（繰延税金資産） S 社	8,400

P 社

繰延税金資産		繰延税金負債	
個別B/S 7,500 解説3(9) 1,500	9,000		

S 社

繰延税金資産		繰延税金負債	
個別B/S 6,000 解説3(6) 900 解説3(6) 1,500	8,400	15,900	解説2(3) 15,000 解説3(8) 600 解説3(8) 300

（＊）相殺

109

4．連結精算表

連結精算表 (単位：千円)

表示科目	個別財務諸表 P社	個別財務諸表 S社	個別財務諸表 合計	連結修正仕訳 借方	連結修正仕訳 貸方	連結財務諸表
(損益計算書)						
売上高	(4,000,000)	(2,820,000)	(6,820,000)	1,320,000		(5,500,000)
売上原価	3,200,000	2,400,000	5,600,000	5,000	1,320,000	4,285,000
販売費及び一般管理費	466,000	324,000	790,000			790,000
貸倒引当金繰入額	4,000	2,000	6,000		1,000	5,000
のれん償却額	——	——	——	5,600		5,600
営業外収益	(120,000)	(60,000)	(180,000)	18,000		(162,000)
営業外費用	60,000	25,000	85,000			85,000
特別利益	(47,000)	(19,500)	(66,500)	5,000		(61,500)
特別損失	20,000	10,000	30,000			30,000
法人税等	132,000	45,000	177,000			177,000
法人税等調整額	(3,000)	(1,500)	(4,500)	300	1,500 1,500	(7,200)
非支配株主に帰属する当期純利益	——	——	——	38,000 280	1,400	36,880
親会社株主に帰属する当期純利益	(288,000)	(95,000)	(383,000)	1,392,180	1,325,400	(316,220)
(貸借対照表)						
現金預金	2,000,000	895,000	2,895,000			2,895,000
受取手形	200,000	150,000	350,000		50,000	300,000
売掛金	400,000	300,000	700,000		100,000	600,000
貸倒引当金	(12,000)	(9,000)	(21,000)	2,000 1,000		(18,000)
商品	100,000	75,000	175,000	5,500	3,000 5,000	172,500
その他の流動資産	89,500	48,000	137,500			137,500
建物	1,500,000	1,000,000	2,500,000			2,500,000
減価償却累計額	(495,000)	(540,000)	(1,035,000)			(1,035,000)
土地	650,000	505,000	1,155,000	50,000	5,000	1,200,000
のれん	——	——	——	106,400	5,600	100,800
S社株式	1,450,000	——	1,450,000		1,450,000	——
繰延税金資産	7,500	6,000	13,500	900 1,500 1,500	8,400	9,000
その他の固定資産	110,000	70,000	180,000			180,000
合計	6,000,000	2,500,000	8,500,000	168,800	1,627,000	7,041,800
支払手形	(70,000)	(25,000)	(95,000)	50,000		(45,000)
買掛金	(140,000)	(75,000)	(215,000)	100,000	5,500	(120,500)
未払法人税等	(60,000)	(20,000)	(80,000)			(80,000)
その他の流動負債	(100,000)	(30,000)	(130,000)			(130,000)
繰延税金負債	——	——	——	8,400	15,000 600 300	(7,500)
固定負債	(30,000)	(40,000)	(70,000)			(70,000)
資本金	(5,000,000)	(2,000,000)	(7,000,000)	2,000,000		(5,000,000)
資本剰余金	(200,000)	(100,000)	(300,000)	100,000		(200,000)
利益剰余金	(400,000)	(210,000)	(610,000)	120,600 3,000 600 560 1,392,180	30,000 900 840 2,000 1,325,400	(452,200)
非支配株主持分	——	——	——	12,000 840 1,400	912,000 38,000 560 280	(936,600)
合計	(6,000,000)	(2,500,000)	(8,500,000)	3,789,580	2,331,380	(7,041,800)

総合問題4

連結貸借対照表

×4年3月31日現在 (単位：千円)

資産の部		負債の部	
Ⅰ 流動資産		Ⅰ 流動負債	
現金預金	(3,600,000)	支払手形	(50,000)
受取手形	(360,000)	買掛金	(144,000)
売掛金	(720,000)	未払法人税等	(112,000)
貸倒引当金	(△ 21,600)	その他の流動負債	(60,000)
商品	(208,000)	流動負債合計	(366,000)
その他の流動資産	(159,600)	Ⅱ 固定負債	
流動資産合計	(5,026,000)	繰延税金負債	(10,080)
Ⅱ 固定資産		固定負債	(166,000)
建物	(2,994,000)	固定負債合計	(176,080)
減価償却累計額	(△1,241,400)	負債合計	(542,080)
土地	(1,320,000)	純資産の部	
のれん	(119,280)	Ⅰ 株主資本	
繰延税金資産	(10,620)	資本金	(6,000,000)
その他の固定資産	(221,400)	資本剰余金	(240,000)
固定資産合計	(3,423,900)	利益剰余金	(542,892)
		株主資本合計	(6,782,892)
		Ⅱ 非支配株主持分	(1,124,928)
		純資産合計	(7,907,820)
資産合計	(8,449,900)	負債・純資産合計	(8,449,900)

連結損益計算書

自×3年4月1日　至×4年3月31日　（単位：千円）

Ⅰ 売上高		(6,600,000)
Ⅱ 売上原価		(5,138,000)
売上総利益		(1,462,000)
Ⅲ 販売費及び一般管理費		
1．販売費及び一般管理費	(818,200)	
2．貸倒引当金繰入額	(9,800)	
3．減価償却費	(89,400)	
4．のれん償却額	(17,040)	(934,440)
営業利益		(527,560)
Ⅳ 営業外収益		(158,400)
Ⅴ 営業外費用		(102,000)
経常利益		(583,960)
Ⅵ 特別利益		(75,600)
Ⅶ 特別損失		(36,000)
税金等調整前当期純利益		(623,560)
法人税等	(213,000)	
法人税等調整額	(△ 5,460)	(207,540)
当期純利益		(416,020)
非支配株主に帰属する当期純利益		(45,376)
親会社株主に帰属する当期純利益		(370,644)

解答への道

本問では連結株主資本等変動計算書を作成しないため，以下の仕訳では「当期首残高」および「当期変動額」を省略している。

1．タイムテーブル（資本勘定の推移，単位：千円）

	×1年 3/31 (60%取得)		×2年 3/31	×3年 3/31	×3年度(当期)	×4年 3/31
資本金	2,400,000			2,400,000		2,400,000
資本剰余金	60,000			60,000	利益 ⊕114,000	60,000
利益剰余金	114,000	⊕120,000 →		234,000	配当 △ 36,000 →	312,000
評価差額	42,000			42,000	⊕ 78,000	42,000
計	2,616,000			2,736,000		2,814,000

2．開始仕訳

(1) 支配獲得日（×1年3月31日）の連結修正仕訳

① 土地の時価評価

（単位：千円）

(土地)（＊1）	60,000	(繰延税金負債)（＊2）S社	18,000
		(評価差額)（＊3）	42,000

（＊1）540,000千円〈時価〉－480,000千円〈簿価〉＝60,000千円
（＊2）60,000千円×30%〈実効税率〉＝18,000千円
（＊3）貸借差額

② 投資と資本の相殺消去

（単位：千円）

(資本金)	2,400,000	(S社株式)	1,740,000
(資本剰余金)	60,000	(非支配株主持分)（＊2）	1,046,400
(利益剰余金)	114,000		
(評価差額)	42,000		
(のれん)（＊1）	170,400		

（＊1）(2,400,000千円＋60,000千円＋114,000千円＋42,000千円)×60%＝1,569,600千円〈P社持分〉
　　　2,616,000千円〈S社資本〉
　　1,740,000千円〈S社株式〉－1,569,600千円〈P社持分〉＝170,400千円〈のれん〉
（＊2）(2,400,000千円＋60,000千円＋114,000千円＋42,000千円)×40%＝1,046,400千円〈非支配株主持分〉
　　　2,616,000千円〈S社資本〉

(2) ×1年度と×2年度の連結修正仕訳

① のれんの償却（2年分）

（単位：千円）

(利益剰余金)（＊）	34,080	(のれん)	34,080

（＊）170,400千円÷10年×2年＝34,080千円

② 増加剰余金の非支配株主持分への振替え（2年分）

（単位：千円）

(利益剰余金)（＊）	48,000	(非支配株主持分)	48,000

（＊）(234,000千円〈×3年3/31利益剰余金〉－114,000千円〈×1年3/31利益剰余金〉)×40%＝48,000千円

(3) 開始仕訳のまとめ（(1)＋(2)）

（単位：千円）

(土地)	60,000	(繰延税金負債)S社	18,000
(資本金)	2,400,000		
(資本剰余金)	60,000	(S社株式)	1,740,000
(利益剰余金)	196,080	(非支配株主持分)	1,094,400
(のれん)	136,320		

3. 期中仕訳（×3年度の連結修正仕訳）

(1) のれんの償却

（単位：千円）

（の れ ん 償 却 額）（＊）	17, 040	（の れ ん）	17, 040

（＊）170, 400千円÷10年＝17, 040千円

(2) 当期純利益の非支配株主持分への振替え

（単位：千円）

（非支配株主に帰属する当期純利益）（＊）	45, 600	（非 支 配 株 主 持 分）	45, 600

（＊）114, 000千円〈当期純利益〉×40%＝45, 600千円

(3) 配当金の修正

（単位：千円）

（営 業 外 収 益）（＊1） 受取配当金	21, 600	（利 益 剰 余 金） 剰余金の配当	36, 000
（非 支 配 株 主 持 分）（＊2）	14, 400		

（＊1）36, 000千円〈配当金〉×60%＝21, 600千円
（＊2）36, 000千円〈配当金〉×40%＝14, 400千円

(4) 未達取引の整理

（単位：千円）

（商 品）	4, 000	（買 掛 金）	4, 000

(5) 売上高と売上原価の相殺消去

（単位：千円）

（売 上 高）（＊）	1, 620, 000	（売 上 原 価）	1, 620, 000

（＊）1, 616, 000千円〈仕入高〉＋4, 000千円〈未達商品〉＝1, 620, 000千円

(6) 期首商品棚卸高および期末商品棚卸高に含まれる未実現利益の調整（アップ・ストリーム）

① 期首商品棚卸高に含まれる未実現利益

(a) 開始仕訳

（単位：千円）

（利 益 剰 余 金）（＊1） 売上原価	4, 000	（商 品）	4, 000
（繰 延 税 金 資 産）（＊2） S 社	1, 200	（利 益 剰 余 金） 法人税等調整額	1, 200
（非 支 配 株 主 持 分）（＊3）	1, 120	（利 益 剰 余 金） 非支配株主に帰属する当期純利益	1, 120

（＊1）40, 000千円×0. 1＝4, 000千円
（＊2）4, 000千円×30%〈実効税率〉＝1, 200千円
（＊3）(4, 000千円－1, 200千円)×40%〈非支配株主持分割合〉＝1, 120千円

(b) 実現仕訳

（単位：千円）

（商 品）	4, 000	（売 上 原 価）	4, 000
（法 人 税 等 調 整 額）	1, 200	（繰 延 税 金 資 産） S 社	1, 200
（非支配株主に帰属する当期純利益）	1, 120	（非 支 配 株 主 持 分）	1, 120

② 期末商品棚卸高に含まれる未実現利益

（単位：千円）

（売 上 原 価）（＊1）	6, 000	（商 品）	6, 000
（繰 延 税 金 資 産）（＊2） S 社	1, 800	（法 人 税 等 調 整 額）	1, 800
（非 支 配 株 主 持 分）（＊3）	1, 680	（非支配株主に帰属する当期純利益）	1, 680

（＊1）(56, 000千円＋4, 000千円〈未達商品〉)×0. 1＝6, 000千円〈未実現利益〉
（＊2）6, 000千円×30%〈実効税率〉＝1, 800千円
（＊3）(6, 000千円－1, 800千円)×40%＝1, 680千円

③ まとめ（①＋②）

期首・期末商品の未実現利益の消去がある場合には，次の2つのまとめ方がある。なお，後述の税効果会計の処理および精算表は，2の差額補充法的な処理による。

（単位：千円）

<table>
<tr><th></th><th colspan="4">1．洗替法的な処理</th><th colspan="4">2．差額補充法的な処理</th></tr>
<tr><td>①(a)</td><td rowspan="2">（利益剰余金）
（法人税等調整額）
（非支配株主に帰属する当期純利益）</td><td rowspan="2">1, 680
1, 200
1, 120</td><td rowspan="2">（売 上 原 価）</td><td rowspan="2">4, 000</td><td>（利益剰余金）
（繰延税金資産）
（非支配株主持分）</td><td>4, 000
1, 200
1, 120</td><td>（商 品）
（利益剰余金）
（利益剰余金）</td><td>4, 000
1, 200
1, 120</td></tr>
<tr><td>①(b)</td><td rowspan="2">（売 上 原 価）
（繰延税金資産）
（非支配株主持分）</td><td rowspan="2">2, 000
600
560</td><td rowspan="2">（商 品）
（法人税等調整額）
（非支配株主に帰属する当期純利益）</td><td rowspan="2">2, 000
600
560</td></tr>
<tr><td>②</td><td>（売 上 原 価）
（繰延税金資産）
（非支配株主持分）</td><td>6, 000
1, 800
1, 680</td><td>（商 品）
（法人税等調整額）
（非支配株主に帰属する当期純利益）</td><td>6, 000
1, 800
1, 680</td></tr>
</table>

(7) 債権債務の相殺消去

（単位：千円）

（支 払 手 形）	60, 000	（受 取 手 形）	60, 000
（買 掛 金）（＊）	120, 000	（売 掛 金）	120, 000

（＊）116, 000千円＋4, 000千円〈未達商品〉＝120, 000千円

(8) 期首貸倒引当金および期末貸倒引当金の調整（アップ・ストリーム）

① 期首貸倒引当金の調整

(a) 開始仕訳

（単位：千円）

(貸倒引当金)	(＊1)	2,400	(利益剰余金) 貸倒引当金繰入額	2,400
(利益剰余金) 法人税等調整額	(＊2)	720	(繰延税金負債) S社	720
(利益剰余金) 非支配株主に帰属する当期純利益	(＊3)	672	(非支配株主持分)	672

(＊1) (36,000千円＋84,000千円)×2％＝2,400千円
(＊2) 2,400千円×30%〈実効税率〉＝720千円
(＊3) (2,400千円－720千円)×40%＝672千円

(b) 貸倒引当金繰入額（戻入額）の修正

（単位：千円）

(貸倒引当金繰入額)	2,400	(貸倒引当金)	2,400
(繰延税金負債) S社	720	(法人税等調整額)	720
(非支配株主持分)	672	(非支配株主に帰属する当期純利益)	672

② 期末貸倒引当金の調整

（単位：千円）

(貸倒引当金)	(＊1)	3,600	(貸倒引当金繰入額)	3,600
(法人税等調整額)	(＊2)	1,080	(繰延税金負債) S社	1,080
(非支配株主に帰属する当期純利益)	(＊3)	1,008	(非支配株主持分)	1,008

(＊1) (60,000千円＋116,000千円＋4,000千円〈未達商品〉)×2％＝3,600千円
(＊2) 3,600千円×30%〈実効税率〉＝1,080千円
(＊3) (3,600千円－1,080千円)×40%＝1,008千円

③ まとめ（①＋②）

期首・期末の貸倒引当金の減額修正がある場合には，次の2つのまとめ方がある。なお，後述の税効果会計の処理および精算表は，2の差額補充法的な処理による。

（単位：千円）

	1．洗替法的な処理				2．差額補充法的な処理			
①(a)	(貸倒引当金繰入額)	2,400	(利益剰余金)	1,008	(貸倒引当金)	2,400	(利益剰余金)	2,400
			(法人税等調整額)	720	(利益剰余金)	720	(繰延税金負債)	720
			(非支配株主に帰属する当期純利益)	672	(利益剰余金)	672	(非支配株主持分)	672
①(b)					(貸倒引当金)	1,200	(貸倒引当金繰入額)	1,200
②	(貸倒引当金)	3,600	(貸倒引当金繰入額)	3,600	(法人税等調整額)	360	(繰延税金負債)	360
	(法人税等調整額)	1,080	(繰延税金負債)	1,080	(非支配株主に帰属する当期純利益)	336	(非支配株主持分)	336
	(非支配株主に帰属する当期純利益)	1,008	(非支配株主持分)	1,008				

(9) 建物売却益の修正（ダウン・ストリーム）

（単位：千円）

(特別利益)	(＊1)	6,000	(建物)	6,000
(繰延税金資産) P社	(＊2)	1,800	(法人税等調整額)	1,800
(減価償却累計額)	(＊3)	600	(減価償却費)	600
(法人税等調整額)	(＊4)	180	(繰延税金資産) P社	180

(＊1) 126,000千円－120,000千円＝6,000千円
(＊2) 6,000千円×30%〈実効税率〉＝1,800千円
(＊3) 6,000千円÷10年＝600千円
(＊4) 600千円×30%〈実効税率〉＝180千円

(10) 繰延税金資産と繰延税金負債の相殺

（単位：千円）

(繰延税金負債) S社	(＊)	9,000	(繰延税金資産) S社	9,000

P 社

繰延税金資産

個別B/S 9,000	解説3(9) 180
解説3(9) 1,800	10,620

繰延税金負債

S 社

繰延税金資産

個別B/S 7,200	
解説3(6) 1,200	9,000
解説3(6) 600	

繰延税金負債

	解説2(3) 18,000
19,080	解説3(8) 720
	解説3(8) 360

（＊）相殺

4．連結精算表

連　結　精　算　表　（単位：千円）

表示科目	個別財務諸表 P社	個別財務諸表 S社	個別財務諸表 合計	連結修正仕訳 借方	連結修正仕訳 貸方	連結財務諸表
（損益計算書）						
売上高	(4,800,000)	(3,420,000)	(8,220,000)	1,620,000		(6,600,000)
売上原価	3,840,000	2,916,000	6,756,000	2,000	1,620,000	5,138,000
販売費及び一般管理費	505,200	313,000	818,200			818,200
貸倒引当金繰入額	4,800	6,200	11,000		1,200	9,800
減価償却費	54,000	36,000	90,000		600	89,400
のれん償却額	―	―	―	17,040		17,040
営業外収益	(144,000)	(36,000)	(180,000)	21,600		(158,400)
営業外費用	72,000	30,000	102,000			102,000
特別利益	(57,600)	(24,000)	(81,600)	6,000		(75,600)
特別損失	24,000	12,000	36,000			36,000
法人税等	159,000	54,000	213,000			213,000
法人税等調整額	(2,400)	(1,200)	(3,600)	360 180	600 1,800	(5,460)
非支配株主に帰属する当期純利益	―	―	―	45,600 336	560	45,376
親会社株主に帰属する当期純利益	(345,000)	(114,000)	(459,000)	1,713,116	1,624,760	(370,644)
（貸借対照表）						
現金預金	2,400,000	1,200,000	3,600,000			3,600,000
受取手形	240,000	180,000	420,000		60,000	360,000
売掛金	480,000	360,000	840,000		120,000	720,000
貸倒引当金	(14,400)	(10,800)	(25,200)	2,400 1,200		(21,600)
商品	120,000	90,000	210,000	4,000	4,000 2,000	208,000
その他の流動資産	104,400	55,200	159,600			159,600
建物	1,800,000	1,200,000	3,000,000		6,000	2,994,000
減価償却累計額	(594,000)	(648,000)	(1,242,000)	600		(1,241,400)
土地	780,000	480,000	1,260,000	60,000		1,320,000
のれん	―	―	―	136,320	17,040	119,280
S社株式	1,740,000	―	1,740,000		1,740,000	―
繰延税金資産	9,000	7,200	16,200	1,200 600 1,800	180 9,000	10,620
その他の固定資産	135,000	86,400	221,400			221,400
合計	7,200,000	3,000,000	10,200,000	208,120	1,958,220	8,449,900
支払手形	(80,000)	(30,000)	(110,000)	60,000		(50,000)
買掛金	(170,000)	(90,000)	(260,000)	120,000	4,000	(144,000)
未払法人税等	(84,000)	(28,000)	(112,000)			(112,000)
その他の流動負債	(40,000)	(20,000)	(60,000)			(60,000)
繰延税金負債	―	―	―	9,000	18,000 720 360	(10,080)
固定負債	(106,000)	(60,000)	(166,000)			(166,000)
資本金	(6,000,000)	(2,400,000)	(8,400,000)	2,400,000		(6,000,000)
資本剰余金	(240,000)	(60,000)	(300,000)	60,000		(240,000)
利益剰余金	(480,000)	(312,000)	(792,000)	196,080 4,000 720 672 1,713,116	36,000 1,200 1,120 2,400 1,624,760	(542,892)
非支配株主持分	―	―	―	14,400 1,120 560	1,094,400 45,600 672 336	(1,124,928)
合計	(7,200,000)	(3,000,000)	(10,200,000)	4,579,668	2,829,568	(8,449,900)

別冊②

解答用紙

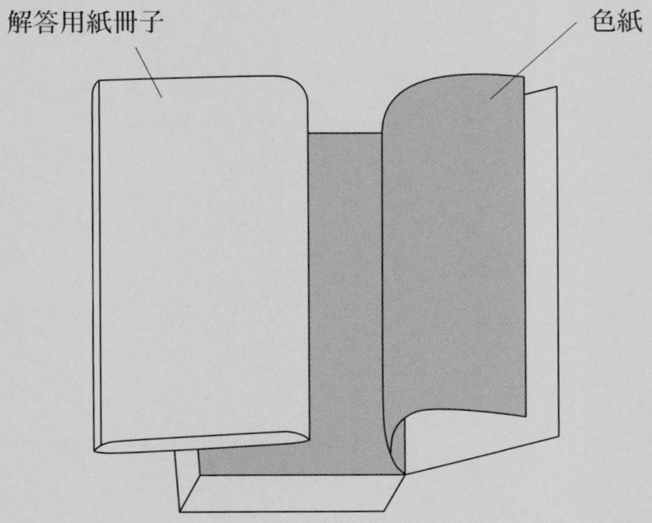

〈解答用紙ご利用時の注意〉

以下の「解答用紙」は，この色紙を残したまま、ていねいに抜き取り，ご利用ください。

また，抜取りの際の損傷についてのお取替えはご遠慮願います。

問題1-1

（単位：円）

1	本店				
	支店				
2	本店				
	支店				

解答〈1〉ページ

問題1-2

⑴　支店独立計算制度

（単位：千円）

本　店				
A支店				
B支店				

⑵　本店集中計算制度

（単位：千円）

本　店				
A支店				
B支店				

解答〈1〉ページ

問題1-3

(1) 損益勘定

① 本店側

損　益　(単位：円)

繰越商品	( )	売上	( )
仕入	( )	( )	( )
販売費及び一般管理費	( )	繰越商品	( )
貸倒引当金繰入	( )	受取家賃	( )
減価償却費	( )		
支払利息	8,400		
( )	( )		
	( )		( )

② 支店側

損　益　(単位：円)

繰越商品	( )	売上	( )
仕入	( )	繰越商品	( )
( )	( )		
販売費及び一般管理費	( )		
貸倒引当金繰入	( )		
減価償却費	( )		
支払利息	1,750		
( )	( )		
	( )		( )

(2) 総合損益勘定

総合損益　(単位：円)

( )	( )	( )	( )
( )	( )	( )	( )
( )	( )	( )	( )
	( )		( )

解答〈3〉ページ

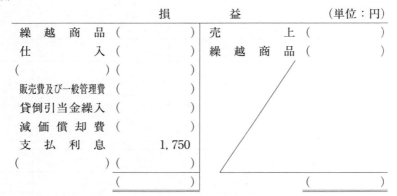

問題1-4

本支店合併損益計算書

×1年4月1日から×2年3月31日まで　　(単位：千円)

Ⅰ 売　上　高		(　　　)
Ⅱ 売上原価		
1．期首商品棚卸高	(　　　)	
2．当期商品仕入高	(　　　)	
合　計	(　　　)	
3．期末商品棚卸高	(　　　)	
差　引	(　　　)	
4．商品評価損	(　　　)	(　　　)
売上総利益		(　　　)
Ⅲ 販売費及び一般管理費		(　　　)
営業利益		(　　　)
Ⅳ 営業外収益		(　　　)
Ⅴ 営業外費用		(　　　)
経常利益		(　　　)

解答〈8〉ページ

問題1-5

(1) 本店の損益勘定

(本店)　　　　　　損　　　益　　　　　(単位：千円)

繰越商品	(　　　)	売上	(　　　)
仕入	(　　　)	支店へ売上	(　　　)
販売費及び一般管理費	(　　　)	繰越商品	(　　　)
棚卸減耗損	(　　　)	受取利息	(　　　)
貸倒引当金繰入	(　　　)		
減価償却費	(　　　)		
支払利息	(　　　)		
本店利益	(　　　)		
	(　　　)		(　　　)
内部利益控除	(　　　)	本店利益	(　　　)
法人税等	(　　　)	支店	(　　　)
繰越利益剰余金	(　　　)	内部利益戻入	(　　　)
	(　　　)		(　　　)

(2) 本支店合併損益計算書

損益計算書

自×2年4月1日　至×3年3月31日　(単位：千円)

Ⅰ 売上高		(　　　)
Ⅱ 売上原価		
1. 期首商品棚卸高	(　　　)	
2. 当期商品仕入高	(　　　)	
合計	(　　　)	
3. 期末商品棚卸高	(　　　)	(　　　)
売上総利益		(　　　)
Ⅲ 販売費及び一般管理費		(　　　)
営業利益		(　　　)
Ⅳ 営業外収益		(　　　)
Ⅴ 営業外費用		(　　　)
税引前当期純利益		(　　　)
法人税等		(　　　)
当期純利益		(　　　)

解答〈11〉ページ

問題1-6

(1) 本店の損益勘定

損　　益　（単位：千円）

損	益
仕　　入	売　　上
営 業 費	支　　店
貸倒引当金繰入	繰延内部利益戻入
減価償却費	
繰延内部利益控除	
繰越利益剰余金	

(2) 本支店合併損益計算書

損 益 計 算 書　（単位：千円）

Ⅰ 売　上　高		(　　　)
Ⅱ 売 上 原 価		
1．期首商品棚卸高	(　　　)	
2．当期商品仕入高	(　　　)	
合　計	(　　　)	
3．期末商品棚卸高	(　　　)	(　　　)
売 上 総 利 益		(　　　)
Ⅲ 販売費及び一般管理費		
1．営　業　費	(　　　)	
2．貸倒引当金繰入	(　　　)	
3．減 価 償 却 費	(　　　)	(　　　)
当 期 純 利 益		(　　　)

解答〈17〉ページ

問題2-2

合併後貸借対照表
×1年4月1日現在

(単位：円)

資産	金額	負債・純資産	金額
諸資産		諸負債	
のれん		資本金	
		資本準備金	
		その他資本剰余金	
		利益準備金	
		任意積立金	
		繰越利益剰余金	

解答〈24〉ページ

問題2-3

合併後貸借対照表
×1年4月1日現在

(単位：円)

資産	金額	負債・純資産	金額
諸資産		諸負債	
B社株式		資本金	
のれん		資本準備金	
		その他資本剰余金	
		利益準備金	
		任意積立金	
		繰越利益剰余金	

(注) 解答上記入する額がない場合には，「――」を記入すること。

解答〈25〉ページ

問題2-4

合併後貸借対照表

×1年4月1日現在　　　　(単位：円)

資　　産	金　額	負債・純資産	金　額
諸　資　産		諸　負　債	
の　れ　ん		資　本　金	
		資本準備金	
		その他資本剰余金	
		利益準備金	
		任意積立金	
		繰越利益剰余金	
		自　己　株　式	

(注) 解答上記入する額がない場合には，「——」を記入すること。

解答〈27〉ページ

問題2-5

(1)	円
(2)	円
(3)	円
(4)	
(5)	

解答〈28〉ページ

問題2-6

合併後貸借対照表

×1年4月1日現在　　　　(単位：円)

資　　産	金　額	負債・純資産	金　額
諸　資　産		諸　負　債	
の　れ　ん		資　本　金	
		資本準備金	
		利益準備金	
		任意積立金	
		繰越利益剰余金	

解答〈29〉ページ

問題2-7

①	資本金	千円
②	のれん	千円

解答〈31〉ページ

問題2-8

合併後貸借対照表

×1年4月1日現在　　　　　　　　（単位：円）

資　　産	金　額	負債・純資産	金　額
諸　資　産		諸　負　債	
の　れ　ん		資　本　金	
		資本準備金	
		利益準備金	
		任意積立金	
		繰越利益剰余金	

（注）解答上記入する額がない場合には，「——」を記入すること。

解答〈32〉ページ

問題3-2

連結貸借対照表

×1年３月31日現在　　　　（単位：円）

資　　産	金　額	負債・純資産	金　額
諸　資　産		諸　負　債	
		繰延税金負債	
		資　本　金	
		資本剰余金	
		利益剰余金	
		その他有価証券評価差額金	

解答〈35〉ページ

問題3-3

連結貸借対照表

×1年３月31日現在　　　　（単位：円）

資　　産	金　額	負債・純資産	金　額
諸　資　産		諸　負　債	
		資　本　金	
		資本剰余金	
		利益剰余金	

解答〈37〉ページ

問題4-1

連結貸借対照表

×2年3月31日現在　(単位：円)

資　　産	金　額	負債・純資産	金　額
諸資産		諸負債	
		繰延税金負債	
		資本金	
		利益剰余金	
		その他有価証券評価差額金	

連結損益計算書

自×1年4月1日　至×2年3月31日　(単位：円)

借方科目	金　額	貸方科目	金　額
諸費用		諸収益	
法人税等			
非支配株主に帰属する当期純利益			
親会社株主に帰属する当期純利益			

連結株主資本等変動計算書

自×1年4月1日　至×2年3月31日　(単位：円)

	株主資本		その他の包括利益累計額	非支配株主持分
	資本金	利益剰余金	その他有価証券評価差額金	
当期首残高				
剰余金の配当	——	△	——	——
親会社株主に帰属する当期純利益	——		——	——
株主資本以外の項目の当期変動額(純額)	——	——		
当期末残高				

解答〈39〉ページ

問題4-2

連結貸借対照表

×3年3月31日現在　　　　(単位：円)

資産	金額	負債・純資産	金額
諸資産		諸負債	
		繰延税金負債	
		資本金	
		利益剰余金	
		その他有価証券評価差額金	

連結損益計算書

自×2年4月1日　至×3年3月31日　　　　(単位：円)

借方科目	金額	貸方科目	金額
諸費用		諸収益	
法人税等			
非支配株主に帰属する当期純利益			
親会社株主に帰属する当期純利益			

連結株主資本等変動計算書

自×2年4月1日　至×3年3月31日　　　　(単位：円)

	株主資本		その他の包括利益累計額	非支配株主持分
	資本金	利益剰余金	その他有価証券評価差額金	
当期首残高				
剰余金の配当	——	△	——	——
親会社株主に帰属する当期純利益	——		——	——
株主資本以外の項目の当期変動額(純額)	——	——		
当期末残高				

解答〈44〉ページ

問題5-1

連結貸借対照表

×2年3月31日現在　　　　(単位：円)

資産	金額	負債・純資産	金額
諸資産		諸負債	
		繰延税金負債	
		資本金	
		資本剰余金	
		利益剰余金	

解答〈49〉ページ

問題5-2

連結貸借対照表

×3年3月31日現在　　　　（単位：円）

資産	金額	負債・純資産	金額
諸資産		諸負債	
		繰延税金負債	
		資本金	
		利益剰余金	

連結損益計算書

自×2年4月1日　至×3年3月31日　　　　（単位：円）

借方科目	金額	貸方科目	金額
諸費用		諸収益	
法人税等			
非支配株主に帰属する当期純利益			
親会社株主に帰属する当期純利益			

連結株主資本等変動計算書

自×2年4月1日　至×3年3月31日　　　　（単位：円）

	株主資本		非支配株主持分
	資本金	利益剰余金	
当期首残高			
剰余金の配当	――	△	――
親会社株主に帰属する当期純利益	――		――
株主資本以外の項目の当期変動額(純額)	――	――	
当期末残高			

解答〈51〉ページ

問題5-3

連結貸借対照表

×2年３月31日現在　　　　(単位：円)

資産	金額	負債・純資産	金額
諸資産		諸負債	
		繰延税金負債	
		資本金	
		利益剰余金	

連結損益計算書

自×1年４月１日　至×2年３月31日　　　　(単位：円)

借方科目	金額	貸方科目	金額
諸費用		諸収益	
法人税等			
非支配株主に帰属する当期純利益			
親会社株主に帰属する当期純利益			

連結株主資本等変動計算書

自×1年４月１日　至×2年３月31日　　　　(単位：円)

	株主資本			非支配株主持分
	資本金	資本剰余金	利益剰余金	
当期首残高				
剰余金の配当	——	——	△	——
親会社株主に帰属する当期純利益	——	——		——
非支配株主との取引に係る親会社の持分変動	——		——	——
株主資本以外の項目の当期変動額(純額)	——	——	——	△
当期末残高				

解答〈56〉ページ

問題5-4

連結貸借対照表

×2年3月31日現在

（単位：円）

資　　　産	金　　額	負債・純資産	金　　額
諸　　資　　産		諸　　負　　債	
		資　　本　　金	
		利　益　剰　余　金	

解答〈61〉ページ

問題5-5

〔問１〕

（単位：円）

〔問２〕

（単位：円）

解答〈64〉ページ

問題6-1

連結貸借対照表

×2年3月31日現在　　(単位：円)

資産	金額	負債・純資産	金額
現金預金		支払手形	
受取手形		買掛金	
売掛金		短期借入金	
貸倒引当金	△	未払法人税等	
商品		未払費用	
短期貸付金		繰延税金負債	
未収収益		その他負債	
土地		資本金	
		利益剰余金	
その他資産			

連結損益計算書

自×1年4月1日　至×2年3月31日　　(単位：円)

借方科目	金額	貸方科目	金額
売上原価		売上高	
販売費及び一般管理費		受取利息配当金	
貸倒引当金繰入		法人税等調整額	
支払利息・手形売却損			
法人税等			
非支配株主に帰属する当期純利益			
親会社株主に帰属する当期純利益			

連結株主資本等変動計算書

自×1年4月1日　至×2年3月31日　　　　(単位：円)

	株主資本		非支配株主持分
	資本金	利益剰余金	
当期首残高			
剰余金の配当	——	△	——
親会社株主に帰属する当期純利益	——		——
株主資本以外の項目の当期変動額(純額)	——	——	
当期末残高			

解答〈66〉ページ

問題6-2

連結貸借対照表

×3年3月31日現在　　(単位：円)

資産	金額	負債・純資産	金額
現金預金		支払手形	
受取手形		買掛金	
売掛金		短期借入金	
貸倒引当金	△	未払法人税等	
商品		未払費用	
短期貸付金		繰延税金負債	
未収収益		その他負債	
土地		資本金	
		利益剰余金	
繰延税金資産			
その他資産			

連結損益計算書

自×2年4月1日　至×3年3月31日　　(単位：円)

借方科目	金額	貸方科目	金額
売上原価		売上高	
販売費及び一般管理費		受取利息配当金	
貸倒引当金繰入		法人税等調整額	
支払利息・手形売却損			
法人税等			
非支配株主に帰属する当期純利益			
親会社株主に帰属する当期純利益			

連結株主資本等変動計算書

自×2年４月１日　至×3年３月31日　　　　（単位：円）

	株主資本		非支配株主持分
	資本金	利益剰余金	
当期首残高			
剰余金の配当	——	△	——
親会社株主に帰属する当期純利益	——		——
株主資本以外の項目の当期変動額（純額）	——	——	
当期末残高			

解答〈71〉ページ

問題6-3

（単位：千円）

(1)				
(2)				
			(非支配株主に帰属する当期純利益)	
(3)				
(4)				
			(非支配株主に帰属する当期純利益)	
	(非支配株主に帰属する当期純利益)			

解答〈78〉ページ

問題6-4

連結貸借対照表

×5年3月31日　　　　(単位：千円)

資　　産	金　額	負債・純資産	金　額
現金預金		支払手形	
受取手形		買掛金	
売掛金		営業外支払手形	
棚卸資産		短期借入金	
前払費用		未払法人税等	
有形固定資産		資本金	
のれん		利益剰余金	
投資有価証券		その他有価証券評価差額金	
		非支配株主持分	

連結損益計算書

自×4年4月1日　至×5年3月31日（単位：千円）

売上高	
売上原価	△
販売費	△
一般管理費	△
のれん償却額	△
受取利息配当金	
支払利息	△
法人税等	△
当期純利益	
非支配株主に帰属する当期純利益	△
親会社株主に帰属する当期純利益	

連結株主資本等変動計算書

自×4年4月1日　至×5年3月31日　　　　(単位：千円)

	株主資本		その他の包括利益累計額	非支配株主持分
	資本金	利益剰余金	その他有価証券評価差額金	
当期首残高				
剰余金の配当		△		
親会社株主に帰属する当期純利益				
株主資本以外の項目の当期変動額(純額)				
当期末残高				

解答〈79〉ページ

問題6-5

〔問１〕

⑴　評価差額の計上

（単位：千円）

⑵　当期の仕訳

（単位：千円）

		(非支配株主に帰属する当期純利益)	

〔問２〕

⑴　評価差額の計上

（単位：千円）

⑵　当期の仕訳

（単位：千円）

		(非支配株主に帰属する当期純利益)	

〔問３〕

⑴　評価差額の計上

（単位：千円）

⑵　当期の仕訳

（単位：千円）

		(非支配株主に帰属する当期純利益)	

解答〈87〉ページ

問題6-6

連結損益計算書

自×6年4月1日　至×7年3月31日　　（単位：千円）

Ⅰ 売上高		(　　　)
Ⅱ 売上原価		(　　　)
売上総利益		(　　　)
Ⅲ 販売費及び一般管理費		
1. 販売費	(　　　)	
2. 一般管理費	(　　　)	
3. のれん償却	(　　　)	(　　　)
営業利益		(　　　)
Ⅳ 営業外収益		
1. 受取配当金	(　　　)	
2. 受取利息	(　　　)	(　　　)
Ⅴ 営業外費用		
1. 支払利息		(　　　)
税金等調整前当期純利益		(　　　)
法人税等	(　　　)	
法人税等調整額	(　　　)	(　　　)
当期純利益		(　　　)
非支配株主に帰属する当期純利益		(　　　)
親会社株主に帰属する当期純利益		(　　　)

解答〈89〉ページ

問題6-7

連結損益計算書　　(単位：千円)

借方科目	金額	貸方科目	金額
売上原価		売上高	
役務原価		役務収益	
広告宣伝費		受取配当金	
減価償却費		受取利息	
のれん償却		固定資産売却益	
支払手数料		法人税等調整額	
その他の営業費用			
支払利息			
法人税等			
非支配株主に帰属する当期純利益			
親会社株主に帰属する当期純利益			

解答〈93〉ページ

問題6-8

連結貸借対照表　　(単位：千円)

資産	金額	負債・純資産	金額
現金預金		買掛金	
売掛金		長期借入金	
棚卸資産		資本金	
有形固定資産		資本剰余金	
のれん		利益剰余金	
		非支配株主持分	

解答〈97〉ページ

問題6-9

原材料	円
仕掛品	円
製品	円

解答〈101〉ページ

問題7-1

連結貸借対照表

×3年3月31日現在　(単位：円)

資　　産	金　　額	負債・純資産	金　　額
諸　資　産		諸　負　債	
の　れ　ん		繰延税金負債	
		資　本　金	
		利益剰余金	
		その他有価証券評価差額金	
		非支配株主持分	

連結損益計算書

自×2年4月1日　至×3年3月31日　(単位：円)

諸　収　益	(　　　)
諸　費　用	(　　　)
のれん償却額	(　　　)
税金等調整前当期純利益	(　　　)
法　人　税　等	(　　　)
当　期　純　利　益	(　　　)
非支配株主に帰属する当期純利益	(　　　)
親会社株主に帰属する当期純利益	(　　　)

連結包括利益計算書

自×2年4月1日　至×3年3月31日　(単位：円)

当期純利益	(　　　)
その他の包括利益	
その他有価証券評価差額金	(　　　)
包　括　利　益	(　　　)

(内訳)

親会社株主に係る包括利益　(　　　)円

非支配株主に係る包括利益　(　　　)円

連結株主資本等変動計算書

自×2年4月1日　至×3年3月31日　(単位：円)

	株主資本		その他の包括利益累計額	非支配株主持分
	資本金	利益剰余金	その他有価証券評価差額金	
当期首残高				
剰余金の配当	——	△	——	——
親会社株主に帰属する当期純利益	——		——	——
株主資本以外の項目の当期変動額(純額)	——	——		
当期末残高				

解答〈102〉ページ

問題7-2

連結貸借対照表　(単位：千円)

資産	金額	負債・純資産	金額
当座資産		流動負債	
棚卸資産		固定負債	
減価償却資産		資本金	
減価償却累計額	△	資本剰余金	
土地		利益剰余金	
のれん		その他の包括利益累計額	
投資有価証券		非支配株主持分	

解答〈107〉ページ

問題7-3

連結貸借対照表

20×4年度末現在　　　　（単位：千円）

資産	金額	負債・純資産	金額
現金預金		買掛金	
売掛金		長期借入金	
棚卸資産		資本金	
有形固定資産		資本剰余金	
のれん		利益剰余金	
投資有価証券		その他有価証券評価差額金	
		非支配株主持分	

解答〈112〉ページ

問題7-4

		(1) 個別財務諸表	(2) 連結財務諸表
損益計算書	退職給付費用	円	円
	法人税等調整額	円	円
包括利益計算書	退職給付に係る調整額	——	円
貸借対照表	退職給付引当金（退職給付に係る負債）	円	円
	繰延税金資産	円	円
	退職給付に係る調整累計額	——	円

（注）法人税等調整額が貸方の場合または退職給付に係る調整額および同累計額が借方の場合には，金額の前に△印を付すこと。

解答〈116〉ページ

問題7-5

(1)	
(2)	
(3)	
(4)	

解答〈119〉ページ

問題8-1

〔問１〕

(1)　連結財務諸表作成のための連結修正仕訳

（単位：円）

×2年３月31日				
×3年３月31日				

（注）仕訳がない場合は「仕訳なし」と記入すること。

(2)　連結財務諸表に記載される各金額

A　社　株　式	円
持分法による投資損益	（　　）　円

（注）（　　）内には益または損と記入すること。

〔問２〕

A 社 株 式 売 却 損 益	（　　）　円

（注）（　　）内には益または損と記入すること。

解答〈121〉ページ

問題8-2

(1)　連結財務諸表作成のための連結修正仕訳

（単位：円）

×1年３月31日				
×2年３月31日				
×3年３月31日				

（注）仕訳がない場合には「仕訳なし」と記入すること。

(2)　連結財務諸表に記載される各金額

A　社　株　式	円
持分法による投資損益	（　　）　円

（注）（　　）内には益または損と記入すること。

解答〈124〉ページ

問題8-3

(1) 第１年度末の非支配株主持分　　　　万円

(2) 第１年度末ののれん　　　　万円

(3) 第２年度末の非支配株主持分　　　　万円

(4) 第２年度末ののれん　　　　万円

(5) 第２年度の持分法による投資損益　　　　万円

(6) 第２年度末のＡ社株式　　　　万円

解答〈126〉ページ

問題8-4

〔問１〕

Ａ　社　株　式	千円
持分法による投資損益（ 損失 ・ 利益 ）	千円

(注) 損失または利益のいずれかに○を付すこと。

〔問２〕

連結貸借対照表　　(単位：千円)

流動資産	(　　)	流動負債	(　　)
有形固定資産	(　　)	固定負債	(　　)
のれん	(　　)	資本金	(　　)
		利益剰余金	(　　)
		非支配株主持分	(　　)
	(　　)		(　　)

解答〈129〉ページ

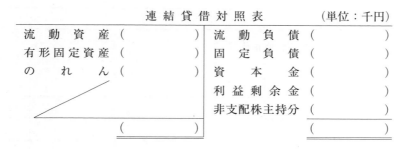

問題8-5

1．

（単位：円）

2．

（単位：円）

3．

（単位：円）

解答〈133〉ページ

問題8-6

①	取得時におけるＡ社株式取得額に含まれるのれんの金額	千円
②	×2年３月末の連結貸借対照表上のＡ社株式の金額	千円
③	×1年度の連結損益計算書上の持分法による投資損益の金額	借・貸　千円
④	×2年度においてＰ社とＡ社との取引により売上高に加減する金額	借・貸　千円

（注）③，④の解答にあたっては，借または貸のいずれかに○を付すこと

解答〈134〉ページ

問題9-1

(1)　Ｐ社の仕訳

（単位：円）

(2)　のれんの金額 ＿＿＿＿ 円

解答〈136〉ページ

問題9-2

（単位：円）

解答〈136〉ページ

問題9-3

（単位：円）

解答〈137〉ページ

問題9-4

設　　問		
1	Ｂ社の純資産と収益還元価値の平均額	千円
2	Ａ社の１株当たり企業評価額	円
3	Ａ社株式の１株当たりのＢ社株式交換比率	株
4	Ａ社の新株発行に伴う資本金の増加額	千円
5	「のれん」の計上額	千円

解答〈137〉ページ

問題9-5

①	
②	
③	
④	

解答〈138〉ページ

問題9-6

⑴　Ｐ社の仕訳

①　Ｓ１社株式（取得企業）

（単位：円）

②　Ｓ２社株式（被取得企業）

（単位：円）

⑵　のれんの金額　[　　　　　　]　円

解答〈139〉ページ

問題9-7

問１

	A 社 株 主	B 社 株 主
P社に対する議決権比率	%	%

問２

取 得 企 業 名	社

問３

P社個別財務諸表における金額	
A 社 株 式	千円
B 社 株 式	千円

問４

P社連結財務諸表における金額	
資 本 金	千円
資 本 剰 余 金	千円
の れ ん	千円

解答〈140〉ページ

問題9-8

〔問１〕Ａ社の仕訳

(1)　Ｂ社が子会社になる場合

（単位：円）

(2)　Ｂ社が子会社または関連会社にならない場合

（単位：円）

〔問２〕Ｂ社の仕訳

(1)　Ｂ社が取得企業となる場合

（単位：円）

(2)　Ａ社が取得企業となる場合（逆取得の場合）

（単位：円）

解答〈143〉ページ

問題9-9

連結貸借対照表

×1年３月31日現在　　（単位：円）

資産	金額	負債・純資産	金額
諸資産		諸負債	
Ａ事業用資産		Ａ事業用負債	
のれん		資本金	
		資本剰余金	
		利益剰余金	
		非支配株主持分	

解答〈144〉ページ

問題9-10

A社の個別財務諸表におけるC社株式の金額：　　　　　千円

B社の個別財務諸表におけるC社株式の金額：　　　　　千円

C社の開始貸借対照表　（単位：千円）

資産	金額	負債・純資産	金額
諸資産		諸負債	
のれん		株主資本	

解答〈146〉ページ

問題9-11

	(1) 個別財務諸表	(2) 連結財務諸表
① A社の所有するC社株式	円	円
② B社の所有するC社株式	円	円

解答〈149〉ページ

問題10-1

貸借対照表

×1年12月31日現在　(単位：円)

資産	金額	負債・純資産	金額
現金		買掛金	
売掛金		長期借入金	
商品		本店	
短期貸付金		当期純利益	
建物			
減価償却累計額	△		

損益計算書

自×1年1月1日　至×1年12月31日　(単位：円)

借方科目	金額	貸方科目	金額
売上原価		売上高	
商品評価損		その他の収益	
減価償却費			
その他の費用			
当期純利益			

解答〈151〉ページ

問題10-2

貸借対照表価額	円

解答〈153〉ページ

問題10-3

本支店合併損益計算書

自×1年４月１日　至×2年３月31日　　　　（単位：千円）

Ⅰ　売　上　高		（　　　）
Ⅱ　売　上　原　価		
１．期首商品棚卸高	（　　　）	
２．当期商品仕入高	（　　　）	
合　計	（　　　）	
３．期末商品棚卸高	（　　　）	（　　　）
売上総利益		（　　　）
Ⅲ　販売費及び一般管理費		
１．販売費・管理費	（　　　）	
２．貸倒引当金繰入	（　　　）	
３．減価償却費	（　　　）	
４．（　　　）	（　　　）	（　　　）
営　業　利　益		（　　　）
Ⅳ　営業外収益		
１．受取利息配当金	（　　　）	
２．有価証券利息	（　　　）	
３．有価証券運用益	（　　　）	
４．（　　　）	（　　　）	（　　　）
Ⅴ　営業外費用		
１．社　債　利　息		（　　　）
経　常　利　益		（　　　）
Ⅵ　特　別　損　失		
１．（　　　）		（　　　）
当期純利益		（　　　）

本支店合併貸借対照表

×2年３月31日現在　　　　(単位：千円)

現金預金	( )	買掛金	( )
受取手形	60,000	未払費用	( )
売掛金	72,000	退職給付引当金	( )
貸倒引当金	(△)	資産除去債務	( )
有価証券	( )	資本金	( )
商品	( )	資本準備金	( )
前払費用	( )	利益準備金	51,000
未収収益	( )	繰越利益剰余金	( )
短期貸付金	26,250		
建物	70,000		
減価償却累計額	(△)		
備品	( )		
減価償却累計額	(△)		
機械	( )		
減価償却累計額	(△)		
土地	( )		
投資有価証券	( )		
子会社株式	( )		
合計	( )	合計	( )

解答〈154〉ページ

問題10-4

貸借対照表

×5年3月31日現在　（単位：円）

資産	金額	負債・純資産	金額
現金預金		買掛金	
売掛金		長期借入金	
商品		資本金	
建物		利益剰余金	
減価償却累計額	△		

損益計算書

自×4年4月1日　至×5年3月31日　（単位：円）

科目	金額
売上高	
売上原価	
売上総利益	
減価償却費	
その他の費用	
当期純利益	

株主資本等変動計算書（利益剰余金のみ）

自×4年4月1日　至×5年3月31日　（単位：円）

借方科目	金額	貸方科目	金額
剰余金の配当		利益剰余金当期首残高	
利益剰余金当期末残高		当期純利益	

解答〈161〉ページ

問題10-5

〔問１〕

貸　借　対　照　表

×2年３月31日現在　　　　　　（単位：円）

資　　　産	金　　額	負債・純資産	金　　額
諸　資　産		諸　負　債	
		資　本　金	
		利 益 剰 余 金	

〔問２〕

(1)　のれんの額	円
(2)　のれんの換算に伴って生じる為替換算調整勘定の額	円

（注）為替換算調整勘定が借方の場合には金額の前に△印を付すこと。

解答〈163〉ページ

問題10-6

問１	(1)	当期純利益	千円
	(2)	為替差損益	千円
	(3)	為替換算調整勘定	千円
問２	(1)	のれん償却額	千円
	(2)	の　れ　ん	千円
	(3)	為替換算調整勘定	千円

（注）為替差損益および為替換算調整勘定が借方に生じた場合には，金額の前に△印を付すこと。

解答〈165〉ページ

問題11-1

〈直接法〉　　　　(単位：円)

Ⅰ　営業活動によるキャッシュ・フロー	
営業収入	(　　　　)
商品の仕入支出	(　　　　)
人件費の支出	(　　　　)
その他の営業支出	(　　　　)
小計	(　　　　)
利息及び配当金の受取額	(　　　　)
利息の支払額	(　　　　)
法人税等の支払額	(　　　　)
営業活動によるキャッシュ・フロー	(　　　　)
Ⅱ　投資活動によるキャッシュ・フロー	
有価証券の取得による支出	(　　　　)
有価証券の売却による収入	(　　　　)
有形固定資産の取得による支出	(　　　　)
有形固定資産の売却による収入	(　　　　)
貸付けによる支出	(　　　　)
貸付金の回収による収入	(　　　　)
投資活動によるキャッシュ・フロー	(　　　　)
Ⅲ　財務活動によるキャッシュ・フロー	
借入れによる収入	(　　　　)
借入金の返済による支出	(　　　　)
株式の発行による収入	(　　　　)
配当金の支払額	(　　　　)
財務活動によるキャッシュ・フロー	(　　　　)
Ⅳ　現金及び現金同等物に係る換算差額	(　　　　)
Ⅴ　現金及び現金同等物の増加額	(　　　　)
Ⅵ　現金及び現金同等物の期首残高	(　　　　)
Ⅶ　現金及び現金同等物の期末残高	(　　　　)

〈間接法〉　　　　(単位：円)

Ⅰ　営業活動によるキャッシュ・フロー	
税引前当期純利益	(　　　　)
減価償却費	(　　　　)
貸倒引当金の増加額	(　　　　)
退職給付引当金の増加額	(　　　　)
受取利息・配当金	(　　　　)
支払利息	(　　　　)
有価証券売却益	(　　　　)
有価証券評価損	(　　　　)
為替差損	(　　　　)
固定資産売却損	(　　　　)
売上債権の増加額	(　　　　)
棚卸資産の減少額	(　　　　)
前払費用の増加額	(　　　　)
仕入債務の減少額	(　　　　)
未払費用の増加額	(　　　　)
小計	(　　　　)

解答〈171〉ページ

問題11-2

(1)	営業活動によるキャッシュ・フロー	円
(2)	投資活動によるキャッシュ・フロー	円
(3)	財務活動によるキャッシュ・フロー	円
(4)	現金及び現金同等物の当期増減額	円

解答〈178〉ページ

問題11-3

連結キャッシュ・フロー計算書　　(単位：円)

Ⅰ　営業活動によるキャッシュ・フロー	
営業収入	
商品の仕入支出	
人件費の支出	
その他の営業支出	
小計	
利息及び配当金の受取額	
利息の支払額	
法人税等の支払額	
営業活動によるキャッシュ・フロー	
Ⅱ　投資活動によるキャッシュ・フロー	
有価証券の取得による支出	
有価証券の売却による収入	
有形固定資産の取得による支出	
有形固定資産の売却による収入	
貸付けによる支出	
貸付金の回収による収入	
投資活動によるキャッシュ・フロー	
Ⅲ　財務活動によるキャッシュ・フロー	
短期借入れによる収入	
短期借入金の返済による支出	
株式の発行による収入	
配当金の支払額	
非支配株主への配当金の支払額	
財務活動によるキャッシュ・フロー	
Ⅳ　現金及び現金同等物に係る換算差額	
Ⅴ　現金及び現金同等物の増加額	
Ⅵ　現金及び現金同等物の期首残高	
Ⅶ　現金及び現金同等物の期末残高	

解答〈182〉ページ

問題11-4

個別キャッシュ・フロー計算書

営業活動によるキャッシュ・フローを直接法で作成する場合

P社の営業収入の金額		円
S社の商品の仕入支出の金額		円
P社の営業活動によるキャッシュ・フローの金額		円

連結キャッシュ・フロー計算書

間接法による場合の税金等調整前当期純利益の金額		円
直接法による場合の商品の仕入支出の金額		円
営業活動によるキャッシュ・フローの金額		円

解答〈185〉ページ

問題11-5

連結キャッシュ・フロー計算書　（単位：千円）

Ⅰ　営業活動によるキャッシュ・フロー	
営業収入	(　　　　)
商品の仕入による支出	(　　　　)
人件費の支出	(　　　　)
その他の営業支出	(　　　　)
小計	(　　　　)
(　　　　)受取額	(　　　　)
利息の(　　　　)	(　　　　)
法人税等の(　　　　)	(　　　　)
営業活動によるキャッシュ・フロー	(　　　　)
Ⅱ　投資活動によるキャッシュ・フロー	
有価証券の(　　　　)	(　　　　)
(　　　　)	(　　　　)
投資活動によるキャッシュ・フロー	(　　　　)
Ⅲ　財務活動によるキャッシュ・フロー	
短期借入れによる収入（純額）	(　　　　)
配当金の支払額	(　　　　)
非支配株主への配当金の支払額	(　　　　)
財務活動によるキャッシュ・フロー	(　　　　)
Ⅳ　現金及び現金同等物の増加額	(　　　　)
Ⅴ　現金及び現金同等物の期首残高	(　　　　)
Ⅵ　現金及び現金同等物の期末残高	(　　　　)

解答〈188〉ページ

問題11-6

連結キャッシュ・フロー計算書　　（単位：円）

Ⅰ　営業活動によるキャッシュ・フロー	
税金等調整前当期純利益	
減価償却費	
貸倒引当金の（　　　）	
のれん償却額	
受取利息配当金	
支払利息	
持分法による投資利益	
有形固定資産売却益	
損害賠償損失	
売上債権の（　　　）	
棚卸資産の（　　　）	
前払費用の（　　　）	
仕入債務の（　　　）	
小計	
利息及び配当金の受取額	
利息の支払額	
損害賠償金の支払額	
法人税等の支払額	
営業活動によるキャッシュ・フロー	

解答〈191〉ページ

総合問題1

本支店合併損益計算書

自×6年4月1日　至×7年3月31日　　　（単位：千円）

Ⅰ 売上高		（　）
Ⅱ 売上原価		
1．期首商品棚卸高	（　）	
2．当期商品仕入高	（　）	
合計	（　）	
3．期末商品棚卸高	（　）	
差引	（　）	
4．棚卸減耗損	（　）	
5．商品評価損	（　）	（　）
売上総利益		（　）
Ⅲ 販売費及び一般管理費		
1．販売費及び一般管理費	（　）	
2．貸倒引当金繰入	（　）	
3．減価償却費	（　）	
4．ソフトウェア償却	（　）	
5．退職給付費用	（　）	
6．支払リース料	（　）	（　）
営業利益		（　）
Ⅳ 営業外収益		
1．有価証券利息	（　）	
2．有価証券評価益	（　）	
3．有価証券売却益	（　）	
4．雑収入	（　）	（　）
Ⅴ 営業外費用		
1．支払利息	（　）	
2．社債利息	（　）	（　）
経常利益		（　）
Ⅵ 特別利益		
1．社債償還益		（　）
税引前当期純利益		（　）
法人税等		（　）
当期純利益		（　）

解答〈194〉ページ

総合問題2

本支店合併損益計算書

自×6年４月１日　至×7年３月31日　　　　（単位：千円）

Ⅰ　売　上　高		（　　）
Ⅱ　売　上　原　価		
１．期首商品棚卸高	（　　）	
２．当期商品仕入高	（　　）	
合　計	（　　）	
３．期末商品棚卸高	（　　）	
差　引	（　　）	
４．棚　卸　減　耗　損	（　　）	
５．商　品　評　価　損	（　　）	（　　）
売　上　総　利　益		（　　）
Ⅲ　販売費及び一般管理費		
１．販売費及び一般管理費	（　　）	
２．貸倒引当金繰入	（　　）	
３．減　価　償　却　費	（　　）	
４．ソフトウェア償却	（　　）	
５．退　職　給　付　費　用	（　　）	
６．支　払　リ　ー　ス　料	（　　）	（　　）
営　業　利　益		（　　）
Ⅳ　営　業　外　収　益		
１．有　価　証　券　利　息	（　　）	
２．為　替　差　益	（　　）	（　　）
Ⅴ　営　業　外　費　用		
１．支　払　利　息	（　　）	
２．社　債　利　息	（　　）	
３．有価証券評価損	（　　）	
４．雑　損　失	（　　）	（　　）
経　常　利　益		（　　）
Ⅵ　特　別　損　失		
１．子会社株式評価損	（　　）	
２．社　債　償　還　損	（　　）	（　　）
税引前当期純利益		（　　）
法　人　税　等		（　　）
当　期　純　利　益		（　　）

解答〈201〉ページ

MEMO

総合問題3

連結貸借対照表

×3年3月31日現在　　　　（単位：千円）

資産の部		負債の部	
I 流動資産		I 流動負債	
現金預金	（　　）	支払手形	（　　）
受取手形	（　　）	買掛金	（　　）
売掛金	（　　）	未払法人税等	（　　）
貸倒引当金	（△　）	その他の流動負債	（　　）
商品	（　　）	流動負債合計	（　　）
その他の流動資産	（　　）	II 固定負債	
流動資産合計	（　　）	繰延税金負債	（　　）
II 固定資産		固定負債	（　　）
建物	（　　）	固定負債合計	（　　）
減価償却累計額	（△　）	負債合計	（　　）
土地	（　　）	純資産の部	
のれん	（　　）	I 株主資本	
繰延税金資産	（　　）	資本金	（　　）
その他の固定資産	（　　）	資本剰余金	（　　）
固定資産合計	（　　）	利益剰余金	（　　）
		株主資本合計	（　　）
		II 非支配株主持分	（　　）
		純資産合計	（　　）
資産合計	（　　）	負債・純資産合計	（　　）

連結損益計算書

自×2年４月１日　至×3年３月31日　　(単位：千円)

Ⅰ 売上高		(　　)
Ⅱ 売上原価		(　　)
売上総利益		(　　)
Ⅲ 販売費及び一般管理費		
1．販売費及び一般管理費	(　　)	
2．貸倒引当金繰入額	(　　)	
3．のれん償却額	(　　)	(　　)
営業利益		(　　)
Ⅳ 営業外収益		(　　)
Ⅴ 営業外費用		(　　)
経常利益		(　　)
Ⅵ 特別利益		(　　)
Ⅶ 特別損失		(　　)
税金等調整前当期純利益		(　　)
法人税等	(　　)	
法人税等調整額	(　　)	(　　)
当期純利益		(　　)
非支配株主に帰属する当期純利益		(　　)
親会社株主に帰属する当期純利益		(　　)

解答〈208〉ページ

総合問題4

連結貸借対照表

×4年3月31日現在　　　　(単位：千円)

資産の部		負債の部	
Ⅰ　流動資産		Ⅰ　流動負債	
現金預金	(　　)	支払手形	(　　)
受取手形	(　　)	買掛金	(　　)
売掛金	(　　)	未払法人税等	(　　)
貸倒引当金	(△　)	その他の流動負債	(　　)
商品	(　　)	流動負債合計	(　　)
その他の流動資産	(　　)	Ⅱ　固定負債	
流動資産合計	(　　)	繰延税金負債	(　　)
Ⅱ　固定資産		固定負債	(　　)
建物	(　　)	固定負債合計	(　　)
減価償却累計額	(△　)	負債合計	(　　)
土地	(　　)	純資産の部	
のれん	(　　)	Ⅰ　株主資本	
繰延税金資産	(　　)	資本金	(　　)
その他の固定資産	(　　)	資本剰余金	(　　)
固定資産合計	(　　)	利益剰余金	(　　)
		株主資本合計	(　　)
		Ⅱ　非支配株主持分	(　　)
		純資産合計	(　　)
資産合計	(　　)	負債・純資産合計	(　　)

連結損益計算書

自×3年4月1日　至×4年3月31日　　　　(単位：千円)

Ⅰ　売上高		(　　)
Ⅱ　売上原価		(　　)
売上総利益		(　　)
Ⅲ　販売費及び一般管理費		
1．販売費及び一般管理費	(　　)	
2．貸倒引当金繰入額	(　　)	
3．減価償却費	(　　)	
4．のれん償却額	(　　)	(　　)
営業利益		(　　)
Ⅳ　営業外収益		(　　)
Ⅴ　営業外費用		(　　)
経常利益		(　　)
Ⅵ　特別利益		(　　)
Ⅶ　特別損失		(　　)
税金等調整前当期純利益		(　　)
法人税等	(　　)	
法人税等調整額	(　　)	(　　)
当期純利益		(　　)
非支配株主に帰属する当期純利益		(　　)
親会社株主に帰属する当期純利益		(　　)

解答〈216〉ページ